NEM SEMPRE O DANÚBIO É AZUL
QUAL DESTINO PARA O INFANTIL NO TEMPO DAS FUNÇÕES PARENTAIS TERCEIRIZADAS?

Editora Appris Ltda.
1.ª Edição - Copyright© 2025 dos autores
Direitos de Edição Reservados à Editora Appris Ltda.

Nenhuma parte desta obra poderá ser utilizada indevidamente, sem estar de acordo com a Lei nº 9.610/98. Se incorreções forem encontradas, serão de exclusiva responsabilidade de seus organizadores. Foi realizado o Depósito Legal na Fundação Biblioteca Nacional, de acordo com as Leis nᵒˢ 10.994, de 14/12/2004, e 12.192, de 14/01/2010.

Catalogação na Fonte
Elaborado por: Dayanne Leal Souza
Bibliotecária CRB 9/2162

M539n
2025
	Mendonça, Leila Guimarães Lobo de
	   Nem sempre o Danúbio é azul: qual destino para o infantil no tempo das funções parentais terceirizadas? / Leila Guimarães Lobo de Mendonça. – 1. ed. – Curitiba: Appris, 2025.
	   267 p. ; 23 cm. – (Coleção PSI).
	
	   Inclui referências.
	   ISBN 978-65-250-7615-7
	
	   1. Contemporaneidade. 2. Funções parentais terceirizadas. 3. Criança mal-acolhida. I. Mendonça, Leila Guimarães Lobo de. II. Título. III. Série.
	
	                                                           CDD – 150.195

Livro de acordo com a normalização técnica da ABNT

Appris editorial

Editora e Livraria Appris Ltda.
Av. Manoel Ribas, 2265 – Mercês
Curitiba/PR – CEP: 80810-002
Tel. (41) 3156 - 4731
www.editoraappris.com.br

Printed in Brazil
Impresso no Brasil

Leila Guimarães Lobo de Mendonça

NEM SEMPRE O DANÚBIO É AZUL
QUAL DESTINO PARA O INFANTIL NO TEMPO DAS FUNÇÕES
PARENTAIS TERCEIRIZADAS?

Appris
editora

Curitiba, PR
2025

FICHA TÉCNICA

EDITORIAL
Augusto Coelho
Sara C. de Andrade Coelho

COMITÊ EDITORIAL E CONSULTORIAS
Ana El Achkar (Universo/RJ)
Andréa Barbosa Gouveia (UFPR)
Antonio Evangelista de Souza Netto (PUC-SP)
Belinda Cunha (UFPB)
Délton Winter de Carvalho (FMP)
Edson da Silva (UFVJM)
Eliete Correia dos Santos (UEPB)
Erineu Foerste (Ufes)
Fabiano Santos (UERJ-IESP)
Francinete Fernandes de Sousa (UEPB)
Francisco Carlos Duarte (PUCPR)
Francisco de Assis (Fiam-Faam-SP-Brasil)
Gláucia Figueiredo (UNIPAMPA/ UDELAR)
Jacques de Lima Ferreira (UNOESC)
Jean Carlos Gonçalves (UFPR)
José Wálter Nunes (UnB)
Junia de Vilhena (PUC-RIO)
Lucas Mesquita (UNILA)
Márcia Gonçalves (Unitau)
Maria Margarida de Andrade (Umack)
Marilda A. Behrens (PUCPR)
Marília Andrade Torales Campos (UFPR)
Marli C. de Andrade
Patrícia L. Torres (PUCPR)
Paula Costa Mosca Macedo (UNIFESP)
Ramon Blanco (UNILA)
Roberta Ecleide Kelly (NEPE)
Roque Ismael da Costa Güllich (UFFS)
Sergio Gomes (UFRJ)
Tiago Gagliano Pinto Alberto (PUCPR)
Toni Reis (UP)
Valdomiro de Oliveira (UFPR)

SUPERVISORA EDITORIAL
Renata C. Lopes

PRODUÇÃO EDITORIAL
Sabrina Costa

REVISÃO
Manuella Marquetti

DIAGRAMAÇÃO
Amélia Lopes

CAPA
Kanada Ferreira

REVISÃO DE PROVA
Ana Castro

COMITÊ CIENTÍFICO DA COLEÇÃO PSI

DIREÇÃO CIENTÍFICA
Junia de Vilhena

CONSULTORES
Ana Cleide Guedes Moreira (UFPA)
Betty Fuks (Univ. Veiga de Almeida)
Edson Luiz Andre de Souza (UFRGS)
Henrique Figueiredo Carneiro (UFPE)
Joana de Vilhena Novaes (UVA |LIPIS/PUC)
Maria Helena Zamora (PUC-Rio)
Nadja Pinheiro (UFPR)
Paulo Endo (USP)
Sergio Gouvea Franco (FAAP)

INTERNACIONAIS
Catherine Desprats - Péquignot (Université Denis-Diderot Paris 7)
Eduardo Santos (Univ. Coimbra)
Marta Gerez Ambertín (Universidad Católica de Santiago del Estero)
Celine Masson (Université Denis Diderot-Paris 7)

Houve um tempo em que minha janela se abria sobre uma cidade que parecia ser feita de giz. Perto da janela havia um pequeno jardim quase seco. Era uma época de estiagem, de terra esfarelada, e o jardim parecia morto. Mas todas as manhãs vinha um pobre com um balde, e, em silêncio, ia atirando com a mão umas gotas de água sobre as plantas. Não era uma rega: era uma espécie de aspersão ritual, para que o jardim não morresse. E eu olhava para as plantas, para o homem, para as gotas de água que caíam de seus dedos magros e meu coração ficava completamente feliz. Às vezes abro a janela e encontro o jasmineiro em flor.

(Cecília Meireles, 1964).

AGRADECIMENTOS

Este livro é fruto de minha pesquisa de doutorado, apresentada no ano de 2022, ao Programa de Pós-Graduação em Pesquisa e Clínica em Psicanálise da UERJ, sob a orientação da Prof.ª *Rita Maria Manso de Barros*, a quem sou grata. Além de ter apostado nesta pesquisa, afirmou sua confiança, proporcionando-me uma escrita com liberdade. Sou grata também à Prof.ª *Jô Gondar* (UNIRIO). Sua disponibilidade afetiva no exercício da difícil função de coorientadora foi fundamental para a imersão nas profundezas do Danúbio ferencziano. Nessa empreitada, outras pessoas foram relevantes: Prof. *Daniel Kupermann* (USP) e Prof. *Marco Antônio Coutinho Jorge* (UERJ), que contribuíram muito na ocasião do Exame de Qualificação, Prof. *Joel Birman* (UFRJ), que, mais uma vez, se fez presente, e Prof.ª *Sônia Altoé* (UERJ), que sempre se colocou à disposição para o que eu precisasse. A essas pessoas, agradeço pelo fértil debate que propiciaram e pelo reconhecimento da originalidade da minha pesquisa, indicando sua publicação e a sua continuidade em um pós-doutorado.

Agradeço à *Rede do Espaço Brasileiro de Estudos Psicanalíticos (Rede EBEP)* e ao *Grupo Brasileiro de Pesquisa Sándor Ferenczi (GBPSF)*, pela abertura de novos horizontes em minha vida, aos *colegas* de grupos de estudos e de grupos de trabalho, pelas ricas interlocuções e *aqueles* e *aquelas* que me escolheram para acompanhá-los na travessia de si mesmos. Agradeço também aos *familiares e amigos*, que me acompanharam no dia a dia desta escrita, com os quais pude compartilhar minha angústia quando a inspiração me deixava. Sou grata por terem apaziguado minha tensão com ternura e pelos momentos vividos de solidariedade, fraternidade e amizade.

Esta pesquisa é fruto de muitos estudos, mas não só. É fruto de encontros e desencontros que possibilitaram uma escuta de si e, assim, uma construção, sem a qual não seria possível escrevê-la. Agradeço ao *Joel Birman*, pelas experiências de afetação, as quais propiciaram uma escrita visceral, aquela que ultrapassa o pensar.

Minha eterna gratidão aos meus meninos grandes, *Fillipe e Renato*, pela história terna que tecemos a cada dia, pelo amor, pelo cuidado e por estarmos juntos nessa travessia tão difícil e desafiadora. Por fim, a minha mais profunda e maior gratidão àquele que sempre esteve ao meu lado e que juntos tecemos uma história de vida; aquele que foi meu grande companheiro, amor e amigo; aquele que foi testemunha de minha vida, de minha existência e que me deu o privilégio de ser testemunha de sua vida, de sua existência — *Heitor Lobo de Mendonça* (*in memoriam*) —, a quem dedico este livro.

Ao Heitor Lobo de Mendonça (in memoriam),

Flores no meu deserto.

PREFÁCIO

CATÁSTROFE DO INFANTIL NA ATUALIDADE

A obra de Leila Guimarães, intitulada *Nem sempre o Danúbio é azul* e com o subtítulo rigoroso *qual destino para o infantil no tempo das funções parentais terceirizadas?* é oriunda de uma tese em psicanálise, sustentada e desenvolvida na Universidade do Estado do Rio de Janeiro. Na ocasião de sua defesa pública, a tese foi muito bem avaliada pela banca instituída do ponto de vista acadêmico, que recomendou então a sua publicação como livro, não apenas em decorrência de sua relevância teórica e clínica, mas também em consequência da importância pública da questão desenvolvida na pesquisa em pauta.

A pesquisa em questão procura estabelecer as relações fundamentais existentes entre os registros de *subjetividade* e de *história*, procurando inserir então o sujeito numa perspectiva temporal e social, de forma a criticar qualquer perspectiva *universalista*, *a-histórica* e *abstrata* sobre o sujeito, inclusive o *sujeito do inconsciente* no estrito campo epistemológico da teoria psicanalítica.

Em decorrência desse pressuposto teórico, foram enunciadas duas leituras do *infantil* na história moderna do Ocidente, oriundas ambas do discurso psicanalítico, a saber: a figura de "sua majestade, o bebê", enunciada nos tempos iniciais da modernidade, e a figura do infantil que perdeu qualquer aura de majestade dos tempos contemporâneos.

Assim, se no ensaio intitulado "Introdução ao narcisismo",[1] obra publicada em 1914, Freud construiu a sua leitura do infantil na modernidade inicial, essa interpretação do discurso freudiano remetia a um axioma da *biopolítica* do final do século XIX, segundo o qual a figura da criança seria política, social, econômica e simbolicamente destacada, pois ela representava de forma eloquente o futuro da nação, como pontuava rigorosamente Foucault em *A vontade do saber*,[2] publicado em 1976. Em

---

[1] FREUD, S. "Pour introduire le narcissisme" (1914). *In*: FREUD, S. *La vie sexuelle*. Paris: PUF, 1973.

[2] FOUCAULT, M. *La volonté de savoir*. Paris: Gallimard, 1976. v. I.

contrapartida, pode-se enunciar com pertinência que na contemporaneidade as águas do Danúbio ficaram turvas, pois os cuidados parentais passaram a ser terceirizados para instituições sociais outras fora do campo familiar (creches, escolas maternais etc.) em conjunção com novas práticas tecnológicas disseminadas, como as telas do computador, do celular e mesmo da televisão.

Enfim, essa transformação radical nos cuidados infantis implicou num desinvestimento afetivo crucial, de maneira que as crianças passaram a ser mal-acolhidas, com graves e nefastas consequências para os seus processos psíquicos de subjetivação e para a constituição de seu corpo erógeno.

Portanto, no mundo neoliberal contemporâneo, os processos de *socialização primária*, que anteriormente eram realizados fundamentalmente pelas famílias, deslocaram-se de modo decisivo para outras instituições sociais, promovendo assim um desinvestimento erógeno do corpo infantil, de forma que os cuidados infantis mudaram radicalmente de qualidade, na medida em que as crianças deixaram a posição anterior de majestade e passaram a ser "mal-acolhidas", como dizia Ferenczi num ensaio célebre no final dos anos 20 do século passado, ficando assim sob o domínio e à mercê dos efeitos mortíferos e desestruturantes da pulsão de morte, de maneira ampla, geral e irrestrita.[3]

Além disso, nesse contexto histórico ocorreu igualmente um processo disseminado de medicalização da infância, de forma que as crianças deixariam de ser escutadas e foram reduzidas, assim, ao registro orgânico do *cérebro* e do *sistema nervoso central*, pela difusão terapêutica de substâncias psicotrópicas, deixando-as massivamente medicalizadas.

Em decorrência da falta de proteção e de cuidados das crianças, ocorreu um incremento significativo do *abuso infantil*, sob as formas *sexual* e *moral* ao mesmo tempo, em termos catastróficos, assim como se disseminaram as práticas nefastas da pedofilia. Nesse contexto, os adultos não reconhecem devida e eticamente os seus abusos catastróficos, como enunciou Ferenczi num ensaio fundamental intitulado "Confusão de línguas na psicanálise", em que destaca a oposição trágica da *linguagem da ternura* (infante) à *linguagem da paixão* (adulto), com um efeito certamente devastador sobre as crianças.[4] Enfim, ainda nesse contexto

---

[3] FERENCZI, S. L´enfant mal accueilli et sa pulsion de mort. *In*: FERENCZI, S. *Psychanalyse IV*. Paris: Payot, 1975.

[4] FERENCZI, S. "Confusion de langues em psychanalyse". *In*: *Ibidem*.

teórico, Ferenczi enunciou o conceito de desmentido para interpretar com pertinência o processo traumático promovido no corpo infantil.

O desdobramento de tudo isso foi a disseminação do fantasma do bebê sábio nas formas de subjetivação, como forma estruturante de defesa para a criança lidar com essa condição limite de desalento, em oposição ao desamparo.

Em conjunção íntima com tudo isso ocorre igualmente a circulação massiva do *narcisismo da morte* (desmentido) em oposição ao *narcisismo da vida* (sua majestade, o bebê), como enunciou devidamente André Green numa leitura fundamental sobre as novas formas de dor e de sofrimento psíquicos na contemporaneidade.[5] Ao lado disso, o discurso psicanalítico, com Freud, Lacan e principalmente Ferenczi, norteia rigorosamente a pesquisa em questão nos seus diferentes momentos.

Portanto, este livro propõe não apenas que a psicanálise seja devidamente destacada como uma *prática fundamental de cuidado*, como também que o discurso psicanalítico fundado no *acolhimento* ético do infantil seja um contraponto crucial à devastação catastrófica do corpo infantil na atualidade.

Joel Birman

Psicanalista, membro do Espaço Brasileiro de Estudos Psicanalíticos e do Espace Analytique, professor e pesquisador do Programa de Pós-Graduação em Teoria Psicanalitica da UFRJ, pesquisador do CNPq, diretor de Estudos em Letras e Ciências Humanas da Universidade de Paris

Referências

FERENCZI, S. Confusion de langues em psychanalyse. *In*: FERENCZI, S. *Psychanalyse IV*. Paris: Payot, 1975.

FERENCZI, S. L´enfant mal accueilli et sa pulsion de mort. *In*: FERENCZI, S. *Psychanalyse IV*. Paris: Payot, 1975.

FOUCAULT, M. *La volonté de savoir*. v. I. Paris: Gallimard, 1976.

---

[5] GREEN, A. *Narcisismo de vida e narcisismo de morte*. Rio de Janeiro: Martins Fontes, 1990.

FREUD, S. "Pour introduire le narcissisme" (1914). *In*: FREUD, S. *La vie sexuelle*. Paris: PUF, 1973.

GREEN, A. *Narcisismo de vida e narcisismo de morte*. Rio de Janeiro: Martins Fontes, 1990.

SUMÁRIO

INTRODUÇÃO 17

PARTE I
TECENDO A HISTÓRIA DO INFANTIL

1

DA INEXISTÊNCIA AO REINADO INFANTIL............................31

1.1 Considerações iniciais 31

1.2 Somos seres históricos 34

1.3 Sobre a condição da criança: da miniatura do adulto ao futuro da nação 37

    1.3.1 A criança como estorvo ou a criança fora de cena 38

    1.3.2 Um novo olhar sobre a criança ou a hipocrisia vestida de ternura? 44

    1.3.3 O futuro da nação ou a criança no centro da cena........................ 49

1.4 Freud e o infantil 58

    1.4.1 O infantil é a infância... 60

    1.4.2 O infantil é sexual 64

    1.4.3 A virada freudiana.. 68

    1.4.4 O infantil como um solo fundante 73

PARTE II
TECENDO A MANHÃ DA VIDA

2

ENTRELAÇANDO CORPO, AFETO E LINGUAGEM 77

2.1 Considerações iniciais.. 77

2.2 Tecendo o corpo erógeno: tecendo a vida 88

2.3 Envelopando o corpo à flor da pele 103

2.4 Atravessando o Danúbio com Ferenczi 123

PARTE III
QUANDO OS FIOS SE ROMPEM

3

DES(ACONTECIMENTOS) 155

3.1 Considerações iniciais..155

3.2 Sobre a criança mal-acolhida e sua pulsão de morte..........................161

3.3 Desalento: o nome do trauma desestruturante 172

3.4 Des(acontecimento): a dor que habita o bebê sábio 186

3.5 "Nunca ninguém olhou para as minhas perebas"............................ 196

4

CONTEMPORANEIDADE: TEMPO DOS BEBÊS SÁBIOS? 201

4.1 Considerações iniciais.. 201

4.2 O chão sob os nossos pés...205

4.3 A família nuclear moderna foi para o espaço 210

4.4 Anônimos, objetos e telas: as funções parentais foram terceirizadas.........213

4.5 A condição da criança na atualidade.. 219

4.5.1 Por onde anda o bicho carpinteiro? 226

4.5.2 Transtornadas ou zumbis: as crianças filhas do mau acolhimento 227

4.6 Para não dizer que não falei das flores ou quando da ruptura se tece rede ...228

CONCLUINDO 241

REFERÊNCIAS 251

INTRODUÇÃO

As experiências de trabalho com sujeitos que trazem as marcas da precariedade do cuidado do outro em suas vidas se fizeram presentes desde o início do meu percurso profissional. As experiências com as crianças e os adolescentes vinculados ao extinto órgão assistencial público Legião Brasileira de Assistência (LBA), com as crianças que viviam sob os cuidados da Aldeia Infantil SOS/JF, com os adolescentes da zona rural do Vale do Jequitinhonha, com as crianças institucionalizadas ou abrigadas e, mais recentemente, com as crianças e os adolescentes que vivem em uma comunidade na periferia da cidade de Juiz de Fora/MG — em todas essas experiências eu estava diante de seres humanos que viviam uma experiência-limite, e suas capacidades simbólica e criativa se encontravam comprometidas.

Muitos traziam em seus corpos uma intensa agitação; outros traziam a apatia, demonstrando a ausência de prazer em suas vidas. Não eram poucos os que apresentavam quadros como psoríase, bronquite asmática, gastrite e dermatite. Esses quadros não só eram comuns na história dessas crianças e adolescentes como também eram naturalizados, como um deles deixou transparecer em seu dizer: *"Ah, isso é sangue ruim. Desde pequeno tenho estas perebas"*.

Para mim estava claro que dia após dia essas crianças e adolescentes lutavam por sua sobrevivência física e psíquica. Eles não podiam contar com o olhar e o cuidado de seus pais, ou porque a luta destes também era da ordem da sobrevivência ou porque, em alguns casos, seus pais haviam perdido sua guarda quando a convivência com eles era um risco para suas vidas. Essas crianças e adolescentes não carregavam dentro de si apenas a dor dos maus-tratos. É verdade que muitos deles nem a sentiam, pois estavam anestesiados, como um deles dizia rindo: *"meu couro é forte!"*. Anestesiados ou não, era claro que a dor que se instalara em cada um deles foi fabricada não apenas por questões intrapsíquicas, mas por um sistema sociopolítico-econômico que propaga a proteção, o amparo, o cuidado à criança, mas na realidade tornam "a vida das crianças desperdiçada, infâncias perdidas, expropriadas da própria possibilidade de futuro".[6]

---

[6] ALTOÉ, S. *Infância perdida*: o cotidiano nos internatos-prisão. Rio de Janeiro: Xenon, 1990. p. 268.

Se a afirmação da autora se refere às crianças e aos adolescentes que viviam na Fundação Nacional do Bem-Estar do Menor (Funabem), tomo como empréstimo suas palavras para estendê-las à criança em sua concepção universal, embora com contornos próprios e bem distintos. Faço essa extensão porque a prática no consultório com aqueles que têm a sobrevivência física assegurada não mostra uma situação muito diferente. Quero dizer com isso que esses sujeitos trazem também as marcas da precariedade do cuidado do outro em suas vidas. Embora pertençam a classes socioeconômicas muito diferentes dos primeiros, ali no consultório aqueles que vêm ao meu encontro também parecem sofrer uma experiência-limite que coloca em risco sua vida psíquica.

Enfim, foi com essas experiências de trabalho, com sujeitos que traziam suas fraturas expostas ou seus corpos esvaziados — como Mirtes,[7] que, muito angustiada, relatou um sonho (ou pesadelo?) em que ao espremer uma espinha em seu ombro um buraco se abriu, pelo qual pôde ver que seu corpo era oco, vazio —, que iniciei meu percurso na pesquisa. A percepção de que o sofrimento da criança estaria intimamente relacionado à precarização do investimento do Outro primordial, como sendo um dos efeitos das transformações ocorridas na esfera sociopolítico-econômica, foi o que me levou, efetivamente, ao mundo da pesquisa.

Alguns anos depois de trabalhar o tema do desamparo na obra freudiana, em um curso de Especialização em Psicanálise, ingressei no mestrado e realizei a pesquisa intitulada *De que sofrem as crianças, hoje?*, que, pautada principalmente nos ensinamentos de Freud e Lacan, teve como fio de prumo o investimento do Outro primordial sobre o infante, visto ser ele quem favorece a constituição de um corpo imaginário/simbólico pelo qual o sujeito, além de reconhecer sua existência, protege-se contra a angústia da fragmentação corpórea, já que aquele serve como um continente.

A leitura mais apurada do texto do psicanalista húngaro Sándor Ferenczi despertou o desejo de alçar um voo maior. Assim, "A criança mal acolhida e sua pulsão de morte", texto publicado em 1929, além de me lançar sobre a sua obra e a de autores que compartilham de suas ideias, levou-me à pesquisa de doutorado. Com Ferenczi, creio que encontramos mais respaldo para as questões que se impõem a nós em relação à condição em que a criança se encontra na atualidade, visto que as transformações

---

[7] Nome fictício.

ocorridas a partir das últimas décadas do século passado geraram uma espécie de terceirização das funções parentais provocando um esgarçamento dos referenciais pelos quais a subjetividade se constitui e se organiza.

Atualmente na clínica, tenho me deparado cada vez mais com a existência de uma ordem de sofrimento que não se reduz à dimensão intrapsíquica e, portanto, própria do sujeito, mas a uma ordem de sofrimento atrelada à precariedade das funções parentais. Foi essa especificidade da clínica atual que me levou à leitura dos escritos ferenczianos, sobretudo "A adaptação da família à criança"[8], "A criança mal acolhida e sua pulsão de morte",[9] "Confusão de línguas entre os adultos e a criança",[10] "Reflexões sobre o trauma"[11] e várias anotações de seu *Diário Clínico*,[12] por serem escritos em que ele, ao valorizar o ambiente no processo de subjetivação da criança, considerou sua falha potencialmente traumática e, portanto, geradora de perturbações no psiquismo daquela que está por constituir o seu viver.

Desde já, é importante ressaltar que, para Ferenczi, o ambiente é constituído por uma rede ampla de elementos que concorrem para subjetivação: as relações entre o sujeito e o outro, a família, as relações de poder, o contexto social, político e cultural, o momento histórico, o discurso científico, as práticas médicas etc. Isso significa que a categoria de ambiente, em Ferenczi, não se restringe ao campo do biológico. Veremos que ele realizou uma torção não só no conceito de ambiente como no conceito de adaptação — conceitos que se originam da biologia —, dando a eles outra dimensão — a de cuidado.

Equipada com essa visão mais ampla e profunda, penso ser importante incluir nesta pesquisa uma discussão sobre o grande incômodo provocado pela lógica atual do discurso médico, que considera o sofrimento psíquico como manifestação de uma desordem da bioquímica cerebral. Menos preocupado em ouvir ou reconhecer o sofrimento e mais preocupado com a medicação que pode suprimi-lo, não sem anestesiar o sujeito, esse

---

[8] FERENCZI, S. A adaptação da família à criança (1928a). *In:* FERENCZI, S. *Obras Completas Sándor Ferenczi.* São Paulo: Martins Fontes, 2011. v. 4. p. 1-15.

[9] *Idem.* A criança mal acolhida e sua pulsão de morte (1929). *In:* FERENCZI, S. *Obras Completas Sándor Ferenczi.* São Paulo: Martins Fontes, 2011. v. 3. p. 55-60.

[10] *Idem.* Confusão de línguas entre os adultos e a criança (1933). *In:* FERENCZI, S. *Obras Completas Sándor Ferenczi.* São Paulo: Martins Fontes, 2011. v. 4. p. 111-121.

[11] *Idem.* Reflexões sobre o trauma (1934). *In:* FERENCZI, S. *Obras Completas Sándor Ferenczi.* São Paulo: Martins Fontes, 2011. v. 4. p. 125-135.

[12] *Idem. Diário clínico* (1932). São Paulo: Martins Fontes, 1990.

discurso também é um vetor importante na constituição do ambiente e, consequentemente, na constituição subjetiva da criança na atualidade.

Desde muito cedo, ainda bebê, a criança vem sendo entregue às atenções especializadas que se tornaram encarregadas, em grande medida, daquilo que em psicanálise se costuma nomear "investimento primordial", e que a sociologia chama de "socialização primária". Esse primeiro investimento libidinal sobre a criança, que sustenta os cuidados destinados a ela, é o que lhe servirá de base para sua subjetividade. Durante a modernidade, ele era realizado pela família em razão de uma conjuntura sociopolítico-econômica que assim desejava. Atualmente, não nos é difícil perceber que o cenário é outro e, assim, outros atores — creches, escolas e especialistas — se tornaram encarregados desse investimento primeiro.

Estamos no tempo dos profissionais da parentalidade ou da parentalidade institucionalizada. Com isso, a criança foi lançada em uma multiplicação anônima de cuidadores, cujo investimento aparenta ser mecanizado, padronizado e, portanto, esvaziado no que diz respeito ao investimento primordial. Isso aponta para dois aspectos importantes: o primeiro diz respeito ao fato de a criança não mais representar a famosa expressão *"sua majestade, o bebê"*, que o pai da psicanálise usou para se referir ao investimento das figuras parentais sobre ela, e o segundo se refere ao fato de que, com a terceirização das funções parentais, à criança são destinados, muito frequentemente, inúmeros olhares e inúmeras palavras produzidas por outros bem menos implicados no investimento afetivo da criança do que seria a sua família. Não resta dúvida de que esses aspectos afetaram o processo de subjetivação daquele cujo destino não é o mesmo de outrora, uma vez que a criança não tem podido contar com o olhar e o cuidado permanente dos pais. Dessa forma, vemos que os efeitos são outros, produzindo novas modalidades de subjetivação.

Entretanto, a terceirização das funções parentais não se restringe à multiplicação anônima de cuidadores e especialistas em torno da criança. Os objetos, frutos da nova tecnologia, também atendem à terceirização. São objetos que foram criados para os cuidados do bebê, substituindo o corpo parental e as experiências com ele. Nesse pacote, podemos inserir as pequenas ou as grandes telas. Nada disso parece ser sem grandes consequências. Mais uma vez, é a clínica que nos dá a dimensão dessa problemática.

Diferentemente de outrora, a clínica tem apresentado sujeitos desprovidos de uma rede subjetiva consistente, isto é, desprovidos de recursos que possibilitem a colocação de margens ao percurso pulsional,[13] impedindo que suas excitações pulsionais encontrem outro destino que não seja o da descarga direta, cuja manifestação podemos encontrar sob a forma de ações destrutivas, seja contra o outro (nos atos antissociais, por exemplo), seja contra eles próprios (nos fenômenos psicossomáticos, por exemplo). Tratando-se da clínica com a criança, merece ser destacada a automutilação, cada vez mais presente no mundo da segunda infância.

Contudo, não são apenas os cortes nos pequenos corpos que constituem o cenário dessa clínica. Não são poucas as crianças que, levadas pelos pais — algumas vezes a pedido da escola ou do pediatra —, têm chegado aos consultórios dos analistas com seus corpos regulados por alguma medicação e com seus diagnósticos na ponta da língua. Caladas em suas subjetividades pela medicação e certamente pela ausência de uma escuta, elas chegam como *"transtornadas"* ou como *"zumbis"*. Seu estado de esvaziamento subjetivo, para o qual já teria concorrido o mau acolhimento das figuras parentais, é, de alguma forma, legitimado pelo discurso médico, uma vez que este insiste em estabelecer apenas bases biológicas para os sofrimentos psíquicos.

Seus pais, não raro, vêm na esperança de obter um manual sobre como criar o filho ou a filha. Se não são poucos os que chegam com uma mensagem subliminar do tipo *"toma que o filho é teu"*, também não são poucos os que, num tom próximo da lamúria, dizem *"bom seria se nascessem prontos"*, quando se trata de crianças bem pequenas. Por fim, muitos são aqueles que, ou por não se afetarem ou por se afetarem demais, possuem dificuldades para se ocupar das intensidades do pequeno corpo e, assim, realizar a delicada função de *acolher* aquele que acabou de chegar à vida e tecer uma rede subjetiva para ele. Se destaco essa função, é por pensar em seu significado e nos seus efeitos quando ela não é realizada, ou se realiza de forma precária.

É por pensar, também, na experiência originária e na existência do investimento e da implicação do outro parental que serão subjetivados, o que depende da possibilidade de ele exercer tal função. Ou seja, "a qualidade de subjetivação das afetações vivenciadas pela criança em sua experiência originária dependerá da capacidade daqueles que cuidam do bebê em se deixar afetar pelo impacto que a chegada do bebê provoca em

---

[13] BARROS, R. M. M.; OLIVEIRA, G. F. T. As margens da pulsão. *O corpo do Outro e a criança*, Revista da Escola Letra Freudiana, Rio de Janeiro, n. 33, p. 95-100, 2004.

seu mundo".[14] É preciso que ele esteja aberto às manifestações intensivas do bebê como um receptáculo; é preciso que ele empreste seu corpo em todos os registros e se adapte às necessidades do pequeno, assegurando o seu impulso de viver, como Ferenczi[15] elucidou ao escrever sobre a criança mal-acolhida — aquela que, na ausência de um asseguramento, rapidamente desliza para um estado de não-ser. Essa compreensão já indica que a presença acolhedora do outro, materializada nos cuidados que exerce sobre o infante, é fundamental no seu processo de subjetivação. Isto é, a experiência com ele é o fundamento por meio do qual a subjetividade se constitui.

Esse é o ponto nevrálgico desta pesquisa, e que, portanto, constitui-se como sua problemática. No mundo atual, o outro parental parece ter perdido o seu lugar para as máquinas, para os objetos frutos da nova tecnologia e para o anonimato imposto pela terceirização das funções parentais. Com isso, é possível pensar que o mundo contemporâneo retirou a criança do lugar de *majestade* e a lançou em uma espécie de abismo, em razão da precária presença, quando não da ausência, de um corpo vivo capaz de acolhê-la em sua experiência originária. Essa vivência pode ser da ordem do traumático, já que o mau acolhimento promove "o abandono da criança em seu percurso de produção de sentido, necessariamente compartilhado com os adultos".[16]

Portanto, trago como hipótese a ideia de que na atualidade parece prevalecer a *criança mal-acolhida*.[17] Trata-se de pensarmos sobre a experiência originária marcada pelo mau acolhimento do outro parental em relação à criança. Muito diferente da criança *"sua majestade, o bebê"*,[18] sobre a qual o investimento favorecia relações objetais que possibilitavam a simbolização das vivências primitivas potencialmente perturbadoras e, portanto, a constituição de uma rede subjetiva mais consistente, grande parte das crianças atualmente, em virtude dos descompassos no acolhimento, está mais exposta não somente aos transbordamentos pulsionais, mas aos estímulos que advêm do mundo externo. Isso significa que, não

---

[14] REIS, E. S.; MENDONÇA, L. G. L. Nas cinzas da catástrofe, a criança surge. *In:* MACIEL JR., A. (org.). *Trauma e ternura*: a ética em Sándor Ferenczi. Rio de Janeiro: 7 Letras, 2018. p. 15-36. p. 26.

[15] FERENCZI, 1929/2011.

[16] KUPERMANN, D. A criança, o infantil e o que o psicanalista (não) sabe. *Estilos da Clínica*, São Paulo, v. 16, n. 2, p. 324-337, 2011. p. 330.

[17] FERENCZI, 1929/2011.

[18] FREUD, S. Sobre o narcisismo: uma introdução (1914). *In:* HANNS, L. A. (ed.). *Edição Obras Psicológicas de Sigmund Freud*. Rio de Janeiro: Imago, 2004. v. 1. p. 95-131.

preenchendo as condições de mediador, o outro parental priva a criança de uma rede subjetiva que possa lhe servir de anteparo contra os impactos advindos tanto do mundo externo quanto do mundo interno, acarretando outras perturbações psíquicas cujo cerne aponta para uma experiência de dor, sem apelo ao outro. Ou seja, aponta para um desalento.[19]

Se essa hipótese leva à associação das ações destrutivas que as crianças vêm manifestando ao mau acolhimento a que foram submetidas nos primórdios da vida, ela leva a uma segunda hipótese, cuja problemática se centra na alta frequência com que as crianças estão sendo medicadas. Tendo em mente que no cerne de suas ações destrutivas existe uma experiência de dor, a prática medicamentosa, além de produzir um efeito amortecedor da subjetividade infantil, perpetua o mau acolhimento a que foram submetidas, uma vez que a família, a escola, a sociedade e o Estado não supõem uma mensagem em suas ações. Nesse sentido, podemos pensar que a prática medicamentosa, tal como está sendo realizada, seria a materialização do desmentido — um conceito que Ferenczi forjou ao criar sua teoria sobre o trauma.

Portanto, com essas hipóteses arrisco dizer que a criança *"sua majestade, o bebê"* foi gerada pela modernidade em função de seu contexto histórico, em que a criança foi considerada a peça fundamental para a realização de seu projeto. Para tal, houve uma supervalorização da criança e, consequentemente, um maciço investimento, tanto do espaço familiar quanto do social, sobre ela. Por sua vez, o mundo contemporâneo gerou *"a criança mal-acolhida"*, visto haver um esvaziamento no que diz respeito às funções primordiais, já que foram terceirizadas em nome de um contexto sociopolítico-econômico que, movido pelo imperativo econômico e pautado na lógica do capitalismo neoliberal, esmaga todo e qualquer valor que alimente a alma de vida.

Assim, por compreender que as transformações ocorridas na esfera sociopolítico-econômica do mundo ocidental a partir das últimas décadas do século passado abalaram a organização até então existente, afetando a constituição do corpo subjetivo e, dessa forma, causando outra ordem de sofrimento psíquico, a pesquisa que este livro apresenta teve como objetivo geral investigar o destino do infantil no mundo contemporâneo, visto que as funções parentais, que possibilitam o processo de subjetivação,

---

[19] BIRMAN, J. *O sujeito na contemporaneidade*: espaço, dor e desalento na atualidade. Rio de Janeiro: Civilização Brasileira, 2012.

sofreram um esgarçamento devido à terceirização a que foram submetidas. Por efeito, a prática medicamentosa, como indicação prioritária das intervenções médico-psiquiátricas, que parece perpetuar a condição da criança como mal-acolhida nos primórdios de sua vida, representaria a ausência de reconhecimento dos operadores sociais e políticos daquela enquanto sujeito. Nesse sentido, a formulação de Ferenczi sobre a criança mal-acolhida e o desmentido ocupam aqui um lugar fundamental.

Posto isso e levando em consideração que o sujeito é histórico e, desse modo, sua inscrição na cultura tal como o lugar que ela lhe confere sofrem modificações ao longo dos tempos, já que os operadores sociais e políticos se transformam, tornou-se necessário iniciar esta escrita com um capítulo nomeado *Da inexistência ao reinado infantil*, no qual foram tecidos os fios da história da infância e, naturalmente, da figura social e cultural nomeada "criança", entrelaçando-os com os processos político, econômico e social. Para isso, recorrer à história social da criança tomando como referência a obra do historiador francês Philippe Ariès,[20] da filósofa francesa Elisabeth Badinter[21] e da historiadora francesa Michelle Perrot[22] foi fundamental. A escolha por essas obras se deve ao fato de elas mostrarem como e porque se deu a construção de um modo de investimento sobre a criança por meio do qual foi possível sua inscrição no campo social e na família.

Ao resgatar os antecedentes históricos da criança e da família, objetivei reconhecer e afirmar o impacto das dimensões social, política, econômica e cultural sobre a criança, partindo da articulação da conjuntura histórica na modernidade com a estruturação da família nuclear moderna, apresentando as bases sobre as quais se constituiu o processo de subjetivação na modernidade e tendo em mente que a psicanálise nasceu em um contexto sociopolítico-econômico que pensava a existência da criança com base no adulto — o que se visava na época era um "adulto em potencial" e, para tanto, era preciso que a criança recebesse toda sorte de investimento. Assim, foi a partir da condição de majestade conferida à criança que a psicanálise nasceu, embora subvertendo a ordem de existência, visto que ela nasceu pensando o adulto com base na criança que ele foi.

---

[20]   ARIÈS, P. *História social da criança e da família* (1973). 2. ed. Rio de Janeiro: LTC, 1981.

[21]   BADINTER, E. *Um amor conquistado*: o mito do amor materno (1980). 3. ed. Rio de Janeiro: Nova Fronteira, 1985.

[22]   PERROT, M. Figuras e papéis. (1987). *In*: PERROT, M. (org.). *História da vida privada, 4*: da Revolução Francesa à Primeira Guerra. São Paulo: Companhia das Letras, 2009. p. 107-168.

NEM SEMPRE O DANÚBIO É AZUL: QUAL DESTINO PARA O INFANTIL
NO TEMPO DAS FUNÇÕES PARENTAIS TERCEIRIZADAS?

Nesse horizonte histórico, Freud, ao revelar ao mundo científico outra compreensão da sexualidade, que atestava a presença de um corpo marcado pelo encontro com o outro materno, ressaltou a importância do investimento primordial. Pelo ato de o outro materno erogeneizar o pequeno corpo e nele investir maciçamente sua libido, o humano nascente é introduzido no campo pulsional, e um corpo erógeno é constituído, possibilitando seu ingresso numa relação erótica e amorosa com o outro. Dessa forma, a psicanálise afirma que a relação com o mundo nasce a partir dos cuidados — em suas mais variadas dimensões — que o outro dispensa ao humano nascente. Isso significa que, com um bom acolhimento e suporte para os cuidados, o humano se constitui em sua corporeidade e, portanto, em sua potência simbólica.

No segundo capítulo, ***Entrelaçando corpo, afeto e linguagem***, dediquei-me a dissertar sobre a importância das funções primordiais no processo da constituição psíquica. Para isso, centrei-me na experiência originária percorrendo os ensinamentos dos mestres da psicanálise: Sigmund Freud, Sándor Ferenczi e Jacques Lacan. Embora por ângulos distintos e mesmo com suas diferenças, os autores associam a constituição do psiquismo a um modo de investimento que será subjetivado em razão do encontro com o outro, marcado pelo acolhimento.

Claro é para mim a importância de outros dois psicanalistas que fizeram história na psicanálise. Estou me referindo à psicanalista austríaca, grande destaque da segunda geração psicanalítica e que possibilitou o surgimento de uma das correntes do freudismo, Melanie Klein, e ao psicanalista inglês Donald Winnicott, que, por não se curvar à ortodoxia psicanalítica que dominava na época, pôde fazer da experiência com seus pacientes um verdadeiro brincar criativo. Reconheço que eles poderiam contribuir para a confecção desta pesquisa, porém a consciência de que ela ficaria por demais extensa, correndo o risco de perder seu fio de prumo, foi crucial para deter-me nas teorias freudiana, ferencziana e lacaniana.

Assim, se em Freud enfatizei a função do outro enquanto objeto primordial, que, ao favorecer a construção do circuito pulsional pela mediação da regulação da experiência de satisfação, viabiliza a subjetivação da experiência primordial e, consequentemente, a organização do psiquismo, em Lacan ressaltei a função do Outro primordial, que, ao possibilitar o estabelecimento de um laço simbólico entre ele e o *infans*, permite a travessia do gozo do vivo à ordem simbólica.

Após revisitar os escritos freudianos e lacanianos, passei a discorrer sobre a função do outro parental tomando como referência a obra de Ferenczi. Desde já, é importante deixar claro que não se trata de um descuido a ruptura que fiz com a ordem cronológica da história da psicanálise. Embora Ferenczi seja contemporâneo de Freud, tendo estado ao seu lado na descoberta de novos conceitos, não é por acaso que seu pensamento compõe a terceira seção deste capítulo. Isso se justifica pelo fato de os capítulos seguintes terem como referencial teórico a sua obra e a de autores que compartilham de seu pensamento. Assim, com Ferenczi procurei enfatizar a experiência originária como sendo da ordem da catástrofe e a necessidade do acolhimento do outro parental para que o processo de introjeção possa ocorrer. Portanto, esse capítulo teve como intenção ressaltar a importância do acolhimento, valorizando seus efeitos na constituição psíquica, visto que a qualidade do acolhimento do outro está fundamentalmente ligada ao campo subjetivo daquele em via de advir.

Entretanto, a clínica mostra que esse encontro pode ser de outra ordem, ou seja, pode ser marcado pelo mau acolhimento. Essa é a tônica do terceiro capítulo, ***Des(acontecimentos)***, cujo intuito foi abordar os seus efeitos psíquicos no processo da constituição subjetiva, já que a inabilidade do outro parental para cumprir sua função potencializa o aspecto disruptivo e ameaçador da pulsionalidade, levando o humano infantil à vivência de um trauma precoce que não pôde ser elaborado pelo psiquismo.

Acompanhando Ferenczi, dediquei-me a explanar, em primeiro lugar, o conceito de pulsão de morte, para depois esmiuçar o seu escrito *"A criança mal acolhida e sua pulsão de morte"*,[23] no qual fica patente que ele se distancia de uma hipótese constitucional da pulsão de morte para valorizar o tato do ambiente. Em tal escrito prevalece o fato de o outro parental, por diversas razões, não ter se adaptado às necessidades daquele que acabou de nascer, levando o pequeno e frágil corpo a deslizar ao estado dissolvido do qual acabou de emergir. Ou seja, Ferenczi aborda os efeitos sobre o humano infantil quando sua existência não é investida. Como tal, ele fica exposto aos transbordamentos pulsionais e aos estímulos que advêm do mundo externo, em função da falha de uma mediação que possa lhe servir de filtro.

---

[23] FERENCZI, 1929/2011.

Na ausência da adaptação do outro parental, é a criança que, forçosamente, precisa se adaptar. Ela precisa se virar, na medida em que aquele não reconhece a vulnerabilidade infantil. Estamos, aqui, no campo do desmentido, abrindo caminho para explorar em Ferenczi o conceito de trauma patológico ou desestruturante, para o qual o mecanismo de defesa acionado é da ordem de uma radicalidade. Estou me referindo à clivagem narcísica que, como estratégia de sobrevivência, o eu lança mão para não sucumbir, levando à constituição do *"bebê sábio"*.

Caminhando para o fim, o último capítulo, ***Contemporaneidade: tempo dos bebês sábios?***, é atravessado pelas problemáticas da terceirização das funções parentais e da medicalização infantil. Como práticas à serviço do neoliberalismo, veremos que se a primeira se atrela ao mau acolhimento, a segunda, além de produzir um efeito de anestesiamento subjetivo e potencializar a desvitalização do sujeito infantil, desmente a dor da criança. Esse é um capítulo que ao abordar as transformações ocorridas na esfera sociopolítico-econômica, a partir da segunda metade do século XX, traz não somente a ideia de que essas transformações provocaram um esgarçamento nas funções parentais por conta da terceirização a que foram submetidas, como também traz a ideia de que as novas formas de subjetivação e, por conseguinte, as de sofrimento estariam associadas à experiência originária quando marcada pela precarização do acolhimento. Nesse sentido, destaco a condição em que a criança se encontra na atualidade — uma condição de desalento, na qual a expressão *salve-se quem puder* parece se impor, visto não poder contar com a mediação do outro que possa sustentar as potencialidades de vida.

Por fim, se apresento essa problemática em relação à criança, é por uma razão simples: sua subjetividade está *em* constituição, isto é, o infantil está se constituindo. E ele não se constitui sem o outro. Como diz uma colega: "gente nasce de gente". Assim, refletir sobre a problemática que envolve a criança é refletir também sobre a criança que habitará o adulto e, portanto, sobre o futuro, já que são as experiências infantis que produzem as marcas do inconsciente e por elas somos movidos. Logo, essa parece ser uma problemática em que os psicanalistas de um modo geral, não apenas aqueles que fazem a clínica com a criança, deveriam se debruçar. Acolher essa problemática significa acolher a criança e o futuro também. É por essa razão que faço deste livro *Nem sempre o Danúbio é azul:*

qual destino para o infantil no tempo das funções parentais terceirizadas?[24] mais que um texto acadêmico. Existe aqui uma manifestação contra a violência que a criança vem sofrendo, uma vez que sua vulnerabilidade não tem sido reconhecida. Meu desejo é que o leitor possa ser afetado pelas linhas que se seguem.

---

[24] O título deste livro foi inspirado no texto *Uma fonte de água pura*, escrito por Jurandir Freire Costa, que se encontra publicado como Prefácio em PINHEIRO, T. *Ferenczi*: do grito à palavra. Rio de Janeiro: Jorge Zahar, 1995.

PARTE I

TECENDO A HISTÓRIA DO INFANTIL

1

DA INEXISTÊNCIA AO REINADO INFANTIL

1.1 Considerações iniciais

O mundo mudou, é fato. E com ele, a relação com as coisas, com o outro e com a vida. Do mundo pré-moderno — abrigado pelo sagrado — ao mundo moderno — do nascimento da sociedade capitalista, do Estado-nação e do indivíduo — até o mundo atual, marcado pelo processo de globalização ou mundialização, pela economia neoliberal, fonte do imperativo de lucratividade, e pela hipermídia, vemos que inúmeras e profundas transformações ocorreram, fazendo cair por terra os referenciais existentes e fundando outros.[25] Isso equivale a dizer que a maneira de ser, de pensar, de viver, de se relacionar e de sofrer do homem acompanham essas mudanças. Ou seja, sua mentalidade se transforma,[26] explicando o fato de certas práticas terem sido concebíveis em determinada época e não mais em outra, da mesma maneira que determinadas práticas que antes eram inaceitáveis passaram a ser aceitáveis, como nos demonstram o historiador francês Philippe Ariès[27] e a filósofa francesa Elisabeth Badinter[28] em suas primorosas obras ao se referirem à condição da criança, tanto em nível micro quanto macrossocial, desde a Antiguidade até a Modernidade.

De alguma forma, ainda iniciando os primeiros passos de sua criação, o pai da psicanálise já nos apontava para isso quando, numa carta a Wilhelm Fliess, seu amigo mais íntimo, fazendo referência ao fato de que a literatura da época estava se voltando muito para a psicologia das crianças,[29] afirmou que "sempre se é filho da época em que se vive, mesmo naquilo que se considera ter de mais próprio".[30] Freud se referia à visi-

---

[25] REIS; MENDONÇA, 2018.

[26] LE GOFF, J. A história nova. *In:* LE GOFF, J. *A história nova.* São Paulo: Martins Fontes, 1990. p. 25-64.

[27] ARIÈS, 1973/1981.

[28] BADINTER, 1980/1985.

[29] Nessa ocasião, Freud havia recebido mais um livro sobre o assunto. Tratava-se do livro *Mental Development in the Child and the Race* (1895), de James M. Baldwin.

[30] MASSON, J. *A correspondência completa de Sigmund Freud para Wilhelm Fliess.* Rio de Janeiro: Imago, 1986. p. 278.

bilidade dada à criança — uma visibilidade que se fez presente apenas na modernidade, contrastando com o mundo pré-moderno em que a condição da criança era a de inexistência. Porém, sua afirmação não nos diz somente isso. Ela parece nos dizer bem mais.

Levando em consideração que nada é "mais próprio" que a subjetividade, podemos entrever na afirmativa freudiana que o sujeito é histórico, isto é, ele é inscrito em uma temporalidade histórica que se constitui por elementos de ordem política, econômica, social e religiosa. Dessa forma, sua inscrição na cultura e o lugar que ela lhe confere se alteram ao longo dos tempos, à medida que se articulam a esses elementos, que, como operadores, produzem efeitos na constituição subjetiva. Assim, é impossível pensar o sujeito fora do campo histórico-cultural, reafirmando as palavras de Freud ao seu amigo Fliess, pelas quais podemos concluir que toda mudança de época corresponde à mudança de sujeito em função da produção de outras formas de subjetivação. Isso já indica a razão de começarmos nossa escrita por um capítulo que se constitui eminentemente por elementos históricos.

Para um leitor de Freud, é sabido que a psicanálise nasceu no seio da modernidade em função da neurose, especialmente da histeria — uma forma peculiar de sofrimento humano cujo modo de subjetivação se constituiu na trama e no drama da moral sexual civilizada própria da modernidade cujos sustentáculos foram o capitalismo, o Estado-nação, a industrialização, a urbanização, a racionalidade, a tecnologia, a delimitação entre os espaços público e privado, o nascimento da família nuclear e a moralidade burguesa. Em conjunto, esses elementos colocaram fim ao mundo pré-moderno — um mundo fechado, heterogêneo, finito[31] e cuja existência repousava sobre uma verdade única e absoluta enunciada pelo divino. Ou seja, um mundo portador de um único discurso, do qual estavam ausentes não somente o indivíduo como titular de direitos e sujeito autônomo, mas as instituições capazes de reconhecer e garantir estes direitos.[32]

Nesse cenário em que o mundo ocidental foi revirado da cabeça aos pés pela tamanha transformação que sofreu, a vida passou a ser organizada por outros parâmetros, fundando uma civilidade que se constituiu à custa de pesados sacrifícios impostos ao indivíduo. O escrito *Moral sexual 'civi-*

---

[31] KOYRÉ, A. *Do mundo fechado ao universo infinito* (1957). 4. ed. Rio de Janeiro: Forense Universitária, 2006.

[32] PAULA, J. A. *Crítica e emancipação humana*: ensaios marxistas. Belo Horizonte: Autêntica Editora, 2014.

lizada' e doença nervosa moderna,[33] em que o pai da psicanálise expõe a tese de que o sujeito neurótico é fruto da modernidade, mostra-nos de forma bastante clara a dimensão desses sacrifícios no campo da subjetividade.

Foi nesse cenário também que nasceu a família nuclear moderna. Embora mais voltada para a sua intimidade — estado impensável na família pré-moderna —, ela conservou um vínculo com a esfera pública, já que lhe foram prescritas normas pelos meios jurídicos, médicos e educacionais a fim de se obter a garantia da civilidade. "Mão invisível da sociedade civil, ela é ao mesmo tempo ninho e núcleo", escreve Michelle Perrot na introdução de seu escrito sobre a família do século XIX para indicar que esta foi "triunfante" nas doutrinas e nos discursos, levando não somente os conservadores, mas os liberais e até os libertários a louvá-la "como a célula da ordem viva".[34]

Dessa posição, a família triunfante procurou, em parte por razões políticas, incorporar uma multiplicidade de funções, visto que, como átomo da sociedade civil, ela era "a responsável pelo gerenciamento dos 'interesses privados' cujo bom andamento era fundamental para o vigor dos Estados e o progresso da humanidade".[35] Assim, quando família e Estado formaram uma aliança na construção de um projeto coletivo de nação, a criança foi considerada "o ser social e o capital mais precioso".[36] Essa conjuntura possibilitou que ela saísse da condição de inexistência do mundo pré-moderno e fosse elevada à condição de soberana.

Portanto, tendo como pano de fundo a ideia de que o sujeito é histórico, a primeira parte desta pesquisa destacou a história social da criança, por ela permitir a percepção de que a criança, com suas particularidades reconhecidas, é fruto de um investimento que nem sempre existiu, tanto pela sociedade quanto pela família, e permitir a constatação de que, na ausência de investimento, a vida parece se tornar irmã da morte, como mostra Badinter.[37]

Trata-se aqui da ausência do reconhecimento da vulnerabilidade da criança. Suas particularidades — tamanho, insuficiência, dependência

---

[33] FREUD, S. Moral sexual 'civilizada' e doença nervosa moderna. *In:* FREUD, S. Cultura, sociedade e religião: O mal-estar na cultura e outros escritos. *Edição Obras Incompletas de Sigmund Freud.* Belo Horizonte: Autêntica, [1980] 2020. p. 65-97.

[34] PERROT, 1987/2009, p. 78.

[35] *Ibidem*, p. 91.

[36] *Ibidem*, p. 78.

[37] BADINTER, 1980/1985.

etc. — apontam não para um ser incapaz, como normalmente a criança é considerada, mas mostram que a criança é um ser vulnerável por não possuir "condições de superar fatores de risco que podem afetar o seu bem-estar".[38] Isso significa que, para sobreviver e crescer, ela depende da relação que se estabelece com o outro, ela depende do ambiente em que está inserida, já que a garantia do atendimento de suas necessidades depende dele. Essa condição atribui não apenas à família, mas à sociedade e ao Estado a responsabilidade pela constituição de seu bem viver, sendo fundamental o reconhecimento de sua vulnerabilidade para que possa ser acolhida, e o seu bem-estar assegurado.

1.2 Somos seres históricos

Em se tratando de criança, certo é para todos nós a diferença entre ela e o adulto. Porém, quando resgatamos a história social da criança, vemos que nem sempre foi assim. Seus antecedentes históricos nos afirmam a existência de um tempo em que as particularidades do infantil não eram reconhecidas e a criança não era diferenciada do adulto. Isso significa que os dados conceituais concernentes à criança não são atemporais. Ou seja, eles surgem em função de um tempo, de um lugar e de um contexto histórico. Logo, em consonância com a mentalidade da época e, consequentemente, com seu discurso, ao longo da história da humanidade a criança foi vista de diferentes formas. Várias foram as imagens da infância e da criança que apontavam tanto para um tempo em que não havia um lugar próprio para ela como, mais tarde, para um tempo em que sua existência, por estar atrelada à conformidade de um ideal, era o centro das atenções.[39]

O antagonismo presente nelas propõe a ideia de que a infância é fruto de uma construção social, podendo ser compreendida com base em uma noção histórica e cultural, como nos aponta Ariès[40] ao defender a ideia de que o sentimento da infância não existia na Idade Média, sendo descoberta na França, na altura do século XVII.[41] De acordo com sua pes-

---

[38] SIERRA, V. M.; MESQUITA, W. A. Vulnerabilidades e fatores de risco na vida de crianças e adolescentes. *São Paulo em Perspectiva*, São Paulo, v. 20, n. 1, p. 148-155, jan./mar. 2006. p. 150.

[39] Em uma ocasião passada, tive a oportunidade de me debruçar sobre essas imagens. Trata-se de minha pesquisa de mestrado, que se encontra publicada no livro intitulado *De que sofrem as crianças, hoje?* (Mendonça, 2013).

[40] ARIÈS, 1973/1981.

[41] BURKE, P. *A Revolução Francesa da historiografia*: a Escola de Annales, 1929-1989. 2. ed. São Paulo: Unesp, 1991.

quisa, a infância é fruto da vida moderna, resultante das modificações na estrutura social. Ou seja, para Ariès, o mundo pré-moderno ignorava a criança, e sua indiferença se materializava nos altos índices da mortalidade infantil e na forma de viver da criança, que não se distinguia da dos adultos.

Considerada uma *"miniatura do adulto"*, suas características e necessidades não eram reconhecidas. Foi preciso um tempo relativamente longo, precisamente no século XVIII, para que o sentimento de infância — um sentimento que equivale "à consciência da particularidade infantil, essa particularidade que distingue essencialmente a criança do adulto, mesmo jovem"[42] — se arraigasse nas mentalidades e os adultos passassem a investir na criança uma atenção e um cuidado até então inexistentes.[43] Como fio condutor, essa consciência possibilitou que a criança ganhasse uma inscrição na língua, um lugar na sociedade e na família e saísse, assim, da condição de inexistência.[44]

O grande mérito da pesquisa do precursor da história social da criança foi, sobretudo, "abrir as portas para novas pesquisas",[45] além de revelar um silêncio histórico, já que no mundo pré-moderno "não existia este objeto discursivo a que hoje chamamos infância, nem esta figura social e cultural chamada 'criança'".[46] Portanto, os estudos das mentalidades por Ariès implicavam que a infância era uma construção cultural, mas só a compreendemos se levarmos em conta a história social da família e as relações de produção. Aos olhos dele, a infância é uma categoria histórica da modernidade e sua construção se deu na relação com a família e com a sociedade.

A partir dos pesquisadores da história das mentalidades, mais especificamente de Ariès, já não era mais possível pensar a infância pelo viés do naturalismo, o qual afirma que as idades da existência da vida são ordenadas por padrões.[47] Estes, por serem regulados apenas pelos registros biológico e psíquico, acabam por efetuar o apagamento da dimensão his-

---

[42] ARIÈS, 1973/1981, p. 99.

[43] BADINTER, 1980/1985.

[44] Remeto o leitor ao livro de minha autoria *De que sofrem as crianças, hoje?*, no qual apresento um breve percurso pela terminologia das idades, o que me permitiu verificar que somente no século XVII a palavra "criança", tal como a conhecemos, ganhou uma inscrição na língua.

[45] FLANDRIN, J. L. Infância e sociedade. *Annales. Economias, sociedades, civilizações*, [s. l.], ano 19, n. 2, 1964.

[46] CORAZZA, S. M. *Infância e educação*. Era uma vez... quer que conte outra vez? Petrópolis: Vozes, 2002. p. 81.

[47] BIRMAN, J. *Cadernos sobre o mal*: agressividade, violência e crueldade. Rio de Janeiro: Record, 2009.

tórica, significando que os registros da educação, do trabalho, da família e da saúde — referentes sociais e institucionais construídos historicamente — são considerados efeitos de certo funcionalismo regulado pelo determinismo biológico.

> Cada período seria concebido em uma perspectiva estritamente biológica, que conferiria os parâmetros objetivos para a fundamentação científica do modelo em pauta. A leitura psíquica ficaria atrelada ao biologismo de base, de forma que as características psíquicas de cada um dos períodos em causa seriam a simples *derivação* da fundamentação biológica. [...]. Contudo, é preciso que tal registro seja devidamente relativizado e contextualizado, ao ser inscrito e relacionado nas séries institucionais e sociológicas. Seria apenas pela consideração destas que as ditas idades da existência poderiam adquirir uma dimensão *simbólica* propriamente dita, pela mediação que permitiria ao registro psíquico assumir a sua efetiva pregnância.[48]

Ao reconhecer as características históricas da infância, Ariès desnaturalizou as idades da existência da vida. Evidenciando os operadores social e político e com isso relativizando o determinismo biológico, ele levou em consideração o impacto das dimensões social, política, econômica e cultural sobre a criança. Desse modo, não era mais possível pensar a concepção de infância como uma categoria natural, mas histórica e cultural. Ou seja, a imagem que se constrói da criança, assim como o seu lugar na sociedade e na família, estará na dependência do contexto e das condições sócio-históricas e culturais em que se vive. No entanto, é importante assinalar que os operadores social e político produzem efeitos na constituição do psiquismo. Esta não se dá sem o outro enquanto objeto, visto que somente por meio dele a pulsão se inscreve no psiquismo. Porém, o outro traz consigo a dimensão histórica que, transmitida pela linguagem, faz-se presente na produção e reprodução do psiquismo. Assim, o outro apresenta uma pluridimensionalidade.

> Da incidência constitutiva da imagem especular e da linguagem, como enfatizaram Freud e Lacan, é preciso evocar ainda a incidência fundamental dos operadores social e político na construção do psiquismo. Esses incidem também sobre as pulsões de maneira crucial, sempre pela mediação

---

[48] *Ibidem*, p. 195, grifos do autor.

dos registros da imagem e da linguagem, modulando e
precipitando, enfim, seus efeitos.[49]

Podemos depreender das palavras do autor que se a subjetividade
se constitui pela vinculação com o outro, e não por determinações intrapsíquicas universais, ela se constitui com base em uma psicologia social,
tal como foi enunciado por Freud.[50]

Essa ideia interesa pela razão de a subjetividade infantil estar *em*
constituição. Seu advento e sua organização estarão sempre na dependência daquele que comporá o campo relacional. Dessa forma, devido à
sua fragilidade, a criança estabelece com o outro uma relação de subor-
dinação. A forma de ele sentir e pensar a criança, além de produzir um
discurso sobre ela, pode permitir um investimento que lhe define um
lugar de pertinência. Isso significa que existe uma relação de poder que
tanto pode ser da ordem de um investimento que possibilita a vida como
pode ser da ordem de uma destituição, cujo efeito pode ser, quando não
a morte de fato, a perda de sua vitalidade.

Voltemos à história social da criança para que o campo social,
político e econômico que possibilitou a passagem da condição de inexistência da criança à condição de signo do futuro — ideal sustentado pelo
mundo moderno, possa ser delimitado. Para isso, importarei parte de
minha pesquisa anterior que, investigando sobre o sofrimento da criança
na atualidade, constatou que em épocas pretéritas, devido à conjuntura
histórica, a criança, como *miniatura do adulto*, estava fora de cena — do
social, da família e, até mesmo, da língua — e, assim, não recebia os cuidados que lhe eram necessários.

1.3 Sobre a condição da criança: da miniatura do adulto ao futuro da nação

Pensar nas particularidades da criança em relação ao adulto é pensar,
sobretudo, em sua fragilidade. Diferente do mundo moderno, o mundo
pré-moderno não a reconhecia e, dessa forma, não a acolhia. Foi somente
quando a vida da criança passou a ser vinculada a um ideal sustentado
pelo Estado, o que provocou uma grande transformação na estrutura

---

[49] *Ibidem*, p. 198.

[50] FREUD, S. Cultura, sociedade e religião: O mal-estar na cultura e outros escritos. *In:* FREUD, S. Psicologia
das massas e análise do Eu. *Edição Obras Incompletas de Sigmund Freud*. Belo Horizonte: Autêntica, [1921]
2020. p. 137-232.

familiar, que sua fragilidade foi reconhecida e as práticas de cuidados se voltaram para ela. Assim, se no mundo pré-moderno a imagem da criança era a de *"miniatura do adulto"*[51] e a infância era considerada "o estado mais vil e abjeto da natureza humana, depois da morte", conforme o religioso francês Pierre de Bérulle,[52] no mundo moderno a imagem da criança dizia respeito a um ideal. Ela era o *"futuro da nação"*.[53] Como veremos, essa mudança não se deu por si só e nem sem delonga. Para entendê-la, é preciso que tenhamos em mente os processos político e econômico, que se condensam na complexidade social e histórica da estrutura familiar.[54]

1.3.1 A criança como estorvo ou a criança fora de cena

Resgatar os antecedentes históricos da infância nos permite verificar que o mundo pré- moderno não reconhecia a condição vulnerável da criança. A razão é que a criança não correspondia ao ideal humanitário: o sexo masculino, o adulto, a força física, o raciocínio lógico e a consciência eram os atributos que compunham o modelo da perfeição humana.[55]

Considerada um ser imperfeito, incompleto, incapaz e frágil, por um longo tempo a criança, na concepção da teologia cristã, foi identificada tanto ao animal — por não possuir consciência moral, razão e domínio linguístico — quanto ao pecado. Um dos grandes representantes da Igreja, Santo Agostinho, retratava a criança como "um ser imperfeito esmagado pelo peso do pecado original",[56] um ser ignorante, apaixonado e caprichoso, capaz de se precipitar em qualquer crime. Desse modo, seria preciso expurgar esse estado de animalidade, lutar contra o estado infantil, livrar-se do estado negativo e corrompido como forma de se redimir da malignidade em que os homens se encontravam no início de suas vidas.

---

[51] ARIÈS, 1973/1981, p. 17.

[52] HEYWOOD, C. *Uma história da infância*: da Idade Média à época contemporânea no Ocidente. Porto Alegre: Artmed, 2004. p. 21.

[53] PERROT, 1987/2009, p. 134.

[54] BIRMAN, J. Laços e desenlaces na contemporaneidade. *Jornal de Psicanálise*, São Paulo, v. 40, n.72, p. 47-62, jun. 2007.

[55] De acordo com a visão aristotélica, a ideia de perfeição surgiu associada à quantidade de calor vital. Sob a perspectiva dos quatro elementos naturais, que possuíam uma hierarquia com base em suas características, pensava-se que a perfeição de qualquer corpo vivo estava ligada a uma quantidade maior de calor. Como o que era quente e seco era da ordem do masculino, e o que era frio e úmido era da ordem do feminino, a natureza humana foi pensada por essa perspectiva, sendo os órgãos sexuais apenas instrumentos. Assim, o sexo masculino foi pensado como portador de maior calor em função da externalização de seus órgãos e, portanto, o único capaz de transmitir o calor vital necessário para a formação da vida (Badinter, 1980/1985).

[56] BADINTER, 1980/1985, p. 55.

NEM SEMPRE O DANÚBIO É AZUL: QUAL DESTINO PARA O INFANTIL
NO TEMPO DAS FUNÇÕES PARENTAIS TERCEIRIZADAS?

Embora a noção de "inocência infantil" já começasse a se impor, a imagem da criança como a encarnação da imperfeição e como um ser maligno se prolongou até o fim do século XVII. Inspirados na representação agostiniana da criança, alguns movimentos pedagógicos e moralistas do século XVII recomendavam tanto à família quanto às escolas que mantivessem uma atmosfera de dureza em relação ao pequeno ser, não havendo lugar para a tolerância. Portanto, era preciso isolar a criança pequena e desconfiar de sua espontaneidade, pois "a infância é a vida de um animal".[57]

Essa imagem dramática da criança preponderou tanto na teologia quanto na pedagogia do século XVII. A filosofia nova, representada por René Descartes, retomou em outro registro a crítica do estado infantil, banindo o pensamento escolástico. Para o filósofo cartesiano, a infância estaria associada ao erro, já que estaria totalmente dominada pelo corpo. Considerada por ele como uma fraqueza do espírito, a alma infantil seria desprovida de discernimento e crítica. Por ser movida pelas sensações corpóreas — prazer e dor —, ela estaria condenada ao erro perpétuo. Era necessário livrar-se desse estado infantil, visto que ele constituía a causa dos erros do homem.

Ainda que a influência do pensamento dos teólogos, dos pedagogos e dos filósofos fosse grande nas classes dominantes, ela não atingia os outros meios sociais. Isso significa que essas imagens da criança pareciam não ser as mais proeminentes. De qualquer forma, representando o mal, o pecado e o erro, a criança atravessou grande parte da história da humanidade despossuída de qualquer valoração positiva. Considerada como um estorvo ou até mesmo como uma desgraça, ela parecia constituir um fardo para os seus pais, razão pela qual as práticas do abandono físico ou moral e do infanticídio eram tão comuns.

> Antes da era cristã, as crianças indesejadas eram expostas à morte, sendo empilhadas em monturos públicos de deposição dos enjeitados, colocadas em barcos e lançadas ao mar, largadas no campo ou na rua para que fossem recolhidas por algum interessado ou devoradas por insetos rasteiros, cães e outros animais. Podiam ser queimadas em fogueiras de dejetos ou sacrificadas em rituais místicos ou religiosos; ou, ainda, eram mutiladas para justificar o pedido de esmo-

---

[57] *Ibidem*, p. 60.

las ou apelo de ajuda socioeconômica por adultos pobres, comerciantes decadentes e escravos fugidos.[58]

Mesmo que inúmeras leis tivessem sido criadas proibindo o abandono, essa prática ainda era tão frequente que os hospitais, seguindo as orientações da Igreja, passaram a receber e a recolher essas crianças a fim de evitar o acúmulo de tantas mortes miseráveis.[59] Quanto ao infanticídio, passou a ser considerado um crime e, consequentemente, severamente punido. Porém, era praticado em segredo, camuflado sob a forma de um acidente: "as crianças morriam asfixiadas naturalmente na cama dos pais, onde dormiam. Não se fazia nada para conservá-las ou para salvá-las".[60] Para a criança que apresentasse alguma deformidade ao nascer, o infanticídio era tolerado. O pai decidia o seu destino, que era a fogueira ou o mar, já que se acreditava que a deformidade era um mau presságio para a comunidade e para a família.[61]

Do infanticídio à indiferença, existiam inúmeras formas de os pais se livrarem da criança. Uma delas era o hábito de enviá-la à casa de amas de leite, onde permanecia até os seus 4 ou 5 anos de idade sem a visita deles. A longa estadia sob os "cuidados" da ama era marcada por condições muito precárias. Não muito raro, a ama encontrava-se em estado deplorável e, assim, a pobreza, a sujeira, a falta de higiene e as práticas utilizadas para a criança ser apaziguada em seu sofrimento eram fatores que muitas vezes a levavam à morte, o que explica o alto índice de mortalidade da época.

Esse hábito, restrito apenas às famílias aristocráticas no século XIII, estendeu-se a toda a sociedade no século XVIII: "dos mais pobres aos mais ricos, nas pequenas ou grandes cidades, a entrega dos filhos aos exclusivos

---

[58] CECCIM, R.; PALOMBINI, A. Imagens da infância, devir-criança e uma formulação à educação do cuidado. *In:* MAIA, M. (org.). *Por uma ética do cuidado.* Rio de Janeiro: Garamond, 2009. p. 155-183. p. 160.

[59] MARCÍLIO, M. L. *História social da criança abandonada.* 2. ed. São Paulo: Hucitec, 2006. Conforme a autora, as leis foram criadas muito mais em função dos resultados que o abandono poderia ocasionar — incesto, prostituição, estímulo a relações extramatrimoniais — do que propriamente uma preocupação com a criança. Badinter (1980/1985) nos fornece outra posição em relação a isso ao dizer que, a partir dos séculos XII e XIII, tanto a Igreja quanto o Estado passaram a condenar a prática do abandono, do aborto e do infanticídio. Sendo o filho criatura de Deus, era preciso fazer dele um bom cristão. Porém, em função da miséria da maioria, entenderam que seria melhor tolerar o abandono a fim de que o infanticídio fosse reduzido. Assim, as primeiras casas para o acolhimento de crianças abandonadas só foram criadas no século XVII, mais exatamente em 1638, quando o Abrigo das Crianças Achadas foi fundado por São Vicente de Paula.

[60] ARIÈS, 1973/1981, p. XV.

[61] MARCÍLIO, [1998] 2006. Embora o poder do pai já encontrasse alguns limites impostos pela Igreja e pelo Estado, que cada vez mais interfeririam no governo doméstico, para tal situação ele era soberano. Cabia a ele decidir o destino do filho.

cuidados de uma ama é um fenômeno generalizado";[62] um fenômeno de um "infanticídio disfarçado", para o qual nem sempre as razões econômicas, sociais ou a ignorância serviam como justificativa. Muitas vezes o desinteresse e a indiferença pela criança eram as razões para tal feito.

A volta para a casa dos familiares não confirmava que um vínculo afetivo se estabeleceria entre os pais e a criança. Esse vínculo, tal como entre os cônjuges, não era necessário para que a família se constituísse, uma vez que esta significava a manutenção do patrimônio. Sua função, longe de ser afetiva, era a de assegurar a transmissão da vida, dos bens e dos nomes, isto é, "a família era uma realidade moral e social, mais que sentimental".[63]

A transmissão dos valores e dos conhecimentos e a socialização, em se tratando de famílias abastadas, era confiada a uma governanta ou a um preceptor até por volta dos 8 anos de idade da criança. Antes do século XVII, ela ficava sob os encargos de outra família, pela qual era educada pela aprendizagem prática. Servindo a um mestre, ela aprendia um ofício. O mestre lhe transmitia "a bagagem de conhecimento, a experiência prática e o valor humano que pudesse possuir".[64] Desse modo, seu convívio com a família era muito pequeno; ela convivia mais com a comunidade, ingressando no mundo dos adultos para que pudesse aprender e encarnar a moral e os bons costumes e contribuir para a conservação dos bens e a proteção da vida e da honra. Era nessa mistura cotidiana com os adultos que ela aprendia a viver. Vestindo-se como eles, participando das conversas, das festas, dos jogos e dos trabalhos, ela não se diferenciava mais deles. Ela era a *"miniatura do adulto"*.[65]

Pelas primorosas pesquisas de Ariès e Badinter, podemos observar a ausência de reconhecimento das inúmeras particularidades que distinguiam a criança do adulto, o que a colocava em uma condição de inexistência. Isso parece justificar o fato de a sociedade ter reservado uma indiferença à criança até o século XVIII. O sentimento que existia em relação a ela, que Ariès denominou de "paparicação", era um sentimento que a identificava como um objeto de diversão: "as pessoas se divertiam com a criança pequena como com um animalzinho, um macaquinho impudico".[66]

---

[62] BADINTER, 1980/1985, p. 67.
[63] ARIÈS, 1973/1981, p. 164.
[64] *Ibidem*, p. 156.
[65] *Ibidem*, p. 15.
[66] *Ibidem*, p. X.

Esta foi uma outra representação dada à criança: "um brinquedo divertido, do qual se gosta pelo prazer que proporciona, e não pelo seu bem".[67]

Como "uma espécie de pequeno ser sem personalidade, um 'jogo' nas mãos dos adultos",[68] era natural a familiaridade sexual dos adultos com a criança, o que salientava sua insignificância. Mais que uma alma carregada de pecado ou uma alma perfeitamente inocente, a criança era um brinquedo sem alma. Quando maiores, eram vistas como máquinas. Como a obediência era considerada a virtude mais importante e a disciplina era muito rigorosa, a expressão de sentimentos e pensamentos não tinha lugar. Diante de sua obediência mecânica aos pais, "torna-se então tentador comparar a criança a um autômato, sem vida e sem alma".[69]

De tudo isso, quero sublinhar que a criança não possuía valor algum. Ela era privada de qualquer positividade. Desejava-se que ela possuísse tão logo uma postura de adulto, pois, dessa forma, encontrar-se-ia apta a contribuir para a manutenção da família, que tinha como missão "a conservação dos bens, a prática comum de um ofício, a ajuda mútua quotidiana",[70] cabendo ao pai manter a integridade do patrimônio. Como guardião, competia a ele governar a família e o patrimônio como um rei, sustentando e reproduzindo o que havia herdado de seus ancestrais. Sendo dono de tudo e de todos à sua volta, ele era visto e reverenciado como uma pessoa sacrossanta. Tudo o que se encontrava dentro dos limites de sua propriedade, que se encontrava encerrado na grande casa, dependia de seu poder.[71]

É importante lembrar que, até a Modernidade, a ordem do mundo repousava sob uma autoridade absoluta, cujo poder se concentrava na figura do Pai: Deus, soberano e chefe da família. O poder de sua autoridade se sustentava em um discurso que se referia à natureza masculina como aquela que simbolizaria a perfeição. Assim, o pai reinava sobre o corpo da família. Seu poder era absoluto sobre o filho. Ele tanto podia legitimá-lo quanto abandoná-lo, uma vez que os laços de sangue não significavam nada se não fossem somados aos laços por adoção.

---

[67] BADINTER, 1980/1985, p. 78.

[68] *Idem.*

[69] *Ibidem*, p. 60.

[70] ARIÈS, 1973/1981, p. X.

[71] DUBY, G. Poder privado, poder público. *In:* DUBY, G. (org.). *História da vida privada, 2*: da Europa feudal à Renascença. São Paulo: Companhia das Letras, 2004. p. 19-45.

NEM SEMPRE O DANÚBIO É AZUL: QUAL DESTINO PARA O INFANTIL
NO TEMPO DAS FUNÇÕES PARENTAIS TERCEIRIZADAS?

Com a consolidação do cristianismo, ele passou a simbolizar a eternidade: "à imagem de Deus, o pai é visto como a encarnação terrestre de um poder espiritual que transcende a carne".[72] Transmissor de um duplo patrimônio — o sangue e o nome —, sem deixar de ser um corpo regido pelas leis da natureza, um corpo fadado à morte, o pai torna-se um corpo imortal: "prolonga, no nome que será carregado por seus descendentes, a lembrança de seus ancestrais, que igualmente perpetuaram a memória da imagem original de Deus pai".[73]

A emersão do sistema feudal associada à ascensão do cristianismo implicou uma série de mudanças substanciais na forma de viver do homem. Se na Antiguidade "a alegria de viver estava nas ruas e nos grandes monumentos urbanos",[74] na medievalidade, em função da ameaça que o mundo exterior oferecia, o homem refugiou-se em comunidades isoladas. Isso fez com que não apenas os laços de sangue se estreitassem, mas os de outras relações humanas e de dependência também: formava-se a família extensa.

Com efeito, a família existia para manter o patrimônio, e o único sentimento existente era o da linhagem que "estende-se aos laços de sangue, sem levar em conta os valores nascidos da coabitação e da intimidade".[75]

Diante do poder paterno, família e patrimônio pareciam comportar uma unicidade, visto que ela "se confundia com a prosperidade do patrimônio, a honra do nome".[76] À criança cabia cuidar do patrimônio e reproduzir as tradições seculares. Do ponto de vista afetivo, sua posição enquanto filho era suplementar, e não complementar, como um acréscimo ou um adicional para suprir e completar o núcleo familiar. Possuía também uma posição instrumental, pois podia "ser chamada a exercer certas funções econômicas, sociais ou de poder na família ou sua linhagem".[77]

Como nas sociedades do século XVII, especificamente a partir do século XV, a fortuna não era mais o fator que assegurava uma posição mais honrosa na sociedade, mas a habilidade e a sagacidade nas redes de relações sociais, "a casa grande" passou a ser o lugar destinado a realizá-las. Fossem por motivos profissionais, fossem por motivos sociais, era lá

---

[72] ROUDINESCO, E. *A família em desordem*. Rio de Janeiro: Jorge Zahar, 2003. p. 22.

[73] *Ibidem*, p. 27.

[74] ROUCHE, M. Alta Idade Média Ocidental. *In*: VEYNE, P. (org.). *História da vida privada, 1*: do Império Romano ao ano mil. São Paulo: Companhia das Letras, 2004. p. 403-465. p. 403.

[75] ARIÈS, 1973/1981, p. 145.

[76] *Ibidem*, p. 159.

[77] CECCIM; PALOMBINI, 2009, p. 163.

que aconteciam as conversas, os contratos, os negócios, as soluções dos problemas — enfim, tudo acontecia nos mesmos cômodos em que se vivia com a família. Desse modo, a casa exercia uma função pública. Longe de ser um refúgio contra a invasão do mundo, como era na Alta Idade Média, essa grande família constituía "os núcleos de uma sociedade, os centros de uma vida social muito densa".[78]

Nessa atmosfera "densa e quente" por onde circulavam homens, mulheres, crianças, velhos, criados, amigos e vizinhos, não havia lugar para o privado. Por conseguinte, não havia momentos em que se experimentavam a solidão e a intimidade, já que a vida coletiva era intensa: a casa era a "rua", o indivíduo era a "multidão". Era nessa vida coletiva incessante que se davam as trocas afetivas e as comunicações sociais. Nesse meio "caloroso" em que a sexualidade fervilhava, a presença da criança não era um empecilho para que assuntos, gestos ou brincadeiras referentes à sexualidade surgissem. Muito ao contrário, não raro os adultos faziam dela a protagonista de suas brincadeiras sexuais, envolvendo inclusive o contato físico. Esse costume, extremamente natural, era mais um a demonstrar a ausência de consciência da sociedade pré-moderna sobre as particularidades que diferenciam a criança do adulto.

1.3.2 Um novo olhar sobre a criança ou a hipocrisia vestida de ternura?

Somente com a renovação religiosa e moral, instalada no século XVII, que os costumes sofreram uma grande reforma, possibilitando o surgimento de uma consciência denominada por Ariès de "sentimento da infância". Entretanto, ele não surgiu sozinho, trouxe consigo o sentimento da família. O alicerce de toda essa construção nasceu como consequência do grande movimento de moralização realizado pelos juristas, educadores e eclesiásticos, que supunham que a sociedade medieval se encontrava dominada pela anarquia. Para eles, separar a criança do mundo adulto garantiria a ordem pública. Com base nessa perspectiva, as escolas se multiplicaram e, com elas, já no final do século XVII, a criação dos internatos efetivamente separou a criança do mundo dos adultos. Visando ao adestramento moral, ao disciplinamento físico e à rigidez de pensamento, tratava-se de "uma escola transformada, instrumento de

---

[78] ARIÈS, 1973/1981, p. 182.

disciplina severa, protegida pela justiça e pela política",[79] já que reconheciam que dessa forma se poderia educar a criança a resistir às tentações dos adultos. Assim, a criança foi retirada do anonimato, porém sob um regime disciplinar rigoroso que a privaria de toda e qualquer liberdade.

> A família e a escola retiraram juntas a criança da sociedade dos adultos. A escola confinou uma infância outrora livre num regime disciplinar cada vez mais rigoroso, que nos séculos XVIII e XIX resultou no enclausuramento total do internato. A solicitude da família, da Igreja, dos moralistas e dos administradores privou a criança da liberdade de que ela gozava entre os adultos. Infligiu-lhe o chicote, a prisão, em suma, as correções reservadas aos condenados das condições mais baixas. Mas esse rigor traduzia um sentimento muito diferente da antiga indiferença: um amor obsessivo que deveria dominar a sociedade a partir do século XVIII.[80]

Esse grande acontecimento foi a principal característica que diferenciou a família medieval da família do século XVII. Porém, essa não era ainda uma família constituída pela ternura e intimidade entre pais e filhos. Era ainda uma família voltada para o público, em função dos processos político e econômico que dominavam a sociedade. Frutos das inúmeras mudanças que ocorreram, que promoveram a expansão do trabalho assalariado, a obtenção de lucros e uma economia monetarizada — embriões do capitalismo —, esses processos suscitaram não apenas as transformações econômicas, mas a vida em sociedade, já que a expansão comercial propiciava o contato mais intenso com outros povos.

Tudo indica, e Ariès tem o cuidado de demonstrar, que o nascimento da família moderna e da intimidade doméstica tem uma profunda relação com os progressos da vida privada. Segundo ele, enquanto a casa estava muito aberta para o mundo, o sentimento da família não podia se desenvolver na sua plenitude, uma vez que exigia uma intimidade que a antiga sociabilidade não permitia. Portanto, se durante algum tempo houve um equilíbrio entre a sociabilidade tradicional e a consciência nova da família, esse equilíbrio não resistiu à evolução dos costumes e aos novos progressos da intimidade, que inclusive afetaram a organização dos cômodos da casa, visto a necessidade de isolamento. Como nos indica o autor, "a reorganização da casa e a reforma dos costumes dei-

---

[79] *Ibidem*, p. 195.
[80] *Idem*.

xaram um espaço maior para a intimidade, que foi preenchida por uma família reduzida aos pais e à criança, da qual se excluíam os criados, os clientes e os amigos".[81]

> As crianças tais como são e a família tal como é, com suas dores e alegrias quotidianas, emergiram de uma rotina elementar para atingir as zonas mais luminosas da consciência. Esse grupo de pais e filhos, felizes com sua solidão, estranhos ao resto da sociedade, não é mais a família do século XVII, aberta para o mundo invasor dos amigos, clientes e servidores: é a família moderna.[82]

Contudo, a sociabilidade do século XVII não foi um impedimento para que um investimento fosse destinado à criança. Embora ela não fosse ainda o centro de todo um investimento ou "o pivô de todo o sistema",[83] justamente porque a vida pública ainda prevalecia na família, a criança "tornou-se um elemento indispensável da vida quotidiana, e os adultos passaram a se preocupar com a sua educação, carreira e futuro".[84]

Essas mudanças foram a razão pela qual a família deixou de ser a instituição de direito privado para transmissão de bens e de nome e passou a assumir a função de moralizar e de espiritualizar, já que passou a ocupar um lugar de "guardiães espirituais, que eram responsáveis, perante Deus, pela alma, e até mesmo, no final, pelo corpo de seus filhos".[85] Ela seria a formadora dos corpos e das almas. Assim, a partir do fim da medievalidade, um olhar cuidadoso nasceu em relação à criança, o que despertou uma afetividade, "caracterizando a mudança das formas de sociabilidade operadas na modernidade".[86]

É verdade que a educação, instituída como a principal responsável pela ordem pública, acabou por promover a criança "ao estatuto de objeto privilegiado da escolarização, recortando-a em uma inédita importância"[87] e possibilitando a construção do sentimento da família, já que os pais passaram a não mais entregar seus filhos aos cuidados de outra família. Entretanto, uma questão se coloca aqui. Ela diz respeito ao fato de que

---

[81] *Ibidem*, p. 186.

[82] *Ibidem*, p. 188.

[83] *Ibidem*, p. 189.

[84] *Idem.*

[85] *Ibidem*, p. 194.

[86] VORCARO, A. M. R. *A criança na clínica psicanalítica.* Rio de Janeiro: Companhia de Freud, 1997. p. 25.

[87] *Ibidem*, p. 26.

as crianças permaneceram afastadas das figuras parentais. Sobre essa questão, a interpretação dada por Badinter parece ser bastante coerente.

Mesmo reconhecendo o interesse pela criança no desejo dos pais de que ela fosse educada e instruída, a autora interroga se na nova atenção dirigida à criança não haveria também, por parte dos pais, um interesse voltado para eles próprios: "a expressão de um novo orgulho desejoso de que os filhos sejam a glória dos pais, seria uma outra maneira de satisfazer o eterno narcisismo".[88] Além disso, ela considera que o envio da criança para as instituições, como internatos e conventos, somada à forma como os pais tratavam seus filhos, era "um meio moralmente honroso de livrar-se deles".[89] O que a autora coloca em pauta é a ausência da responsabilidade dos pais pela educação moral dos filhos, visto que transferiram para terceiros a tarefa que não quiseram ou não puderam assumir. Questionando se essa não seria mais uma atitude de reafirmarem o desinteresse real pelas funções parentais, Badinter afirma que "era possível livrar-se dos filhos invocando os melhores motivos intelectuais e morais. Pelo bem das crianças, podia-se passar por pais exemplares, e isso a preços módicos e em prol da própria tranquilidade".[90]

Quando percorremos a história social da criança, vemos que não foi somente com a criação dos internatos que os pais terceirizaram suas funções. A entrega dos lactentes às amas de leite seguida da entrega a outras famílias ou a preceptores quando maiores já era a terceirização das funções parentais em ação. Conforme Badinter, os pais seriam movidos por uma ideia diretriz: "como livrar-se dos filhos mantendo a cabeça erguida".[91]

Antes que incorramos no erro de dizer que nessa época o amor não existia e que teria surgido apenas em meados do século XVIII, é importante assinalar que ele existia, porém sua significação era muito diversa da nossa. Para os nossos antepassados, o amor era da ordem da contingência. Dessa forma, construir qualquer coisa sobre ele seria arriscar, pois a base seria frágil. Além disso, ele era associado também à perda da razão, ao enfraquecimento e à efemeridade. Portanto, havia uma imagem negativa do amor, o que dificultava a constituição de um laço, fosse ele familiar ou social. Em função da sacrossanta autoridade paterna, que precisava ser

---

[88] BADINTER, 1980/1985, p. 133.

[89] *Idem.*

[90] *Ibidem*, p. 136.

[91] *Ibidem*, p. 137.

mantida para a manutenção de uma sociedade hierarquizada, os sentimentos que prevaleciam nas relações familiares de nossos antepassados eram a obediência e o medo, não havendo lugar para a ternura. Logo, o laço era alimentado por outros afetos.

No mundo em que a ternura parecia não fazer parte da vida do homem, a criança chegava e logo era confiada à ama ou abandonada em asilos. Fosse filho de quem fosse — do artesão ou comerciante, do magistrado ou do aristocrata da corte —, a criança conheceria desde cedo "uma solidão prolongada, por vezes a falta de cuidados e com frequência um verdadeiro abandono moral e afetivo".[92] Não foram poucas as que não conseguiram sobreviver nessas condições. Sabe-se que até um período bem avançado do século XVIII, essas práticas não foram condenadas pela ideologia moral ou social. A morte das crianças, por exemplo, não sensibilizava a sociedade e nem mesmo a família. A mentalidade que dominava tratava a morte do pequeno ser "como um acidente quase banal",[93] já que se achava que ela seria reparada por um nascimento posterior.

O que parecia ser comum para a sociedade do século XVIII torna-se para nós chocante. Talvez por isso alguns poucos historiadores das mentalidades tenham interpretado a frieza dos nossos antepassados perante a morte da criança como uma defesa, uma couraça diante da existência do grande risco de perder o objeto amado. Para eles, a lógica dessa mentalidade era a de que, como a perda da criança era certa, o melhor a fazer era não se apegar a ela. Ou seja, os pais e a sociedade não se interessavam pela criança porque ela morria muito facilmente. Porém, o que se constata é outra lógica: a de que a criança morria com facilidade justamente porque não havia um interesse por ela,[94] sendo essa a lógica que a presente pesquisa se apoia por sustentar que o mau acolhimento leva à perda da vitalidade. Enfim, o que se evidencia é que a ausência de ternura e a mortalidade infantil são as maiores provas da ausência de um investimento na criança, são o testemunho da ausência de reconhecimento de sua fragilidade e, portanto, da sua necessidade de ser acolhida e cuidada.

---

[92] *Ibidem*, p. 119.

[93] LEBRUN, F. *Os Homens e a morte em Anjou nos séculos XVII e XVIII*. Paris: La Haye, 1971. p. 423.

[94] BADINTER, 1980/1985.

1.3.3 O futuro da nação ou a criança no centro da cena

Foi preciso esperar pelo final do século XVIII e início do século XIX para que a criança fosse reconhecida como um ser necessitado de práticas de cuidado. Somente a partir desse tempo que, ocupando lugar de destaque, ela recebeu toda forma de cuidados, tanto em nível micro quanto macrossocial. Foi um tempo em que vemos florescer uma sensibilidade em torno da criança, visto ter se transformado no mais precioso dos bens. Aqui começou o seu reinado — fruto das relações políticas, sociais e econômicas que embalaram o mundo moderno.

A partir do século XVIII, vemos operar uma transformação no campo das mentalidades que, tendo como força motriz as novas relações econômicas e políticas, trazia consigo um imperativo — a sobrevivência da criança — e com ele um inédito discurso — o da maternidade. Isso propiciou uma mudança nos costumes e novos modos de subjetivação. Diferentemente de antes, quando o valor estava na autoridade absoluta do pai a fim de "formar súditos dóceis para Sua Majestade", a partir desse momento trata-se de "produzir seres humanos que serão a riqueza do Estado. Para isso, é preciso impedir a qualquer preço a hemorragia humana que caracterizava o Antigo Regime".[95]

Eis o homem como provisão valiosa do Estado. Como nos esclarece Badinter ao citar o demógrafo francês Moheau, "o homem é o princípio de toda riqueza... uma matéria-prima própria para trabalhar todas as outras e que amalgamada com elas, lhes dá um valor, e delas o recebe".[96] Ou seja, o homem passa a ser o princípio da "Riqueza Nacional".

> Nessa nova óptica quantitativa, todos os braços humanos têm valor, mesmo os que outrora eram vistos com certo desprezo. Os pobres, os mendigos, as prostitutas e, certamente, as crianças abandonadas tornaram-se interessantes enquanto forças de produção em potencial.[97]

Foi então que, com o desenvolvimento do capitalismo, o corpo foi socializado.[98] Enquanto força de produção, força de trabalho, o corpo, na sua concepção biológica e somática, foi investido pela sociedade capita-

---

[95] *Ibidem*, p. 146.

[96] *Ibidem*, p. 154.

[97] *Ibidem*, p. 155.

[98] FOUCAULT, M. *Microfísica do poder*. (1979). Rio de Janeiro: Graal, 2010.

lista. Como objeto de um poder disciplinador que se iniciou a partir do século XVII, o corpo do indivíduo foi tomado como uma máquina, sendo assim, deveria ser adestrado, disciplinado para que fosse economicamente útil e politicamente dócil. Porém, não se tratava apenas de lidar com os indivíduos, visto que a população se tornou um problema econômico e político. Era preciso lidar com a população e com tudo o que concernia a ela.

Essa problemática levou à organização de outro polo de poder em meados do século XVIII. Assim, um poder passou a se dirigir ao corpo-espécie, suporte dos processos biológicos — natalidade, morbidade, estado de saúde, esperança de vida, fecundidade, incidência das doenças, formas de alimentação e de habitat.[99] Desse modo, a qualidade de vida da população passou a ser destacada como um bem precioso para que ela pudesse produzir e, como consequência, aumentar a riqueza do Estado.

A existência de uma relação intrínseca entre qualidade de vida da população — nos aspectos sanitário e escolar — e riqueza do Estado passou a dominar os tempos modernos. Isso significa que a riqueza de um dado Estado passou a ser consolidada pela qualidade de sua população, e não mais apenas pela posse dos recursos naturais.[100]

Essa operação trouxe a criança para o centro da cena do social e da família, pois, se a riqueza das nações estava na dependência da qualidade de vida da população, era preciso, então, investir nesse aspecto já nos primórdios da vida do homem — a infância. Se o cuidado com a saúde na infância é imprescindível para a sobrevivência e a constituição de um adulto saudável, a educação é o que vai permitir a construção de um adulto aprimorado. Logo, a qualificação vital dos adultos dependeria desse investimento primordial, cujo efeito seria uma população saudável e bem-educada. Esse seria "o signo maior para o investimento social e econômico, de maneira que a medicalização do espaço social e a universalização do ensino obrigatório se propagaram pela Europa e pelos Estados Unidos".[101]

Essa foi a razão pela qual a mortalidade infantil ganhou um lugar relevante na época. De forma elevada, ela atravessou a história da humanidade sem causar espécie alguma de mobilização na sociedade. Somente

---

[99] Idem. *História da sexualidade 1*: a vontade de saber (1988). 15. ed. Rio de Janeiro: Graal, 2003.

[100] BIRMAN, 2009, p. 25.

[101] BIRMAN, J. Adolescência sem fim? Peripécias de sujeito no mundo pós-edipiano. *In:* CARDOSO, M.; MARTY, F (org.). *Destinos da Adolescência*. Rio de Janeiro: 7 letras, 2008. p. 81-105. p. 95.

na passagem do século XVIII para o século XIX que esse cenário começou a mudar. Ela tornou-se alvo de grande preocupação do Estado, já que sua alta incidência passou a ser uma ameaça para o seu projeto que, ao consistir na produção e acumulação de riquezas e, portanto, no fortalecimento de seu poder, anunciava a criança como *"futuro da nação"*. Para tal fim, era necessária a preservação da força de trabalho, ou seja, era preciso constituir indivíduos sadios. Essa lógica fez com que a sobrevivência da criança passasse a estar na ordem do dia. Considerada como uma riqueza econômica, ela saiu da condição de inexistência e passou à condição de representante do futuro. Como um vir-a-ser, ela era um investimento lucrativo para o Estado, já que este encontrava nela a futura força de produção. Dessa forma, a criança tornou-se um valor mercantil em potencial.

Assim, a preocupação por parte do Estado com a alta mortalidade infantil foi fundamental para que a criança ocupasse um lugar no mundo familiar e no social. Considerada uma das peças fundamentais do projeto da modernidade, ela é, como signo do futuro, erguida à condição de soberana. Vista como a geração futura, é identificada, cada vez mais, como alvo de cuidados, dedicação e amor para dar continuidade ao presente. Dessa maneira, a saúde, a higiene e a educação da criança ganharam um lugar ímpar na preocupação da sociedade e, consequentemente, na da família. Isso contribuiu não apenas para o reconhecimento de suas necessidades, como também lançou "as bases de uma vigilância extrema sobre os hábitos, condutas e atitudes da população, disciplinando intensamente a vida e os conceitos de saúde e doença".[102]

Fica a impressão de que esse investimento sobre a criança tem outra causa que não a proteção ou a atenção a ela, isto é, de que esse investimento não visa aos interesses da criança,[103] importando apenas que uma criança bem investida vale, no futuro, a garantia da qualidade vital de um adulto. Na verdade, a preocupação não era dirigida à criança, mas em controlar a disseminação das doenças que levavam o indivíduo à morte, já que toda morte humana significava um dano para o Estado. De qualquer forma, o que se evidencia é que esse investimento por parte do Estado e da família retirou a criança das margens do real da morte, levando-a efetivamente à vida.

---

[102]   CECCIM; PALOMBINI, 2009, p. 168.

[103]   Segundo Perrot (1987/2009), a noção de "interesse da criança" só se desenvolve mais tarde. Por enquanto abrange somente os interesses mais altos da coletividade, isto é, a criança como ser social.

Como o índice de mortalidade era muito maior entre os recém-nascidos em função das práticas de depositá-los nas rodas dos enjeitados e de encaminhá-los às amas de leite, estes se tornaram alvo dos higienistas. A prevenção dessas mortes foi articulada à contenção dos nascimentos, e todo um discurso médico recaiu sobre a higiene da maternidade de tal forma que as práticas higienistas foram incorporadas como valores morais: casamento, monogamia, fidelidade conjugal, ausência de prazer sexual e espaçamento da prática sexual após o nascimento de um filho. Em relação à educação da criança, a escola passou a ocupar um lugar privilegiado, já que, por meio da vigilância e disciplina do corpo e da mente, sua função passou a ser "formar cidadãos com retidão moral, capazes de amar e servir à humanidade e detentores do conhecimento competente para explicar o mundo e as relações entre os homens".[104]

Contudo, para a consolidação do projeto do Estado, que incluía controlar a disseminação das doenças e os óbitos infantis, alguém deveria se encarregar dos cuidados com a saúde da criança assim como de sua educação. Embora fosse considerada um ser imperfeito, a mulher foi elevada à condição de principal responsável por esses cuidados em função de sua natureza; afinal, ela havia gestado a criança em seu corpo. Com isso, ela foi transformada na "figura fundamental de poder que lhe foi outorgado no âmbito familiar, para mediar as relações com a ordem médica e pedagógica".[105] Portanto, de objetos imperfeitos, a criança e a mulher foram promovidas a objetos altamente valorizados. A mulher, como mãe, e a criança, como futuro da nação, passaram a constituir as peças fundamentais do projeto da modernidade.

Lembremos que, de um modo geral, a mãe até então considerava suas crianças um estorvo e por isso as rejeitava. Foi preciso outro discurso — diferente dos discursos econômico e social, cuja linguagem era a do dever, das obrigações e do sacrifício — para sensibilizar a mulher em relação à maternidade. Esse discurso, pautado pela linguagem da igualdade, do amor e da felicidade, e que prometeu à mulher mundos e fundos, foi o que a levou a encarnar a maternidade.[106] Por meio desta, a mulher obteve uma importância e um reconhecimento por parte da sociedade que até então não havia tido; afinal, seus cuidados e seu carinho

---

[104] CECCIM; PALOMBINI, 2009, p. 168.

[105] BIRMAN, 2008, p. 96.

[106] É importante lembrar que nem todas as mulheres se submeteram aos novos valores. Se muitas foram sensíveis a eles e os aceitaram, outras simularam acatá-los e outras tantas resistiram.

seriam os fatores primordiais e insubstituíveis para a sobrevivência da criança.[107] Sua dedicação aos filhos passara a ser total e eles se tornaram suas únicas ambições. Sentindo-os como partes integrantes de si mesma, ela "esquecerá de contar seu tempo e não poupará nenhum esforço, pois os sente como partes integrantes de si mesma".[108] Nascia uma nova imagem da mãe e, com ela, um novo universo familiar que, fundado no amor, constituiu a família moderna.

Assim, ordenada pela conjugalidade e pela lógica afetiva, a família moderna ou nuclear se constituiu como um ninho sentimental.[109] Sustentando-se na união do casal, seu vínculo é ditado pelo amor romântico e pelos cuidados dirigidos à criança. Embora a figura paterna seja a autoridade, a existência de uma reciprocidade de sentimentos entre os cônjuges favorecendo a realização de alianças e de trocas entre eles demonstra que o poder do pai, até então tirânico e soberano, sofreu limitações. Como o pai, a mãe passou a ter o direito de superioridade e de educação sobre os filhos, embora fossem limitados pelas necessidades da criança. Trata-se não mais de um poder exclusivamente paterno, mas de um poder parental, o qual é fundado na fragilidade infantil, em virtude da impossibilidade de a criança zelar pela própria vida.

Diferentemente da família tradicional, fundada no poder absoluto do pai, em que a formação de súditos dóceis era mais importante, a família moderna, regida pelos "bons princípios da moral", oferecia estabilidade, proteção e segurança à criança, uma vez que sua subsistência passou a ser relevante. Ou seja, "mais do que Deus ou o monarca, é a natureza da criança que exige o poder dos pais e lhe impõe, ao mesmo tempo, justos limites".[110]

Dessa forma, o mundo moderno estabeleceu uma nova forma de vida, já que a vida privada ganhou um lugar diferenciado, uma forma de vida em que a família se fechou e se voltou mais para a casa, na tentativa de se resguardar contra as pressões do mundo exterior e de se proteger dos antigos hábitos de sociabilidade que levavam à intromissão do público

---

[107] Vale ressaltar que, como figura idealizada, foi imposta à mulher uma cota de sacrifício, pois ela teve que renunciar à sua capacidade de desejar além do ser mãe, ou seja, a ela foi destinado um lugar onde seu ser foi reduzido à maternidade. Considerada a "rainha do lar", ela tinha como único destino o casamento e, consequentemente, a maternidade; seu único lugar era na família; sua função, a criação dos filhos.

[108] BADINTER, 1980/1985, p. 212

[109] SHORTER, E. *A formação da família moderna*. Lisboa: Terramar, 1975.

[110] BADINTER, 1980/1985, p. 162.

nas relações familiares. Reservada aos pais e às crianças, a intimidade entre eles passou a prevalecer, reforçando os laços familiares ternos que em épocas pretéritas não existiam. Isso significa que a família moderna se isolou da coletividade e do controle que esta exercia com a criação do ninho sentimental ou terno, proveniente do amor materno, em cujo interior a família vem se refugiar.

> A domesticidade, ou a consciência que a família tem de si mesma enquanto unidade emocional preciosa que deve ser protegida com privacidade e isolamento da intrusão exterior, foi a terceira ponta de lança do grande surto de sentimento nos tempos modernos. O amor romântico desligou o casal do controle sexual comunitário e virou-o para o afecto. O amor materno criou um ninho sentimental dentro do qual a família moderna se aninhava e afastou muitas mulheres do envolvimento com a vida comunitária. A domesticidade isolou, além disso, a família no seu todo da sua interação tradicional com o mundo circundante.[111]

Toda essa conjuntura sociopolítico-econômica, além de ter incidido sobre os membros da família, incidiu sobre as funções exercidas por eles, de tal maneira que a estrutura da família pré-moderna foi transformada. Assim, o poder paterno, que até então era absoluto e soberano, passou a ser relativizado. A figura da mulher, considerada apenas como um corpo reprodutor, a partir desse momento, ao ser associada à condição de mãe, foi elevada à "figura crucial na qualificação familiar da futura riqueza das nações".[112] Nesse sentido, a relação dos pais com seus filhos passou a ser marcada pela existência de um duplo movimento. Por representar o que há de mais precioso no campo social e psíquico, a criança passou a ser investida como centro da família. Ela é o seu futuro, uma vez que na condição de soberana poderia realizar os sonhos de seus pais que não foram realizados: "como herdeiro, o filho é o futuro da família, sua imagem sonhada e projetada, sua forma de lutar contra o tempo e a morte".[113] Entretanto, não era sem drama quando o filho não correspondia à imagem sonhada pelos pais, como também não era sem culpa que ele via as ambições da família desmoronar. Assim, vemos operar na família

---

[111] SHORTER, 1975, p. 244.
[112] BIRMAN, 2008, p. 96.
[113] PERROT, 1987/2009, p. 134.

moderna uma espécie de controle profundamente neurótico, o que nos indica que ser herdeiro não é nada simples.[114]

Como objeto de investimento não apenas afetivo, mas econômico, educativo e existencial, a criança tornou-se "ser social" em uma tarefa dividida entre família e Estado. Logo, o filho não pertencia somente aos pais, "ele era o futuro da nação e da raça, produtor, reprodutor, cidadão e soldado de amanhã".[115] Somente quando a educação se tornou mais liberal, abominando o castigo físico e instaurando outras formas de disciplina, que visassem à interiorização, é que se passou a pensar "trata-se agora de 'tocar mais a alma do que o corpo'"[116] e que a criança se tornou uma pessoa.

> Por meio das várias observações a que está sujeita, [...], a criança vai assumindo rosto e voz. Sua linguagem, seus afetos, sua sexualidade, suas brincadeiras são objeto de anotações que dissipam os estereótipos, em favor dos casos concretos e desconcertantes. A infância, a partir de então, é vista como um momento privilegiado da vida. [...]. Para tudo e contra tudo, a infância se torna a idade fundadora da vida, e a criança vira uma pessoa.[117]

Com uma família tão harmoniosa e uma sociedade tão virtuosa, o Estado se tornaria rico e poderoso. Ou seja, a criança como um vir-a-ser foi o que as relações políticas, sociais e econômicas da modernidade estabeleceram como subjetivação da criança e da família: "a criança passou a encarnar uma promessa, um pacote de subjetividade voltado para o futuro, sua nova imagem. Pais, educadores e sanitaristas apontavam o caminho que as crianças deveriam seguir para se tornarem um adulto conforme a esse futuro projetado".[118] Portanto, foi nesse contexto histórico que a criança se tornou objeto de pesquisa de alguns saberes científicos — pediatria, psicologia e pedagogia —, que se constituíram a fim de protegê-la, educá-la, discipliná-la e conhecê-la inteiramente, já que ela passou "a condensar o Capital simbólico e econômico da futura riqueza das nações".[119]

---

[114] *Idem.*

[115] *Ibidem*, p. 134.

[116] *Ibidem*, p. 145.

[117] *Ibidem*, p. 148.

[118] CECCIM; PALOMBINI, 2009, p. 170.

[119] BIRMAN, 2008, p. 95.

> Conhecê-la sob todos os ângulos, cuidá-la para que se previnam todos os riscos, superar os efeitos danosos do meio familiar ao seu florescimento eficaz, otimizar suas potencialidades, são imperativos asseguradores do controle das incertezas do futuro da civilização, e esperança de garantia da estabilidade da ordem social. É o que faz da criança uma valência futura – representação que resgata o que não foi possível realizar no passado, projetada para o futuro do adulto ideal [...].[120]

Assim, tanto a pediatria quanto a psicologia e a pedagogia vão se incumbir de traçar as várias especificidades da criança e da infância, legitimando o que seria uma natureza própria delas. Tomando a criança como um vir-a-ser, isto é, visando à normalidade do indivíduo adulto, esses saberes se pautaram em uma visão cronológica e desenvolvimentista da criança. Isso significa que as manifestações infantis foram ordenadas na cronologia e classificadas tendo como referência uma medida quantitativa que indicava a normalidade e o progresso da criança. Dessa forma, tais saberes reclamam o mesmo ideal por meio de um discurso e de uma prática que apontam para uma continuidade, uma sequência, uma harmonia e, portanto, uma "correção" quando algo na criança não está de acordo com o ideal estabelecido.

Quando as manifestações infantis ameaçam o ideal social encarnado pela criança, a prática psicológico-psiquiátrica entra em cena, sustentando, pelo diagnóstico, "a promessa de responder ao incômodo que a infância constitui, quando ela implica a questão: *quem é esse ser que deveria permitir reconhecer a possibilidade de realizar nosso ideal?*".[121]

> Em última instância, o diagnóstico psiquiátrico-psicológico propõe *descrever e compreender* a realização insistente do que é, na criança, irreconhecível pelo ideal parental e, mais ainda, *indicar terapêuticas* que, reconduzindo-a à normalidade ou adaptando-a, possam aliviar o mal-estar que a infância produz para o projeto social e, assim, sustentá-lo.[122]

A prática da anamnese é própria desses saberes, e os dados colhidos sobre a criança apontam para o saber do outro sobre ela. São dados sobre a criança que só o "*outro sabe*". Da mesma forma, esses saberes se

---

[120] VORCARO, 1997, p. 33.

[121] *Ibidem*, p. 35, grifos do autor.

[122] *Ibidem*, p. 36, grifos do autor.

NEM SEMPRE O DANÚBIO É AZUL: QUAL DESTINO PARA O INFANTIL
NO TEMPO DAS FUNÇÕES PARENTAIS TERCEIRIZADAS?

fundamentam na queixa do outro, e não naquilo que faz questão para a criança.[123] Trata-se, então, de saberes que portam um discurso em que a adaptação, a ortopedia e a moral se fazem presentes em nome de um ideal, uma vez que visam à "cura social". Levam a criança a responder de acordo com as normas regidas pela família, pela escola, pelo médico — enfim, a responder de acordo com um ideal preestabelecido.

Parece não restar dúvida de que a modernidade reconheceu a fragilidade da criança criando práticas de cuidado para que ela sobrevivesse e se desenvolvesse bem. Agora uma existência lhe é dada, embora delimitada pelo discurso médico, pedagógico, psicológico e jurídico. Atravessando os caminhos traçados pela ciência, jurisprudência, escola e família, ela representa a promessa do futuro, a imagem da esperança. Porém, é importante reconhecer que o desenvolvimento da criança, além de estar atrelado à exigência de um contexto histórico que a representa como a promessa do futuro, é submetido a interpretações que acabam por desconsiderar ou até mesmo patologizar as experimentações infantis quando estas não correspondem ao ideal proposto.

Foi nesse cenário que nasceu a criança nomeada por Freud como *sua majestade, o bebê*, fruto de um intenso investimento narcísico dos pais e, consequentemente, de suas fantasias, já que há uma aposta na transcendência de suas realizações na criança. Nessa imagem que reflete a subjetividade dos pais, temos o investimento deles que, como linha mestra, tece uma imagem *do* bebê e *para* o bebê. Essa imagem projetada no futuro como "herói ou princesa" nos diz que ele é muito mais do que realmente é.

As palavras tão bem formuladas de Freud em seu ensaio *Sobre o narcisismo, uma introdução*, de 1914, apresentam-nos em que bases se constituiu o processo de subjetivação na modernidade — com base em uma supervalorização da criança e, dessa forma, em um hiperinvestimento sobre ela, bem de acordo com o ideal do projeto do Estado. Portanto, o processo de subjetivação na modernidade se condensa nesse lugar que a criança ocupa em relação aos seus pais, que, como já mencionamos, é datado historicamente. Seu surgimento está vinculado à conjuntura sociopolítico-econômica que eleva a criança à condição de soberana, objeto de um investimento que lhe possibilitou sair das margens do real da morte e fosse levada efetivamente à vida.

---

[123] FERREIRA, T. *A escrita da clínica*: psicanálise com crianças. 2. ed. rev. Belo Horizonte: Autêntica, 2000.

1.4 Freud e o infantil

Nesse cenário em que a riqueza do Estado depende da qualidade da população em seus aspectos sanitário e educacional, em que a criança, como signo do futuro, é o alvo das maiores atenções para que seu desenvolvimento seja pleno, em que a família, em aliança com o Estado, traça em torno da criança "um cordão sanitário que delimita seu campo de desenvolvimento: no interior desse perímetro o desenvolvimento de seu corpo e de seu espírito será encorajado por todas as contribuições da psicopedagogia e controlado por uma vigilância discreta",[124] em que os ideais e costumes burgueses, fundamentados na moralidade cristã-vitoriana, caracterizam a sociedade e, finalmente, em que o enigma da histeria se faz presente colocando em xeque o saber médico e a clínica do olhar — é nesse panorama que Freud deu vida à psicanálise.

Sabe-se que os ideais relativos aos costumes burgueses aliados à moral sexual civilizada produziram efeitos danosos, já que o indivíduo, em obediência às exigências da civilização, precisou renunciar a parte de seus impulsos sexuais.[125] Esse foi um solo bastante fecundo para Freud descobrir que o corpo contorcido, paralisado ou anestesiado que a histérica apresentava dizia respeito a um desejo sexual que, devido às normas sociais, não tinha livre curso. Porém, sua descoberta não se deu de forma imediata, nem mesmo tão livre dos valores que vigoravam no imaginário da época.

Suas cartas, rascunhos e ensaios pré-psicanalíticos mostram que sua descoberta foi se dando passo a passo. Mostram também os primeiros indícios do que viria depois: a criação da metapsicologia e, consequentemente, a criação do conceito de infantil. Para a psicanálise existe não apenas um intervalo abissal entre o infantil e a infância, como também por meio dele Freud "realizou uma transformação radical na leitura do espírito humano".[126]

Freud não teve uma clínica com a criança, porém estava voltado para ela tanto na criação do corpo teórico da psicanálise quanto no ato de escutar seus analisandos. Se as histéricas o levaram a romper com a clínica do olhar praticada em sua época, foram as experiências que elas viven-

---

[124] DONZELOT, J. *A polícia das famílias*. Rio de Janeiro: Edições Graal, 1986. p. 48.

[125] FREUD, 1908a/2020.

[126] BIRMAN, J. Além daquele beijo!?: sobre o infantil e o originário em psicanálise. *In*: SANTA ROZA, E.; REIS, E. *Da análise do infantil ao infantil da análise*. Rio de Janeiro: Contra Capa, 1997a. p. 7-37. p. 9.

NEM SEMPRE O DANÚBIO É AZUL: QUAL DESTINO PARA O INFANTIL
NO TEMPO DAS FUNÇÕES PARENTAIS TERCEIRIZADAS?

ciaram na infância que conduziram o pai da psicanálise a desejar escutar os meandros das cenas e lembranças infantis relatadas por elas. Porém, diferentemente da psicologia clássica, que se voltava para a observação das manifestações da criança, objetivando descrevê-las e codificá-las, isto é, que se voltava para a transcrição das manifestações, o pensamento freudiano foi atravessado por um resto inacessível à observação codificada. Assim, as manifestações da criança "inseriram-se como pontuações vigorosas que apoiaram e articularam importantes veios teóricos",[127] por exemplo: a criança que *grita*[128] permite a Freud situar o desamparo humano e a experiência de satisfação que o encontro com o outro materno proporciona; a criança que *repete* situações desagradáveis[129] leva o pai da psicanálise a formular que, por meio do jogo, ela repete o que lhe causou grande impressão na vida, transformando a passividade em atividade. Trata-se de um resto que, inscrito no psiquismo, constituía outra cena, outra realidade — a psíquica — que afirma a singularidade de cada um.

Nesse cenário em que se pensava a existência da criança partindo do adulto, a psicanálise nasceu pensando o adulto partindo da criança que ele foi, ou seja, com base em suas experiências infantis. A razão é que, para Freud, essas vivências primitivas produziriam as marcas fundantes do psiquismo. Dessa forma, com base na análise de seus pacientes adultos, que lhe apresentavam um tecido tramado pelas recordações infantis e cujo fio condutor seria esse resto, essas marcas mnêmicas referentes aos primeiros anos de vida que repousam sob o manto da amnésia infantil, Freud, ao se ocupar da "infância esquecida", teve a possibilidade de encontrar uma criança diversa daquela que os saberes da época promulgavam. Com isso, ele pôde apresentar uma significação do infantil distinta, visto que assumia propriedades específicas.

Entretanto, nos primórdios da psicanálise, a compreensão freudiana sobre a criança e o infantil ainda era marcada pela versão de sua época, em que a criança era considerada um ser assexuado e o infantil era articulado à dimensão cronológica e evolutiva de infância. Nesse período, o infantil era identificado com a imaturidade, principalmente no que tange à sexualidade, já que esta era associada ao desenvolvimento biológico.

---

[127] VORCARO, 1997, p. 46

[128] FREUD, S. Projeto para uma psicologia científica (1895). *In*: FREUD, S. *Edição Standard Brasileira das Obras Psicológicas Completas de Sigmund Freud*. Rio de Janeiro: Imago, 1990. v. 1. p. 335-448.

[129] *Idem*. Além do princípio do prazer (1920). *In*: FREUD, S. *Edição Obras Incompletas de Sigmund Freud*. Belo Horizonte: Autêntica, 2020. p. 57-220.

1.4.1 O infantil é a infância

Foi com essa versão que Freud, às voltas com a etiologia da neurose, mais especificamente com a etiologia da histeria, pensou ter encontrado uma criança seduzida e traumatizada que estaria perturbando o espírito daquele que se tornou um adulto. Explorando cada fato da infância de seus pacientes, ele constatou a existência de um elemento comum — uma lembrança relacionada à vida sexual — como sendo a causa específica das neuroses histérica e obsessiva. Ele acreditava que essas perturbações se apoiavam em experiência de caráter sexual vivenciada na tenra infância pela qual o corpo da criança teria sido afetado. Essa lembrança inconsciente trazia como enredo "uma experiência precoce de relações sexuais com excitação real dos órgãos genitais resultante de abuso sexual cometido por outra pessoa; e o período da vida em que ocorre esse evento fatal é a infância".[130] Certo de que esse evento teria acontecido na vida de seus pacientes, Freud esclareceu o processo psíquico que levaria à neurose.

Nesse momento anterior ao desenvolvimento sexual, a excitação sexual precoce produziria pouco ou nenhum efeito, porém seu traço psíquico seria preservado. Somente em um tempo posterior, a partir da puberdade, que a cena de sedução infantil seria reativada, sob a forma de lembrança inconsciente, ganhando um sentido sexual que até então não tinha para a criança. Seria nesse momento que a cena de sedução vivenciada na infância se constituiria como uma experiência traumática. Na tentativa de repudiar a vivência infantil, um processo de defesa se instauraria. Com ela a lembrança da experiência traumática não seria acessível à consciência, mas estaria presente nos ataques histéricos. Com isso, Freud formulava a teoria da sedução ou teoria do trauma real acreditando que as perturbações psíquicas se alicerçariam no real da infância.

Nessa teoria, além de o evento ser da ordem do *sexual* e de sua ocorrência ser na infância, outro fator se destacaria na constituição da cena de sedução: ela seria gerada por um outro dotado de autoridade, assinalando a existência de uma *assimetria de força* entre a criança e o outro. Com isso, Freud conclui que seria essa experiência infantil, vivida de modo passivo, que constituiria a precondição fundamental da neurose, sendo ela que criaria os seus sintomas, fossem eles histéricos ou obsessivos, embora cada uma dessas neuroses daria um destino diferente a esse impacto originário.

---

[130] *Idem*. A hereditariedade e a etiologia das neuroses. (1896a). *In*: FREUD, S. *Edição Standard Brasileira das Obras Psicológicas Completas de Sigmund Freud*. Rio de Janeiro: Imago, 1994. v. 3. p. 139-161.

NEM SEMPRE O DANÚBIO É AZUL: QUAL DESTINO PARA O INFANTIL
NO TEMPO DAS FUNÇÕES PARENTAIS TERCEIRIZADAS?

Contudo, para que mais tarde, sob a forma de lembrança, essa experiência sexual na infância produzisse um efeito patogênico, seria preciso certo estado infantil tanto das funções psíquicas quanto do sistema sexual.[131] Nesse momento, ao apontar para um infantilismo psíquico e para um estágio infantil de desenvolvimento das funções sexuais, vemos um Freud coadunado com os discursos biológico e psicológico de sua época, conforme os quais o infantil, caracterizado pela imaturidade, seria superado por processos evolutivos e civilizadores, alcançando, assim, a idade adulta, caracterizada pelas faculdades mentais, sexuais e morais já desenvolvidas.

Freud não sustentou por muito tempo a teoria da sedução. Com sua célebre fala dirigida a Fliess, "não acredito mais em minha neurótica",[132] ele desconstruiu sua primeira teoria das neuroses, já que não acreditava mais na realidade material das cenas de sedução infantil. Um dos motivos de sua descrença foi o fato de que ele teria que reconhecer todos os pais, inclusive o dele, como pervertidos. Seu descrédito teve importantes desdobramentos. Não só os conceitos de fantasia e de realidade psíquica se impuseram de forma categórica como o infantil assumiu a dimensão de um conceito articulado ao funcionamento do psiquismo.

A descrença freudiana levou à afirmação de que a experiência de sedução vivenciada na infância não seria fruto da realidade material, mas de uma fantasia impregnada de desejos que se constituiria como sendo a realidade psíquica. Longe de não dar crédito à narrativa de seus pacientes, como fizeram os médicos da época, Freud atribuiu à realidade psíquica um estatuto de verdade. Apoiada na realidade material, a realidade psíquica se estenderia para além do que foi visto, ouvido e vivido na infância, sendo mais poderosa e determinante que aquela. Assim, ele abandonou a teoria da sedução ao concluir que a fantasia tem um lugar fundamental na constituição dos sintomas neuróticos e deu a esta um caráter de efetividade: "as fantasias possuem realidade psíquica, em contraste com a realidade material, e gradualmente aprendemos a entender que, no mundo das neuroses, a realidade psíquica é a realidade decisiva".[133]

Freud já tinha conhecimento de que, como fachadas psíquicas, as fantasias seriam construídas a fim de obstruir o caminho na direção das

---

[131] *Idem*, 1896a/1994.

[132] *Idem*, 1897/1994, p. 309.

[133] *Idem*, Conferência XXIII: Os caminhos da formação dos sintomas (1917). *In:* FREUD, S. *Edição Standard Brasileira das Obras Psicológicas Completas de Sigmund Freud*. Rio de Janeiro: Imago, 1988. v. 16, p. 419-439. p. 430.

lembranças infantis. Dessa maneira, elas se relacionariam com o que foi ouvido pela criança em uma idade muito precoce (seis ou sete meses em diante), mas que só pôde ser compreendido mais tarde. Na verdade, elas se originariam de uma combinação inconsciente de coisas que foram experimentadas, de coisas que foram ouvidas, de acontecimentos passados (da história dos pais e dos ancestrais) e de coisas que foram vistas, sempre no "sentido de tornar inacessível a lembrança da qual emergiram ou poderiam emergir os sintomas".[134]

Portanto, é a partir da "plena descoberta da natureza dinâmica dos ímpetos pulsionais presentes na infância e com a plena compreensão de que as fantasias podem atuar com toda a força das experiências reais"[135] que efetivamente Freud abandonou sua primeira teoria das neuroses, transformando a cena de sedução na infância em fantasias impregnadas de desejos relacionadas ao complexo de Édipo.[136] Essa compreensão permitiu à Freud realizar uma leitura inédita da sexualidade, em que esta se inscreveria no registro da fantasia. A partir disso, o discurso freudiano passou a ter como fundamento não mais o sexual de uma realidade objetiva, mas o sexual de uma realidade psíquica que teria como estofo a fantasia, que seria vivida pelo indivíduo como algo de sua realidade externa.

Essa foi a tônica de dois grandes clássicos publicados logo depois: *A interpretação dos sonhos*[137] e *Três ensaios sobre a teoria da sexualidade*.[138] Neles é possível a compreensão de que o universo da infância e a sexualidade estariam assentados no campo da fantasia, e não na realidade material. Isso significa que as perturbações psíquicas seriam produzidas por uma fantasia criada a respeito de um suposto acontecimento, e não de uma sedução propriamente ocorrida. A construção freudiana, originada de sua autoanálise e do ato de escutar seus pacientes, propiciou uma subversão na leitura da subjetividade, uma vez que o sexual se deslocou do registro da materialidade para o da fantasia, que traz em seu bojo um desejo infantil, sexual e recalcado. Nesse momento, o infantil foi identificado

---

[134] *Ibidem*, p. 301.

[135] *Idem*, 1892/1994, p. 311.

[136] FREUD, S. Algumas consequências psíquicas da distinção anatômica entre os sexos (1925a). *In:* FREUD, S. *Edição Standard Brasileira das Obras Psicológicas Completas de Sigmund Freud*. 3. ed. Rio de Janeiro: Imago, 1988. v. 19. p. 271-286.

[137] FREUD, S. A interpretação dos sonhos (1900). *In:* FREUD, S. *Edição Standard Brasileira das Obras Psicológicas Completas de Sigmund Freud*. Rio de Janeiro: Imago, 1987. v. 5.

[138] FREUD, S. Três ensaios sobre a teoria da sexualidade (1905a). *In:* FREUD, S. *Edição Standard Brasileira das Obras Psicológicas Completas de Sigmund Freud*. 3. ed. Rio de Janeiro: Imago, 1988. v. 7. p. 117-231.

NEM SEMPRE O DANÚBIO É AZUL: QUAL DESTINO PARA O INFANTIL
NO TEMPO DAS FUNÇÕES PARENTAIS TERCEIRIZADAS?

com o inconsciente, que, regulado pelo processo primário e pelo princípio do prazer, teria como matéria-prima um desejo recalcado que se materializaria simbolicamente pelas diversas formas que o inconsciente se manifesta. Assim, "o desejo seria a forma de ser por excelência do infantil, a sua matéria prima primordial".[139] Com isso, Freud criou bases para interpretar a lógica do espírito humano.

> Nesta perspectiva, a infância foi remanejada na sua significação, pois se deslocou do registro genético e cronológico para o do funcionamento psíquico. Foi aqui que se constituiu propriamente o conceito de infantil, marcando a sua diferença com a noção evolutiva de infância. Existiria assim um infantil no psiquismo que seria irredutível a qualquer dimensão cronológica e evolutiva. Vale dizer, foi pressuposta a existência de um infantil no psiquismo que não se dissolveria na infância cronológica do sujeito. Seria desta maneira, enfim, que o sujeito seria marcado pelo infantil não por acidente de percurso, pelas vicissitudes do processo maturacional de desenvolvimento, mas por vocação.[140]

Se a infância diz respeito a um tempo da realidade material e, consequentemente, à evolução, à continuidade e à harmonia, referindo-se à ideia de uma natureza passível de ser moldada e adaptada, o infantil diz respeito à atemporalidade — daí a permanência dele no humano adulto — e se identifica com um resto que sempre escapa às nossas expectativas e pretensões de harmonia, um resto que, ao apontar para a descontinuidade, diz-nos da impossibilidade de ser moldado. Ou seja, trata-se, então, de um infantil que é indomável pela dimensão cronológica e evolutiva.

Foi por esse viés, da "existência de uma lógica marcada não por uma característica evolutiva, mas por uma estrutura de descontinuidade, na qual elementos e ações psíquicas persistem, insistem, retornam",[141] que Freud construiu outra significação do infantil, rompendo com o discurso científico que vigorava na época. Vale ressaltar que, enquanto conceito, o infantil atravessou a obra freudiana sem que sua significação se mantivesse imutável. Muito pelo contrário, ele recebeu diversas versões, que não se constituíram por uma continuidade.[142]

---

[139] BIRMAN, 1997a, p. 20.

[140] *Idem*, p. 19.

[141] FERREIRA, 2000, p. 37.

[142] BIRMAN, 1997a.

1.4.2 O infantil é sexual

Em sua busca pelas causas das neuroses e da descoberta da fantasia, Freud se deparou com a sexualidade infantil indo de encontro ao que se pensava na época. Foi a descoberta de que a causa da neurose se encontrava nas experiências infantis, fundamentalmente nas impressões referentes à vida sexual, o que levou Freud a se contrapor às ideias vigentes, de que a infância seria a idade da vida pautada pela inocência. Devido à ausência de uma maturação gonodal, ao corpo infantil seria impossível o conhecimento dos intensos desejos sexuais. Isso se daria somente com a chegada da puberdade, significando que a totalidade do aparelho sexual humano estaria compreendida nos órgãos genitais externos e nas duas glândulas reprodutoras.[143] Dessa forma, acreditava-se que a criança seria um ser assexuado, e o menor sinal de excitações sexuais em seu corpo significaria a presença de uma degenerescência ou de uma depravação prematura ou de uma aberração da natureza.

Na época, a sexologia do ocidente associava a sexualidade apenas aos órgãos genitais a fim de servir à finalidade de reprodução. Assim, era imposto um único objeto e um único sentido à sexualidade.[144] Ou seja, restrita ao campo biológico e, portanto, considerada como de ordem instintiva, a existência do sexual era circunscrita por uma única modalidade do erótico. A sexualidade era delimitada no registro do comportamento e, como tal, era envolta em uma série de normas e interditos estabelecidos pela tradição cristã que identificavam o prazer e o gozo como sendo da ordem do pecado.[145] Muito ao contrário disso, Freud, com base em suas formulações sobre a fantasia como fundamental na constituição psíquica em que a sexualidade se inscreve, e na conclusão de que "as crianças são capazes de todas as atividades sexuais psíquicas, e também de muitas atividades somáticas",[146] passou a sustentar a tese de que a sexualidade humana se fundamenta no campo pulsional, já que sua finalidade maior seria a satisfação e o gozo, diferentemente da sexologia, que afirmava uma fundamentação instintual.

---

[143] FREUD, S. A sexualidade na etiologia das neuroses (1898). *In*: FREUD, S. *Edição Standard Brasileira das Obras Psicológicas Completas de Sigmund Freud*. Rio de Janeiro: Imago, 1994. v. 3. p. 249-270.

[144] *Idem*. Um estudo autobiográfico (1925b). *In*: FREUD, S. *Edição Standard Brasileira das Obras Psicológicas Completas de Sigmund Freud*. 3. ed. Rio de Janeiro: Imago, 1988. v. 20. p. 15-78.

[145] BIRMAN, J. *Cartografias do feminino*. São Paulo: Editora 34, 1999.

[146] FREUD, 1898/1994, p. 266.

De maneira distinta da sexualidade de outros mamíferos, que seriam movidos pelo instinto, o que requer um objeto predeterminado biologicamente para atendê-la, o humano em sua sexualidade seria movido pela pulsão sexual, que, ao contrário do instinto, satisfaz-se com uma multiplicidade de objetos. Assim, para o discurso freudiano, a sexualidade seria uma função corpórea mais abrangente, não sendo restrita à genitalidade e, consequentemente, não sendo restrita à reprodutibilidade como propósito. Como sua principal meta seria a obtenção do prazer, ela estaria divorciada de sua ligação muito estreita com os órgãos genitais.[147] Com isso, Freud enunciou não apenas a diferença entre sexo e sexualidade — enquanto o primeiro responderia ao que seria da ordem do biológico, o segundo responderia ao que seria da ordem do erotismo —, como enunciou a existência de diversas modalidades do erotismo. Foi por essa via que ele pôde formular que a sexualidade humana é perverso-polimorfa e que essa mesma disposição polimorfa, infantil por excelência, é universalmente humana e originária.[148]

> Enquanto perverso-polimorfa, a sexualidade existiria desde sempre no sujeito, independente do registro biológico do sexo, podendo acontecer na infância, na maturidade e na velhice, tornando-se, pois, relativamente autônoma dos processos hormonais. Dessa forma, a sexualidade foi concebida com autonomia do registro da reprodução, de maneira tal que aquilo que o sujeito visaria pelo erotismo seria primordialmente a satisfação e o gozo.[149]

Não foi por acaso que, com seus *Três ensaios sobre a teoria da sexualidade*, Freud causou uma grande balbúrdia. Afinal, ao retirar a sexualidade do campo do biológico visando à reprodutividade e deslocá-la para o campo do erotismo visando à satisfação e ao prazer, concebendo-a, então, no campo do desejo, ele afirmou que a criança, já na sua mais tenra infância, possui uma sexualidade. Segundo ele, refere-se à satisfação que ela obtém no ato de sugar ao ser amamentada, levando-a a repeti-la em um segundo momento, porém com uma parte de seu próprio corpo — seu polegar, por exemplo.[150] Ou seja, "a função sexual se inicia no começo da vida e revela sua presença por importantes indícios mesmo na infância".[151]

---

[147] FREUD, 1925b/1988.
[148] FREUD, 1905a/1988.
[149] BIRMAN, 1999, p. 30.
[150] FREUD, 1905a/1988.
[151] FREUD, 1925a/1987, p. 39.

Mais do que enunciar a presença da sexualidade nos primórdios da vida, ele afirmou que a mãe, com os cuidados que dispensa ao filho, é quem a desperta, preparando a intensidade posterior daquela.[152] É importante registrar que nesse momento Freud retorna à teoria da sedução, mas com uma nova perspectiva. Se antes ela possuía um caráter perverso, agora ela possui uma função constitutiva da subjetividade, visto ser associada aos cuidados maternos.

Portanto, por meio das linhas escritas em seus ensaios, Freud corajosamente apresentou ao mundo científico a complexidade da sexualidade humana. Nessa complexidade encontra-se a sexualidade infantil, que, além da sexualidade da criança, ele afirma ser originária. Isso significa que a sexualidade dita adulta e genital é atravessada por ela, já que os modos mais arcaicos do pulsional permanecem presentes — sendo passíveis de serem observados sob a forma de prazeres preliminares ao ato sexual —, fazendo com que o adulto porte para sempre o infantil que o constituiu.[153]

Foi nesse solo que a primeira teoria da pulsão foi formulada e o infantil apareceu identificado ao campo pulsional, mais especificamente à pulsão sexual. Esta possibilitou que Freud apresentasse a constituição do psiquismo com base em diversas modalidades do erotismo pulsional, pautando-se por organizações pré-genitais e genital.[154]

Partindo da premissa de que os órgãos somáticos, que foram denominados de zonas erógenas, são receptores de estímulos e, sendo assim, uma espécie de excitação surge deles, Freud esclareceu que essa excitação confere à pulsão um caráter sexual. O fato de aqueles serem múltiplos faz com que a pulsão sexual não se apresente unificada desde sempre. Em seu início, ela é fragmentada em pulsões parciais, cuja satisfação deriva de uma excitação sensorial de um órgão somático — zona erógena, definida como fonte das pulsões. Assim, tendo como fonte o processo somático que ocorre em uma parte do corpo, a pulsão sexual assume a forma de um conjunto de pulsões parciais, que, definidas por suas fontes e seus alvos, não se vinculam e assumem uma independência entre si em sua busca de prazer — prazer de órgão e por isso de ordem autoerótica — e cuja soma constitui a base da sexualidade infantil, que é originária, autoerótica e perversa-polimorfa. Somente mais tarde, na puberdade, é que as pulsões

---

[152] *Idem*, 1905a/1988.

[153] ZAVARONI, D.; VIANNA, T.; MONNERAT, C. L. A. A constituição do infantil na obra de Freud. *Estudos de Psicologia*, Natal, v. 12, n. 1, 2007.

[154] FREUD, 1905a/1988.

se unificariam e uma organização mais sólida se estabeleceria, já que se encontrariam sob o primado da genitalidade.[155]

Entretanto, isso não significa que, mesmo submetidas às ações do recalque e do processo secundário, as pulsões parciais não se fariam presentes com o intento de retornar ao prazer primordial, agora elaborado teoricamente como fantasia de desejo. Identificado com o inconsciente, que, regulado pelo princípio do prazer, teria como matéria prima as pulsões perverso-polimorfas, o infantil se encontraria no campo constituído pelos atributos erógenos, ou seja, no campo das representações, uma vez que se acreditava que a pulsão estaria sempre atrelada a um jogo de representações ou fantasias. Nesses termos, "a princípio, a pulsão seria apenas o representante psíquico de uma fonte endossomática de estimulação que flui continuamente".[156] Assim, em um cenário simbólico, o infantil seria historicizado entre condensações e deslocamentos. Identificado com a sexualidade, isto é, com o recalcado, com o campo das representações, o infantil seria circunscrito pela narrativa histórica.[157]

Sabe-se que Freud, em *Três ensaios sobre a teoria da sexualidade*,[158] delineou o conceito de pulsão para afirmar a existência de um alargamento da extensão da sexualidade humana. Nesse escrito, mostrou como o objeto que satisfaz a pulsão é variável e como os alvos são múltiplos e dependentes de fontes somáticas, que são múltiplas também. Entretanto, foi em *As pulsões e seus destinos*,[159] escrito fundamental da metapsicologia freudiana, que o conceito de pulsão foi exposto de forma bem mais sistematizada, já que Freud introduziu outro elemento da pulsão — pressão ou força —, que, concebido como um fator quantitativo, possui certa independência do campo da representação.[160] Consolidando a teoria da pulsão ao destacar sua dimensão intensiva e seus destinos, ele a definiu como "um conceito fronteiriço entre o anímico e o somático, como o representante psíquico dos estímulos oriundos do interior do corpo que alcançam a alma, como uma medida da exigência de trabalho imposta ao anímico em decorrência de sua ligação com o corporal".[161]

---

[155] *Idem.*

[156] *Idem*, p. 159.

[157] BIRMAN, 1997a.

[158] FREUD, 1905a/1988.

[159] *Idem*, 1915.

[160] LAPLANCHE, J. *Novos fundamentos para a psicanálise.* São Paulo: Martins Fontes, 1987.

[161] FREUD, 1915/2020, p. 25.

Portanto, sua retomada do fator quantitativo levou-o a enfatizar a força da pulsão, "seu fator motor, a soma de força ou a medida da exigência de trabalho que ela representa".[162] Ou seja, ele pôs em evidência a força pulsional, que, como estado puro da excitabilidade derivada do somático, seria a própria essência da pulsão. O infantil, que era identificado com o sexual, isto é, com o recalcado, com o campo das representações, com o campo constituído pelos atributos erógenos e por isso circunscrito pela narrativa histórica, a partir desse momento passou a ser identificado com a força pulsional, que, com seu caráter irruptivo, "fornece a matéria-prima para as construções das metáforas sobre o sexual realizadas por Freud".[163]

1.4.3 A virada freudiana

A partir do escrito *As pulsões e seus destinos*, vemos Freud enfatizar cada vez mais o campo da força pulsional, a tal ponto que o ano de 1920 foi considerado a marca temporal do que se convencionou chamar de "virada dos anos 20". A formulação da segunda teoria da pulsão, em que Freud apresentou o conceito de pulsão de morte, criando um novo dualismo pulsional — pulsão de morte e pulsão de vida —, permitiu que ele formulasse a segunda tópica do aparelho psíquico — isso, eu e supereu[164] — e a segunda teoria da angústia, em que a angústia automática, como reação a uma situação traumática, opõe-se ao sinal de angústia que o eu emite diante da situação de perigo a fim de evitar ser submerso pelo aparecimento da angústia automática.[165]

Ao retomar a dimensão econômica do psiquismo, Freud retomou também a concepção do trauma. Este havia sido deixado de lado quando foi retirado do campo do acontecimento da sedução e transposto para o campo da fantasia. Porém, a existência das neuroses de guerra devido à Grande Guerra levou Freud a se ocupar novamente com o trauma — agora sob a forma clínica das neuroses traumáticas. Portanto, atribuindo ao traumatismo psíquico uma dimensão econômica, que até então era pouco evidenciada, Freud o recuperou em seu aspecto disruptivo. Seus

---

[162] *Idem.*

[163] BIRMAN, 1999, p. 39.

[164] FREUD, S. O ego e o id (1923a). *In:* FREUD, S. *Edição Standard Brasileira das Obras Psicológicas Completas de Sigmund Freud.* Rio de Janeiro: Imago, 1988. v. 19. p. 153-161.

[165] FREUD, S. Inibições, sintomas e ansiedade (1926). *In:* FREUD, S. *Edição Standard Brasileira das Obras Psicológicas Completas de Sigmund Freud.* 3. ed. Rio de Janeiro: Imago, 1988. v. 20. p. 81-171.

notáveis escritos *Além do princípio do prazer* e *Inibições, sintomas e ansiedade* são grandes testemunhos.

Em *Além do princípio do prazer*,[166] Freud sublinhou de forma categórica o aspecto econômico e energético do inconsciente com base no conceito de pulsão de morte, que, como uma modalidade de pulsão sem atributo erógeno e por isso sem representação, caracteriza-se pela força pulsional — estado originário da pulsão com o qual o infantil passou a ser identificado.[167] Ainda nesse escrito, Freud destacou também que, sob a regência do princípio de Nirvana, a pulsão de morte teria como destino a descarga direta das excitações, a expulsão, a morte delas, já que ele designa a tendência radical para levar a excitação ao nível zero a fim de atingir um estado de quietude absoluta.[168] Portanto, situado no campo pulsional — Isso — e regulado não mais pelo princípio de prazer, mas agora pelo princípio de Nirvana, o infantil se faria presente por meio dessa força, que, na ausência de representantes pulsionais e, por isso, como energia livre, manifestar-se-ia pela compulsão de repetição.[169]

Nesse contexto ainda, Freud formulou a existência de um novo dualismo pulsional, delineado pela pulsão de vida de um lado — que se esforça por combinar o que existe em unidades cada vez maiores — e do outro pela pulsão de morte — que se esforça por dissolver essas combinações e destruir as estruturas a que elas deram origem. Por meio desse dualismo, Freud passou a pensar o trauma por outro viés, já que ele passou a representar uma experiência de fragmentação ou dispersão cuja vivência é da ordem de uma angústia inominável.

Partindo do princípio de que a todo instante o psiquismo é afetado por estímulos externos e internos e que a função do aparelho psíquico é ser capaz de ligar essas excitações afluentes a representações, isto é, configurar sentidos, a fim de que ele possa se desvencilhar dessas excitações, Freud esclareceu que, quando essas excitações são suficientemente poderosas em relação à capacidade do aparelho psíquico de dominá-las e vinculá-las, ele é inundado por elas constituindo o que foi nomeado como "experiência traumática". Embora o psiquismo disponha de uma proteção — escudo protetor — contra a quantidade excessiva de excitação

---

[166] FREUD, 1920/2020.

[167] BIRMAN, 1997a.

[168] LAPLANCHE, 1987.

[169] FREUD, 1920/2020.

proveniente do exterior, na experiência traumática a grande quantidade de estímulos atravessa o escudo protetor provocando uma grave perturbação na economia psíquica.[170]

Diante da quantidade excessiva de excitação, restará ao psiquismo "dominar o estímulo, de ligar psiquicamente as quantidades de estímulo que irromperam, para levá-las, depois, à liquidação".[171] Em uma tentativa de dominá-la, o psiquismo serve-se do processo da compulsão de repetição, inscrevendo a experiência traumática. Por meio da repetição, ele tenta vincular a intensidade às representações psíquicas visando à criação de uma rede de sentidos a fim de eliminar o quantum de energia livre.[172]

Então, a partir das elaborações da segunda teoria pulsional e da segunda tópica do aparelho psíquico, em que Freud estabelece uma conjunção entre o Isso, a pulsão de morte e a compulsão de repetição, o infantil passou a ser a encarnação do traumático, cujo impacto impõe ao sujeito uma modalidade de angústia que, não inscrita no campo da representação, estaria na exterioridade do campo do desejo.[173]

Em seu outro escrito, *Inibições, sintomas e ansiedade*, Freud nos mostrou de forma mais detalhada e contundente o que já havia indicado anteriormente, ou seja, que na experiência traumática há uma grande perturbação na economia psíquica, visto haver um transbordamento energético. Contudo, isso ocorre em função de um despreparo. Sem ser avisado, o psiquismo é apanhado de surpresa e, assim, ao se encontrar despreparado, não pode lançar mão de recursos simbólicos que possam lhe proteger, já que antes não houve a emissão de um sinal de que, enquanto uma defesa é posta em ação, uma ação protetora levaria o sujeito a se proteger contra o terror vivenciado nessa situação. Atravessado pelo impacto da força pulsional, o sujeito é lançado no campo da angústia automática, o que revela sua condição de desamparo. Portanto, nesse cenário, o sujeito encontra-se diante do perigo mais extremo, sendo remetido ao sentimento de risco de catástrofe iminente que aponta para a experiência radical da morte com a qual o infantil passou a se identificar.[174]

---

[170] *Idem.*

[171] *Ibidem*, p. 113.

[172] *Idem.*

[173] BIRMAN, J. *Estilo e Modernidade em Psicanálise*. São Paulo: Editora 34, 1997b.

[174] FREUD, 1926/1986.

Ao definir essa angústia como sendo automática, Freud afirmou que originalmente ela surgiu como uma reação a uma situação de perigo, sendo reproduzida sempre que uma situação dessa natureza se repete. Segundo ele, essa situação de perigo teria como protótipo o ato do nascimento, em que há um aumento de excitação, que produz um estado de caráter desprazeroso, seguido de atos de descarga ao longo de trilhas específicas: a inervação, ao ser dirigida para os órgãos respiratórios, prepara o caminho para a atividade dos pulmões e, ao acelerar as pulsações do coração, ajuda a manter o sangue isento de substâncias tóxicas. Trata-se, portanto, de um transbordamento energético, e o organismo encontraria alívio por meio dos atos de descarga já mencionados.[175]

Evidentemente que no nascimento a situação de perigo diz respeito à vida, não havendo nenhum perigo que possa comprometer a subjetividade, em função da inexistência de qualquer conteúdo psíquico. Entretanto, isso não significa que o recém-nato não sinta o turbilhão em seu corpo. Retirado do estado de quietude absoluta em que estava mergulhado enquanto habitante do corpo materno, seu corpo é invadido por um excesso de intensidades, que, como grandes somas de excitação que nele se acumulam, provocam uma enorme perturbação na economia da libido narcísica, cuja reação é o estabelecimento de uma angústia automática determinada pelo desamparo inicial. Ele grita e esperneia indefeso. Como veremos mais adiante, será o acolhimento do outro que lhe retirará dessa situação.

Assim, por experiência, a criança pequena sabe que, por meio do outro — sua mãe — suas necessidades, que lhe provocam crescente tensão e das quais ele não possui meios para se defender, são atendidas sem demora. Dessa forma, a não satisfação de suas necessidades constitui para ela uma situação de perigo. Se o acolhimento do outro põe fim à situação de perigo vivenciada pelo humano infantil, ele possibilita que haja um deslocamento do teor do perigo. Com o acolhimento, o perigo se desloca da situação econômica para a perda do objeto — a mãe. Isso é fundamental, pois esse deslocamento permite que, diante de um novo perigo, um sinal de angústia seja emitido, impedindo que a temida situação econômica se estabeleça.

Foi com base nessa elaboração que Freud pôde distinguir a situação traumática da situação de perigo com seus respectivos modos de angústias

---

[175] *Idem.*

— angústia automática e angústia como sinal —, esclarecendo que tanto uma como a outra devem ser consideradas "um produto do desamparo mental da criança, o qual é um símile natural de seu estado de desamparo biológico".[176] Assim, enquanto a situação traumática remete a uma situação de desamparo, caracterizado pela ausência de representações e, concomitantemente, pelo excesso de excitação no aparelho, onde o eu experimentou o trauma passivamente, na situação de perigo existe uma atividade por parte do sujeito. Por ser uma situação reconhecida, lembrada e esperada de desamparo, a angústia, como reação original ao desamparo no trauma, é reproduzida depois da situação de perigo como um sinal em busca de ajuda.

Em se tratando de uma criança, que não tem como representar o transbordamento do afluxo de excitações, mas tem a vivência de grandes somas de excitações que lhe acometem, cabe ao outro processar e ligar por meio de representações o excesso pulsional, isto é, inseri-lo em "uma estrutura que possa ser considerada a pré-história do sujeito".[177] Ao exercer essa função, ele cria condições para que o sujeito, a posteriori, diante de uma nova situação de perigo, em vez de reagir com um estado de angústia — reação ao perigo anterior que foi ativado —, inicie uma reação mais apropriada ao perigo recente. Isso significa que o outro favorece a constituição de um eu mais enriquecido simbolicamente, de tal forma que ele possa emitir um sinal de angústia, permitindo uma preparação prévia diante do perigo à vista. Assim, o sujeito pode livrar-se da angústia recorrendo a medidas mais adequadas.[178]

De fato, a "virada dos anos 20" representou uma grande mudança nos conceitos teóricos e no manejo da clínica psicanalítica. Ela trouxe em seu bojo a presença de uma descontinuidade no discurso freudiano. O deslocamento da dimensão vitalista, norteada pelo campo representacional, que circunscreveria a pulsão sexual, para a dimensão mortalista, norteada pelo campo dos afetos, das intensidades e dos excessos, ou seja, pelo campo da força pulsional e, dessa forma, pelo estado de desamparo, é a marca crucial da presença de uma descontinuidade que transformou substancialmente o conceito do infantil.

---

[176] *Idem.*

[177] ZORNIG, S.; LEVY, L. *Uma criança em busca de uma janela*: função materna e trauma. *Revista Estilos da Clínica*, São Paulo, v. 11, n. 20, p. 28-37, 2006. p. 28.

[178] FREUD, 1926/1988.

1.4.4 O infantil como um solo fundante

Com a descontinuidade operada no discurso freudiano, o infantil se deslocou do eixo da vida para o da morte, deixando de ser identificado com o campo das representações e passando a se identificar com o aspecto energético do inconsciente. Identificado com a pulsão, que como uma força constante atua sobre o psiquismo fazendo com que ele seja atravessado por intensidades cujo excesso não é absorvido tão logo pelo campo da representação, o infantil passou a ser remetido ao trauma — já que a pulsão é, por excelência, traumática — à angústia e ao desamparo, situando-se na exterioridade do campo do desejo e sendo circunscrito pelo não erótico. Assim, identificado ao trauma, o infantil se encontra além da história e da temporalidade balizada pelo desejo. Com isso, o discurso freudiano enfatiza o funcionamento primordial dos processos psíquicos fundamentado na experiência de morte. Dessa forma, segundo ele, na origem está a morte, significando que a existência psíquica só é possível devido a essa experiência originária.[179]

Afirmando sua dimensão de morte em função do movimento natural do organismo que busca restaurar seu estado primitivo que é representado pela ausência de excitações,[180] o infantil, ao ser marcado pela experiência de morte e se encontrando na exterioridade da temporalidade histórica, situa-se em um tempo primevo; um tempo em que o corpo se apresenta fragmentado e, desse modo, constituído de fendas das quais emanam os fluxos de excitações — excitações brutas e cruas, sem nome, sem contorno, sem lapidação — que possuem como único destino a descarga total se o outro não as acolher propiciando uma vivência de satisfação e, portanto, intervindo contra a descarga mortífera do organismo, isto é, contra a tendência originária do organismo para a quietude absoluta;[181] um tempo em que o outro ainda não se inscreveu e por isso a linguagem ainda não se fez; um tempo fora da temporalidade do desejo.

Isso significa que a construção do aparelho psíquico envolve uma complexidade, visto que, diferentemente dos outros aparelhos (circulatório, respiratório e digestivo, por exemplo), ele não é fruto do organismo. Ele é fruto de uma construção que se faz por um processo de erotização em que o outro está envolvido. Dessa maneira, a pulsão de vida é despertada, e o movimento de descarga do organismo visando ao inorgânico é

---

[179] BIRMAN, 1997a.

[180] FREUD, 1920/2020.

[181] *Idem.*

dominado, em função da vinculação da força pulsional aos representantes-representação da pulsão, por meio do investimento que o outro faz.

Pois bem, se isso aponta para a impossibilidade de o psiquismo se constituir por si só, já que sem a presença do outro sua existência é inviável, revela também a condição de desamparo do humano diante da exigência de trabalho da pulsão, devido à impossibilidade de aquela vinculação absorver prontamente as intensidades e o excesso pulsional que atravessam o psiquismo. Assim, o infantil se define como sendo próprio da condição humana, e não como sendo uma dimensão cronológica e evolutiva, ou seja, o humano seria infantil por vocação. Ele está permanentemente lá, materializado pelo sulco entre a força pulsional e o campo da representação. Este rasgão originário, que nos marca, nos acossa constantemente, já que não existe costura possível para ele que a todo momento é reposto. Somos, então, prematuros para sempre. Por isso mesmo somos marcados pelo desamparo e pelo apelo sempre relançado ao outro.[182]

Portanto, é porque vivemos que o encontro com o infantil é inevitável; um encontro que se dá quando menos se espera. Sem data e hora marcada, ele aparece. Sua força desmantela as supostas certezas, desorganizando as ideias. No encontro com o sem sentido, o prumo é perdido. É o instante em que o real da angústia nos visita sem avisar, sem nos pedir licença. Ele tira o raciocínio e suspende a palavra, deixando os nervos à flor da pele. Ele nos lança lá onde a linguagem não existe; lá onde as sensações são brutas e cruas. Ele nos lança no campo do inassimilável, do indizível, do indeterminado e do informe, cujo destino pode ser a vida ou a morte. Se é possível fazer dele ou com ele um abismo para morrer na busca de uma quietude absoluta, é possível também inventar sentidos e criar múltiplos circuitos.

É possível inventar a vida. Como o infantil está além da história e se constitui como estado puro das excitações, ele se constitui como potência. No entanto, para que com ele possamos historicizar a vida, é preciso que o outro a acolha. Sem esse cuidado, nas suas mais variadas dimensões, a vida não se afirma e rapidamente se esvai. O que era potência de vida parece se transformar em potência de morte. Portanto, o discurso freudiano, ao indicar a dimensão originária do infantil, aponta-nos para outra versão: como solo fundante, ele possibilita viver a vida nas suas múltiplas cadências que se pautam no desejo.

---

[182] BIRMAN, 1999.

PARTE II

TECENDO A MANHÃ DA VIDA

2

ENTRELAÇANDO CORPO, AFETO E LINGUAGEM

2.1 Considerações iniciais

A chegada do ser humano na vida é marcada por uma complexidade que independe da época, da cultura e da sociedade: o fato de elas possuírem características diferentes apenas leva ao estabelecimento de condições e formas distintas de ele ser reconhecido e inserido no mundo. Entretanto, dois aspectos apontam para uma universalização quando pensamos nas condições em que o humano faz seu advento no mundo. O primeiro diz respeito ao fato de que nascer significa ingressar em um mundo organizado e, nessas condições, o que se valoriza como forma de vida deverá ser o artífice de um percurso no sentido do "tornar-se humano". Isso quer dizer que o homem chega em um espaço já estruturado que lhe é preexistente — um espaço pleno de sentidos. Aqui uma questão se abre: de que modo ele, o humano, apreende o sentido?

Diferentemente das outras formas de vida animal, que praticamente são o que são por ocasião do nascimento, o homem em sua origem se apresenta como a possibilidade de tornar-se aquilo que deverá ser. Assim, ele é a única forma de vida que, ao nascer, é apenas uma possibilidade que poderá se concretizar ou não. Desse modo, podemos pensar que a espécie humana quando vem ao mundo é um esboço inacabado. Eis a condição do homem em sua origem. O segundo aspecto é que, impossibilitado de sustentar sua sobrevivência do ponto de vista biológico e sendo incapacitado para regular a abundância de estímulos que recebe, o humano nascente precisa de outro da espécie, cuja presença se torna imprescindível para viabilizar a vida do ser. Isso quer dizer que, diferentemente de todos os outros mamíferos das outras espécies, que rapidamente alcançam a sua independência, o humano nascente precisará de um tempo muito maior, significando que, se nesse tempo não receber cuidados por parte do outro, ele não sobreviverá.[183]

---

[183] MENDONÇA, 2013.

Segundo Golse,[184] a evolução parece ter selecionado para a nossa espécie uma imaturidade inicial muito arriscada, porém portadora de uma grande vantagem, o que a faz ser fundamental e fundadora. Essa vantagem diz respeito ao fato de que a construção do bebê humano se dá somente no contato e no convívio com o ambiente. Isso produz uma diversidade, já que cada um vai encontrar um ambiente diferente — familiar, relacional, social, cultural, ecológico, biológico — e, assim, vai se construir no convívio com o seu ambiente específico. Isso é um tesouro na nossa espécie, afirma o autor; uma riqueza fundamental da espécie humana decorrente de sua imaturidade inicial, física e psíquica. Essa riqueza se refere ao fato de que nós, humanos, subjetivamos.

Somos a única criatura no planeta dotada de capacidade simbólica e, por meio dela, problematizamos o que os outros tipos de viventes fazem como compromissos banais para sua sobrevivência. Devido a esse salto evolutivo, nossa sobrevivência passou a ser tutorada pela existência. Assim, ao darmos sentidos às coisas, deixamos de ser mais um animal entre outros e nos tornamos, por conseguinte, outro tipo de ser, que vivencia outro tipo de experiência com o ambiente. Isso significa que, por meio da linguagem transmitida pelo ambiente, tornamo-nos humanos em essência, sendo esse "o principal ganho evolutivo do fracasso humano em seu ser animal".[185]

Quero ir além, ou melhor, quero ampliar um pouco mais esse mapa que nos situa em um lugar em que somos seres dotados de capacidade simbólica. Nenhum de nós possui dúvida quanto a isso. E nem duvidamos do destino que aguarda um recém-nascido caso seja deixado à própria sorte em uma floresta: ou ele não sobreviverá ou será tomado por um mamífero adulto como seu filhote, passando de filhote do homem a filhote do animal. Essa foi a história do *"Selvagem de Aveyron"*, o menino que viveu até seus 11 anos na floresta de Aveyron, no sul da França.[186]

Certamente faltou a essa criatura a entrada no mundo simbólico; faltou o outro para lhe transmitir a linguagem. Faltou-lhe o ambiente, não o físico e natural, evidentemente, mas o que diz respeito a uma atmosfera que nasce do interior do encontro entre a mãe e seu bebê e da potenciali-

---

[184]   GOLSE, B. *Do corpo ao pensamento*. Lisboa: Climepsi, 2002.

[185]   GERALDINO, C. F. G. Uma definição de meio ambiente. *GEOUSP – Espaço e Tempo (Online)*, São Paulo, v. 18, n. 2, p. 403-415, 2014. p. 408.

[186]   GALUCH, M. T. B.; PEREIRA, T. M. A. O garoto selvagem: a importância das relações sociais e da educação no processo do desenvolvimento humano. *Perspectiva*, Florianópolis, v. 30, n. 2, p. 553-571, 2012.

dade que desse encontro emerge. É por meio dessa atmosfera, que não se restringe ao filhote humano, "mas se estende ao outro como cuidado",[187] que corpos, afetos e linguagem — uma tríade que constitui a subjetividade — vão se organizando. Como fios que vão se entrelaçando, uma rede de base é tecida possibilitando a emergência do sentido enquanto significação compartilhada.[188] Portanto, quando ampliamos o mapa, outros registros surgem: corpo e afeto. Se sem a linguagem não existe possibilidade de a subjetividade se constituir e, consequentemente, de o sentido ser produzido, sem a presença do corpo, a linguagem — como um código linguístico — e o sentido não existem. Nesse sentido, a linguagem é um desdobramento das múltiplas sensações e percepções que passam por um processo semiótico. É porque existe um laço entre linguagem e não linguagem que o processo de significação ocorre. Isso quer dizer que não é possível pensar em significação sem que haja uma ligação com o corpo.[189]

É com essa rede de base que passamos do ser para o existir, esclarece Golse.[190] Ou seja, saímos da condição em que não diferenciamos o interior e o exterior — entre o si mesmo e o objeto, estando aquém dos processos de subjetivação e objetalização — e passamos à condição de existir, que, como indica o prefixo *ex*,[191] supõe essa diferenciação já constituída ou em vias de se constituir. Contudo, essa passagem não ocorre se o ambiente[192] não se fizer presente. Somente graças a ele o objeto é descoberto e, por meio dele, ocorre a descoberta de si mesmo.

Desde os escritos inaugurais da obra freudiana, o ambiente se encontra presente na estruturação da subjetividade. *Projeto para uma psicologia científica*[193] é um bom exemplo. Nesse escrito, o ambiente — materializado na figura da mãe — aparece como aquele que favorece a constituição subjetiva, já que promove e estabelece sentidos para as experiências,

---

[187] MAIA, M. S. Crianças do porão: descuido, violência psíquica e cuidado. *In:* MAIA, M. S. (org.). *Por uma ética do cuidado*. Rio de Janeiro: Garamond, 2009. p. 357-377. p. 373.

[188] *Idem*. A questão do sentido na clínica psicanalítica. *In:* BEZERRA, B. JR.; PLASTINO, C. A. (org.). *Corpo, afeto, linguagem:* a questão do sentido hoje. Rio de Janeiro: Garamond, 2001. p. 263-284.

[189] *Idem. Extremos da alma*: dor e trauma na atualidade e clínica psicanalítica. Rio de Janeiro: Garamond, 2003.

[190] GOLSE, 2002.

[191] A palavra "existir" vem do latim *existere* ou *exsistere*. Formada pela junção da preposição *ex*, que significa "a partir de" ou "trazer algo para fora", e o verbo *sistere*, que significa "firmar alguma coisa" ou "colocar de pé" no sentido de algo que se mantém firme, a palavra *existere* significa literalmente "surgir a partir de algo firme". Pode significar também "revelar-se" ou "tornar-se".

[192] A palavra "ambiente" será utilizada sempre com a conotação explicitada anteriormente, ou seja, como uma rede ampla de elementos que concorrem para a subjetivação.

[193] FREUD, 1895/1990.

cujos excessos afetam aquele que acabou de nascer. Assim, a presença da mãe diz respeito a uma função constituinte do psiquismo, que possibilita a simbolização das primeiras vivências. Isto é, ela é a base dos processos de subjetivação.

O que está em pauta no pensamento freudiano nesse momento é a condição desamparada do humano nascente diante da intensidade das excitações que afetam o seu corpo, cuja prematuridade motora o impede de dominá-las. Não é sem o outro materno que o domínio dessas excitações ocorre. Tais excitabilidades só são dominadas pela sua mediação, em função da realização da experiência de satisfação. Esta, ao ser instaurada, além de estabelecer um circuito vinculando às excitações ao campo do objeto, insere o humano nascente no mundo do desejo e da demanda, ou seja, insere-o no campo do simbólico.[194]

Mais tarde, revendo sua teoria da pulsão, que o levou a estabelecer a segunda tópica do aparelho psíquico e a segunda teoria da angústia, Freud demonstrou que o desamparo psíquico é um símile natural do desamparo biológico vivenciado nos primórdios da vida. Isso significa que o fato de o humano ter atingido a maturidade não o livra do retorno à condição originária. Portanto, ao longo da vida do humano, esse retorno constitui uma ameaça a cada experiência em que seu psiquismo tiver que se deparar com os excessos excitatórios.

Dessa forma, para Freud, o humano é constitucionalmente desamparado em função do despreparo para lidar com a intensidade das excitabilidades. Nessa perspectiva, Freud privilegia a dimensão pulsional. Sustentando firmemente a ideia de um aparelho psíquico que se constitui por sistemas[195] ou instâncias[196] e que é habitado por forças, ele deu prevalência ao que o próprio aparelho psíquico é capaz de produzir. Ou seja, ele enfatizou o mundo intrapsíquico — diferentemente de outros psicanalistas, que privilegiaram o aspecto relacional na constituição da subjetividade.

Sándor Ferenczi, psicanalista húngaro e discípulo de Freud, além de ter trazido à lembrança da psicanálise "a importância do exógeno na etiologia das patologias",[197] foi aquele que, adepto da medicina social,

---

[194] FREUD, 1900/1987.

[195] *Idem*, 1900/1987.

[196] FREUD, 1923a/1988.

[197] *Idem*, p. 120.

NEM SEMPRE O DANÚBIO É AZUL: QUAL DESTINO PARA O INFANTIL
NO TEMPO DAS FUNÇÕES PARENTAIS TERCEIRIZADAS?

mostrou-se sensível às dores dos oprimidos. Dessa maneira, preocupou-se com os problemas vivenciados pelas mulheres, preocupou-se em socorrer os excluídos e marginais, assim como saiu em defesa dos homossexuais ao escrever um texto — apresentado à Associação Médica de Budapeste em 1906 — "atacando os preconceitos reacionários da classe dominante, que tendia a designar aqueles [...] como degenerados responsáveis pela desordem social".[198]

Se apresento este brevíssimo histórico, é para ressaltar que, antes mesmo em se tornar um psicanalista, Ferenczi já se mostrava sensível à ação do ambiente sobre o humano e seus efeitos na vida deste. Portanto, não foi sem sua sensibilidade, que, como psicanalista, tendo em mente a imaturidade física e psíquica do bebê humano e consequentemente a dependência absoluta deste em relação ao ambiente, ele se debruçou sobre a dimensão relacional. Considerado o precursor da teoria das relações de objeto, ele não invalidou os fatores endógenos nem duvidou de sua importância; mas, enfatizou a importância dos fatores externos em relação ao mundo intrapsíquico por percebê-los como possíveis perturbadores da ordem e do ritmo do aparelho psíquico.[199]

Sua compreensão nos diz que "o estado de desamparo não é, *per se*, a fonte do trauma; esse se dá apenas na relação com o outro. Assim como não existe um bebê sem cuidador, também não há desamparo sem uma perspectiva relacional que envolva a presença do outro".[200] Isso significa que, se há estado de desamparo, ele se origina na relação com o ambiente. Quando este não se adapta às necessidades e aos desejos do bebê, interfere em sua vivência de onipotência, que, como solo fértil em que germina a subjetividade, permite com que se esteja "mais à vontade nas mudanças exigidas pela passagem da atividade autística para a vida em coletividade".[201]

Cerca de pouco mais de uma década após a morte do pai da psicanálise, o psicanalista francês Jacques Lacan deu início aos seus seminários e escritos, pautados por um movimento inaugurado por ele, que visava a um retorno ao sentido de Freud.[202] Era preciso dar vida à psicanálise.

---

[198] ROUDINESCO, E.; PLON, M. *Dicionário de psicanálise*. Rio de Janeiro: Jorge Zahar, 1998. p. 232.

[199] PINHEIRO, 1995.

[200] KUPERMANN, D. *Por que Ferenczi?* São Paulo: Zagodoni, 2019. p. 94.

[201] FERENCZI, 1928a/2011, p. 14.

[202] LACAN, J. A coisa freudiana ou Sentido do retorno a Freud em psicanálise (1956). *In:* LACAN, J. *Escritos*. Rio de Janeiro: Jorge Zahar, 1998. p. 402-437.

Monopolizada em sua prática pela International Psychoanalytical Association (IPA), ela hibernava. Os elementos preciosos da elaboração freudiana haviam se perdido, o que levou o pensamento do psicanalista a sofrer uma profunda desfiguração. Nas mãos dos analistas pós-freudianos, a psicanálise havia se transformado "numa terapêutica adaptacionista, normatizante".[203] Sustentando a sua causa, Lacan, baseado em Freud, na linguística estrutural de Saussure e na antropologia estrutural de Claude Lévi-Strauss, pôde firmar a sua máxima de que o inconsciente é estruturado como uma linguagem.

Reafirmando a confluência do registro do inconsciente com os processos de simbolização, ele trouxe de volta à psicanálise o papel decisivo da linguagem na constituição subjetiva. Porém, não sem alertar para que ela não fosse confundida com as diversas funções somáticas e psíquicas, "pela razão primeira de que a linguagem, com sua estrutura, preexiste à entrada de cada sujeito num momento de seu desenvolvimento mental".[204] Ou seja, não se trata de ser apenas uma capacidade a ser adquirida de acordo com a maturação e a aprendizagem, da mesma forma que não se trata apenas de ser um instrumento que permite ao humano se comunicar. Trata-se de uma estrutura da linguagem que Lacan nomeou de "grande Outro – Outro".

Como estrutura, a linguagem antecede ao sujeito. Ela é anterior e exterior a ele, evidenciando não ser da ordem do inato. Da mesma forma, não é adquirida, tal como as outras habilidades para as quais o organismo se encontra potencialmente capaz. Talvez possamos dizer "que é a linguagem, esta estrutura, que 'adquire' a criança";[205] uma espécie de enlaçamento que só ocorre em função da presença do outro materno, que, ao preencher a falta de saber instintual do organismo do bebê humano, transmite-lhe um saber simbólico. Portanto, na perspectiva lacaniana, o desamparo do bebê não diz respeito somente ao desamparo motor, mas ao desamparo acerca de um saber cuja ausência o coloca em uma dependência do simbólico.

---

[203] JORGE, M. A. C. *Fundamentos da psicanálise de Freud a Lacan:* As bases conceituais. Rio de Janeiro: Jorge Zahar, 2000. v. 1. p. 18.

[204] LACAN, J. A instância da letra no inconsciente ou a razão desde Freud (1957). *In:* LACAN, J. *Escritos.* Rio de Janeiro: Jorge Zahar, 1998. p. 496-533. p. 498.

[205] BERNARDINO, L. A abordagem psicanalítica do desenvolvimento infantil e suas vicissitudes. *In:* BERNARDINO, L. (org.). *O que a psicanálise pode ensinar sobre a criança, sujeito em constituição.* São Paulo: Escuta, 2006. p. 19-41. p. 25.

NEM SEMPRE O DANÚBIO É AZUL: QUAL DESTINO PARA O INFANTIL
NO TEMPO DAS FUNÇÕES PARENTAIS TERCEIRIZADAS?

Desse modo, para que o *infans* seja enlaçado à ordem simbólica, é imprescindível a presença de um outro que porte e materialize a estrutura da linguagem. Ou seja, é preciso que o outro encarne o lugar do Outro. Enquanto Outro encarnado — que Lacan denominou de Outro primordial[206] —, a mãe, envolvida em seu desejo não anônimo,[207] encarna um saber, colocando "em jogo toda uma ordem de alteridade",[208] isto é, uma rede simbólica determinante para o bebê: em relação a ela, o bebê produz respostas ao longo de sua constituição, assim como a mãe exerce seus cuidados.

Essa rede, tecida pelo desejo da mãe, mas não sem a palavra do pai, além de possibilitar a metamorfose do organismo ao sujeito de uma existência simbólica e transmitir o saber de que se é amado — sem esse amor o bebê se encontra simbolicamente desamparado[209] — pelo laço simbólico do bebê com a mãe, permite que o "Outro passe por uma progressiva alteridade que se conduz da mãe ao pai, do pai ao grupo familiar, da família ao social e cultural".[210] Assim, podemos pensar que o psicanalista francês enfatizou também o ambiente, representado pela ordem da linguagem, na constituição da subjetividade.

Pois bem, se em relação ao processo de constituição subjetiva Freud enfatiza a dimensão do pulsional, Ferenczi destaca a do relacional, e Lacan evidencia a da linguagem, algo se impôs para eles como indiscutível: esse processo não se dá sem os cuidados do ambiente. Se nos primórdios da vida este é habitualmente encarnado pela mãe, vale ressaltar que não necessariamente precisa ser a mãe biológica, nem mesmo alguém do sexo feminino.

Desde Freud sabemos que a relação com o mundo nasce dos cuidados que o outro materno concede ao humano infantil. Sabemos, também, que o cuidado que ele endereça ao bebê não se origina daquilo que o senso comum designa de instinto materno, tampouco diz respeito a um aprendizado obtido por meio de um *coach* materno ou de um manual, tão em voga no mundo atual. Trata-se de uma dimensão de cuidado que diz

---

[206] LACAN, J. *O Seminário, livro 4*: As relações de objeto (1956-57). Rio de Janeiro: Jorge Zahar, 1995.

[207] *Idem*. Nota sobre a criança (1969). *In*: LACAN, J. *Outros Escritos*. Rio de Janeiro: Jorge Zahar, 2003. p. 369-370.

[208] JERUSALINSKY, J. Quem é o Outro do sujeito na primeira infância? Considerações sobre o lugar na família na clínica com bebês. *In*: ENCONTRO LATINOAMERICANO DOS ESTADOS GERAIS DA PSICANÁLISE, 4., 2005, São Paulo. *Anais* [...]. São Paulo, 2005. p. 3.

[209] LACAN, 1956-57/1995.

[210] JERUSALINSKY, 2005, p. 4.

respeito à "experiência-de-existir-com-o-outro".[211] Nessa modalidade de cuidado que se opera nas relações intersubjetivas, não há o *eu* e o *outro*, mas o *nós*. É uma experiência que possibilita uma afetação entre aqueles que estão envolvidos. Trata-se de uma modalidade vital de cuidado, em que "há algo que se passa *entre* nós que nos alimenta com *vitalidade*",[212] sendo uma dimensão de cuidado que dá à vida um sentido erótico, não tangenciando sentidos autodestrutivos.

Assim, quando menciono que do interior do encontro entre a mãe e seu bebê nasce uma atmosfera e que desse encontro emerge uma potencialidade, podemos pensar que essa atmosfera é uma experiência afetiva compartilhada por aqueles que estão envolvidos. É dessa experiência compartilhada que germina o processo subjetivo. Isso já nos diz que o psiquismo não está dado quando o humano nasce. Ele é constituído e se constitui pelas inscrições psíquicas que se precipitam por intermédio dessa experiência com o outro. Dessa forma, permeada por uma série de operações psíquicas a partir das quais a mãe pode dar origem à subjetividade do humano nascente e tomá-lo como seu bebê, a situação em que o humano se encontra ao nascer é então alterada.

Enquanto habitante do corpo materno, o feto vive uma espécie de quietude homeostática.[213] Suas necessidades vitais são satisfeitas pelo corpo materno: ele não sente fome nem sede, por exemplo, assim como não sente as oscilações de temperatura e de ritmo de sono e vigília. Porém, ao nascer a situação é outra. Segundo Freud, trata-se de um acontecimento traumático, como ele afirmou em seu escrito *Inibições, sintomas e ansiedades*, de 1926: retirado do estado de quietude absoluta em que estava mergulhado, o corpo do bebê é invadido por um excesso intensivo, de dentro e de fora, provocando uma grande perturbação na economia libidinal.

Para Ferenczi,[214] trata-se de uma catástrofe porque, ao ser lançado para fora do meio líquido e forçado a entrar no meio seco, o bebê vivencia a ruptura do estado de equilíbrio em que se encontrava. Entretanto, diferentemente de Freud, ele não dá um caráter traumático ao nascimento. São palavras dele: "é duvidoso que um transtorno eliminado de forma tão

---

[211] MAIA, 2009, p. 369.

[212] *Ibidem*, p. 370.

[213] FREUD, 1920/2020.

[214] FERENCZI, S. Thalassa, ensaio sobre a teoria da genitalidade (1924). *In:* FERENCZI, S. *Obras Completas Sándor Ferenczi*. São Paulo: Martins Fontes, 2011. v. 3. p. 277-357.

NEM SEMPRE O DANÚBIO É AZUL: QUAL DESTINO PARA O INFANTIL
NO TEMPO DAS FUNÇÕES PARENTAIS TERCEIRIZADAS?

rápida e radical, pudesse ter o valor de 'trauma'".[215] Sua célebre afirmação de que "o nascimento é um verdadeiro triunfo, exemplar para toda a vida"[216] revela sua percepção de que o nascimento, quando acompanhado da previdência fisiológica e do acolhimento do ambiente, é uma vivência de alívio, e não traumática. Além disso, para o autor, trata-se também de um acontecimento que suscita outra forma de existência, como respirar com os próprios pulmões, por exemplo. De qualquer forma, o que está em pauta aqui é a experiência primordial e a existência de um processo de afetação que será subjetivado.

Nascemos corpo, um corpo feito de carne, ossos e nervos que é atravessado por inúmeras excitações advindas dos estímulos externos, mas também pelas excitações que se originam do organismo, levando-nos a experimentar as mais variadas sensações corpóreas até então desconhecidas, como fome, sede, frio, calor, dor e tantas outras; sensações brutas e cruas, sem nome, sem forma, sem contorno e sem lapidação.

Matéria viva, o corpo é sede das experiências sensoriais, que, conduzidas pelos órgãos dos sentidos, apresentam-se fragmentadas, descontínuas e indiferenciadas. É um tempo em que se está sob o primado da sensorialidade primitiva, em que os objetos não são vivenciados "em e por si mesmo, ou por aquilo que fazem ou são chamados".[217] O que é visto, tocado ou ouvido não tem nome, não tem função. E nem mesmo é diferenciado. Nos primórdios da vida, o bebê não diferencia, por exemplo, o som da voz de sua mãe do toque dela em seu corpo, mas sente o fluir do som da voz ou do toque dela sobre ele, que tanto pode acalmá-lo, se for uma voz doce ou um toque suave, como pode ocasionar-lhe uma tensão, se for uma voz ríspida ou um toque atritado.[218] Portanto, o corpo é anterior a tudo.

Essa conclusão não se revela como uma novidade. Freud já havia chegado a ela quando, ao escrever sobre o eu originário no seu processo de diferenciação em relação ao id, afirmou de forma categórica que "o ego é, primeiro e acima de tudo, um ego corporal",[219] porque ele "deriva das sensações corporais, principalmente, das que se originam da super-

---

[215] *Idem*, 1928a/2011, p. 5.

[216] *Idem*.

[217] STERN, D. *Diário de um bebê*: o que seu filho vê, sente e vivencia. Porto Alegre: Artes Médicas, 1991. p. 23.

[218] *Idem*.

[219] FREUD, 1923b/2018, p. 39.

fície do corpo",[220] visto a pele ser um lugar do qual podem se originar sensações tanto externas quanto internas, podendo "ser assim encarado como uma projeção mental da superfície do corpo, além de representar as superfícies do aparelho mental".[221] Assim, pelas intensidades dessas sensações, um corpo primordial vai sendo esboçado; um corpo marcado por fortes impressões sensoriais, que, anteriores à aquisição da linguagem, são vivenciadas antes mesmo que o psiquismo esteja constituído. Isso nos permite afirmar que somos corpo, um corpo à flor da pele, pura sensorialidade, e que não diz respeito apenas ao humano nascente, mas a todos os humanos, sendo ele a fonte do estranho familiar[222] para nós que somos constituídos.

Desse modo, a experiência originária é da ordem da intensidade. Ela é uma experiência de pura afetação. E é por ser assim que o psiquismo é constituído com a tarefa de criar e ligar representações, configurar sentidos e, portanto, possibilitar que o excesso de intensidades não se fixe como traumático. Porém, nos primórdios da vida, quando ainda não há um psiquismo constituído, é preciso que o ambiente se encontre em sintonia com aquele que está por constituir o prazer de viver.

É a partir do encontro entre o humano nascente, que traz consigo uma potencialidade psicobiológica inata,[223] e o ambiente, "já imerso na cultura, encorpado de afetos e linguagem",[224] que a experiência de afetação é subjetivada, conforme ele vai sendo acolhido. Um acolhimento que favorece um destino para a força pulsional que não seja a descarga direta (Freud); um acolhimento que, ao possibilitar a travessia do gozo do vivo à ordem simbólica, retira o constituinte do gozo mortífero (Lacan); um acolhimento que propicia que a experiência catastrófica originária sirva de motor impulsionador de novas organizações, não se fixando como traumática (Ferenczi).

Accolligere, palavra do latim vulgar, deu origem à palavra "acolher", que, de acordo com os inúmeros dicionários da língua portuguesa, significa "recolher, receber, atender, aceitar, hospedar, agasalhar, amparar,

---

[220] *Idem.*

[221] *Idem.*

[222] *Idem.* O Infamiliar (1919). *In:* FREUD, S. *Edição Obras Incompletas de Sigmund Freud.* Belo Horizonte: Autêntica, 2020. v. 8. p. 27-125.

[223] A biologia contemporânea e a psicologia experimental já trazem estas notícias sobre o desenvolvimento precoce infantil, como esclarece Stern (1992).

[224] MAIA, 2001, p. 268.

NEM SEMPRE O DANÚBIO É AZUL: QUAL DESTINO PARA O INFANTIL
NO TEMPO DAS FUNÇÕES PARENTAIS TERCEIRIZADAS?

proteger, abrigar" — enfim, significa ações que expressam um cuidado com o próximo que se encontra em um estado de vulnerabilidade. Embora os dicionários não indiquem uma sinonímia entre "acolher" e "cuidar" e entre "acolhimento" e "cuidado", podemos ver que existe uma justaposição. São ações que se entrelaçam. Acolher é cuidar, e cuidar pressupõe um acolhimento. De acordo com os dicionários de filologia, "cuidado" é um derivado do latim *cura*, que, em sua forma mais antiga, *coera*, era expressa num contexto de relações de amor e amizade. "Cuidado" também se origina de *cogitare-cogitatus*, tendo o mesmo sentido de "cura": "cogitar, pensar, colocar atenção, mostrar interesse, revelar uma atitude de desvelo e preocupação, diligência, bom trato, atenção".

Para Boff, o cuidar não é somente um ato. É uma atitude de ocupação, de preocupação, de responsabilização e de envolvimento afetivo com o outro. Diz respeito a "uma atitude fundamental, de um modo-de-ser mediante o qual a pessoa sai de si e centra-se no outro com desvelo e solicitude".[225] É um modo-de-ser essencial, um modo-de-ser no mundo do qual "emerge a dimensão de alteridade".[226] Isso indica que a relação não é de sujeito-objeto (objeto no sentido coisificado), que se faz pela dominação, mas de sujeito-sujeito, que se baseia em uma relação de con-vivência, em que "cuidar é entrar em sintonia com; auscultar-lhes o ritmo e afinar-se com ele".[227]

A compreensão que o autor nos oferece sobre o cuidado, e que chamamos de acolhimento, leva-me a pensar sobre a importância do ambiente no processo da constituição psíquica. Mais à frente, veremos que não é sem consequências quando esse processo se apresenta de forma mecanizada, demonstrando ausência de sintonia com aquele que dele necessita para se constituir enquanto existência simbólica. Algum efeito há de se ter sobre o sujeito se, nos primórdios de sua vida, ele não tiver sido (bem) acolhido.

Portanto, as linhas que compõem este capítulo têm a intenção de ressaltar a importância do acolhimento do ambiente, valorizando seus efeitos na constituição psíquica, visto que sua qualidade está fundamentalmente ligada ao campo subjetivo daquele em via de advir. Para isso, destacarei neste capítulo a experiência originária revisitando os escritos

---

[225] BOFF, L. *Saber cuidar*: ética do humano – compaixão pela terra. Petrópolis: Vozes, 2008, p, 89.

[226] *Idem*, p. 95.

[227] *Idem*.

de Freud, Lacan e Ferenczi, nos quais vemos que os autores pensam a constituição subjetiva a partir do encontro com o ambiente que, pela mediação que realiza, "fornece ao bebê modos de leitura do mundo que lhe chegam por meio dos sons, dos odores, dos toques, do paladar e, por último, das imagens".[228]

2.2 Tecendo o corpo erógeno: tecendo a vida

Na companhia do pai da psicanálise, inicio pelo momento em que, expulso de um ambiente que se tornou inviável, eclode o filhote do homem pendurado ao corpo do outro materno. Com o corte que é realizado, muitas vezes o instante do primeiro vagido, o umbigo se fecha, a boca se abre e se inaugura o momento mesmo da vinda à vida, o tempo de viver de seu próprio corpo,[229] mas que, em função de sua prematuração, não tem como se sustentar por si mesmo e necessita dos cuidados do outro materno. Por esses cuidados, além da vida se constituir e ser assegurada, uma existência se constrói — uma existência vitalizada, e por isso potente e alegre.

Com Freud, que sustentou firmemente a ideia de que a vida é "uma organização tecida contra o movimento primário orientado para a morte",[230] vemos que a vida é da ordem de uma construção. Ela não está dada. A criança não nasce com ela. Trata-se, então, de uma operação que nos diz que para estar vivo não basta nascer, assim como não basta ser amamentado, higienizado e aquecido, por exemplo.

É preciso mais. É preciso ser chamado para a vida, ser inserido na vida — efeito do encontro com o outro materno, cujo olhar é o que faz com que seja um encontro sensível. Um olhar que não é o da visão, mas o do cuidado. Quando, por exemplo, uma mãe pede a alguém para "olhar o seu bebê" na sua ausência, ela não está pedindo para que esse alguém veja ou enxergue o seu bebê. Ela está pedindo para que fique atento a ele, para que cuide dele. Trata-se, então, de um olhar que traz consigo um investimento, uma atenção, um cuidado. As pesquisas do psicanalista austríaco René Spitz[231] sobre hospitalismo e depressão anaclítica mostram

---

[228] FERNANDES, M. H. *Corpo*. São Paulo: Casa do Psicólogo, 2011. p. 117.

[229] SZEJER, M. *Palavras para nascer*: a escuta psicanalítica na maternidade. São Paulo: Casa do Psicólogo, 1999.

[230] BIRMAN, J. Corpos e formas de subjetivação em psicanálise. *In*: ESTADOS GERAIS DA PSICANÁLISE: SEGUNDO ENCONTRO MUNDIAL, 2003, Rio de Janeiro. *Anais* [...]. Rio de Janeiro, 2003. p. 23.

[231] SPITZ, R. *O primeiro ano de vida*: um estudo psicanalítico do desenvolvimento normal e anômalo das relações objetais (1979). 6. ed. São Paulo: Martins Fontes, 1991.

NEM SEMPRE O DANÚBIO É AZUL: QUAL DESTINO PARA O INFANTIL
NO TEMPO DAS FUNÇÕES PARENTAIS TERCEIRIZADAS?

o que ocorre quando ao bebê só é dirigido o olhar de ver. Quando não vira para o lado e morre, torna-se uma criança sem história, sem lugar e, por efeito, sem sentido; uma criança sem vitalidade.[232] *Vītālĭtās* é uma palavra latina que significa força vital, energia, vigor. Na psicanálise, está associada à libido, à energia da pulsão de vida — *Eros*. Por meio dele, que entremeia todas as expressões de ternura, o outro materno desperta a sexualidade em seu bebê, desperta a vida e o ensina a amar.[233] Isso significa que a vida se transmite pelo erotismo, ou seja, "a existência seria da ordem da transmissão".[234]

Assim, nesse encontro sensível, a mãe se envolve com o pequeno corpo: seu cheiro, sua pele, seus ruídos, seus sons, seus movimentos a seduzem. Ela brinca com as dobrinhas do corpo de seu bebê, beija sua barriga, faz cosquinha, beija as pontinhas de seus dedos e pergunta: *"Cadê o toicinho que estava aqui? O gato comeu!"*. Ela cheira seus pezinhos, ri, acarinha seu bebê. Ele emite um som, e a conversa entre eles parece não ter fim. *"Cadê o narizinho do neném? De quem é essa boquinha?"* Ela abraça-o em seu colo. Ela canta para ele: *"Se essa rua, se essa rua fosse minha, eu mandava, eu mandava ladrilhar, com pedrinhas, com pedrinhas de brilhante, para o meu, para o meu amor passar"*. Ele a olha atentamente, esboça um sorriso. Ele gosta disso, e ela também.

O que está em pauta nesse encontro? Antes de tudo, a presença de um corpo vivo, impregnado de libido, cumprindo a função de erogenizar o pequeno corpo. A mãe, não se dispondo a ser uma máquina de prestar cuidados de puericultura, traz não somente a satisfação física, mas um além que, constituído pelo seu toque, seu olhar, sua voz e suas palavras, propicia a transformação do corpo funcional em um corpo erógeno. Com uma presença que transpira *Eros*, ela transmite um voto amoroso ao seu bebê. Ela o chama para a vida, retirando-o do estado de desamparo constitutivo da espécie. Vejamos como Freud nos apresenta isso.

Em seu denso escrito *Projeto para uma psicologia científica*,[235] ele tece esclarecimentos sobre a origem e o funcionamento psíquico pelo método quantitativo. Nesse momento, ele não mais mantinha a concepção de um aparelho de linguagem, tal como havia formulado no seu escrito *Sobre*

---

[232] ANSERMET, F. *Clínica da origem:* a criança entre a medicina e a psicanálise. Rio de Janeiro: Contra Capa, 2003.

[233] FREUD, 1905a/1988.

[234] BIRMAN, 1999, p. 49.

[235] FREUD, 1895/1990.

a concepção das afasias.[236] Seu pensamento se voltava para um aparelho atravessado por excitabilidades, cujas intensidades geram um desprazer ao organismo.

Apoiando-se na fisiologia do sistema nervoso e na sua forma de funcionamento, Freud demonstrou que, além de se caracterizar como um sistema receptor dos estímulos originários do exterior e dos estímulos de natureza endógena, o aparelho nervoso teria como função primordial se livrar das excitabilidades. Regido pelo princípio da inércia, sua tendência original seria a de reduzir o nível de excitabilidade a zero. Para isso, o organismo se valeria do mecanismo de descarga pela ação reflexa motora e conservaria as vias de escoamento a fim de se manter afastado das fontes de excitação — *fuga do estímulo*. Porém, esse mecanismo só funcionaria em relação aos estímulos exteriores.

Freud, então, apontou para a insuficiência do organismo humano, pois, enquanto aparelho neurônico, não consegue exercer sua função quando se trata das excitações que "se originam nas células do corpo e criam as grandes necessidades: como, a fome, a respiração e a sexualidade",[237] sendo estas precursoras das pulsões. Estas o organismo não consegue dominar pela ação reflexa motora, assim como não consegue evitá-las. É um tipo de excitação que traz consigo uma exigência de satisfação e se caracteriza como força constante. Dessa forma, ela insiste e persiste, levando o aparelho nervoso a um estado de perturbação por não dispor de outra modalidade de ação que possa regular o aumento das intensidades promovido pela força constante e que lhe gera o desprazer. Portanto, é um tipo de excitação que cessa somente mediante certas condições, que devem ser realizadas no mundo externo.[238]

É preciso, então, outra modalidade de ação para o organismo se livrar dela. Todavia, para realizar tal ação, o organismo precisaria ter um mínimo de excitabilidade. Isso significa que, na ausência total dela, o organismo não sobreviveria. Diante dessa problemática, Freud precisou rever sua proposição inicial. Como conservar o princípio de inércia se o organismo precisa de um quantum de excitabilidade para se manter vivo? Influenciado pelo pressuposto vitalista da fisiologia de Claude Bernard e tomando as exigências da vida como um imperativo, Freud considerou que:

---

[236] FREUD, S. Sobre a concepção das afasias: um estudo crítico (1891). *In*: FREUD, S. *Edição Obras Incompletas de Sigmund Freud; I*. Belo Horizonte, MG: Autêntica, 2020. p. 15-149.

[237] FREUD, 1990, p. 349.

[238] *Idem*.

> O organismo, como forma de ser da ordem vital, seria constituído como um sistema homeostático de autorregulação, no qual existiria a afirmação da vitalidade como um imperativo insofismável. A vida seria afirmativa [...]. O organismo como uma totalidade seria marcado pelos imperativos da ordem vital que, pela presença de uma força vital lhe impulsionaria para a vida. Por isso mesmo, aquele seria autorregulado nos seus automatismos fisiológicos, funcionando, pois, como uma máquina homeostática.[239]

Dessa forma, por meio da descarga pela ação reflexa motora, o organismo eliminaria apenas o acúmulo da excitabilidade, mantendo seu nível o mais baixo possível, ao mesmo tempo que se protegeria da elevação dela. Ou seja, o organismo a manteria constante. A busca do prazer e a evitação do desprazer estariam de mãos dadas com a afirmação da vida, já que não haveria uma descarga total da excitabilidade. Assim, o princípio da inércia se transmutaria em princípio da constância, que se constituiria como fundador do organismo e do psiquismo.[240] Entretanto, a questão sobre as excitações provenientes do interior do corpo — excitações pulsionais — ainda se fazia presente, já que pela ação reflexa motora não seria possível satisfazê-las.

Diante da impossibilidade de o aparelho nervoso regulá-las, a construção de outro aparelho se impõe. Como outro aparelho, o psiquismo exerce a função de dominá-las, diminuir as intensidades geradoras de desprazer para que o prazer possa ser restaurado. Portanto, diferente dos demais aparelhos, o aparelho psíquico se constitui depois do nascimento — momento em que o humano "emerge no que lhe é estrangeiridade radical, abaladora dos fundamentos do organismo"[241] e que o leva a experimentar sensações que até então não havia experimentado.

Nesse tempo em que o filhote do homem é um corpo à flor da pele, sem saber do que se trata, ele grita em uma tentativa de se livrar das excitações que lhe geram uma vivência de desprazer. Porém, seu grito, como via de descarga motora, não produz resultado aliviante, já que elas não são interrompidas. Como já vimos, é preciso que outra ação seja realizada. Essa ação Freud nomeou de *ação específica*, uma vez que ela possui a qualidade de satisfazer as excitações que, como necessidades, surgem no interior do

---

[239] BIRMAN, 2003, p. 19.
[240] FREUD, 1895/1990.
[241] VORCARO, 1997, p. 71.

organismo. Por meio dessa ação, as excitações pulsionais são suspensas, ao menos temporariamente, proporcionando uma vivência de satisfação.

Porém, ao filhote do homem não é possível realizar tal ação. A ausência de maturação biológica não lhe permite. Dessa forma, ele não pode atender às suas necessidades vitais e, consequentemente, eliminar o acúmulo de excitações que se restabelece constantemente. Na verdade, ele nem ao menos sabe de que ordem é o seu desprazer. Logo, entregue a si mesmo, o filhote do homem não tem a mínima condição de sobreviver — "a autonomia é mortal: a impotência vital de sua insuficiência adaptativa, o inacabamento anatômico do sistema piramidal e a carência de coordenação motora e sensorial constituem seu drama".[242] Aqui se revela um imperativo: para sobreviver é imprescindível o outro materno. Essa é uma condição própria e específica do humano, cabendo àquele regular as excitações pulsionais por meio de ações específicas. É para esse imperativo que Freud apontou ao afirmar que:

> Ela (a ação específica) se efetua por ajuda alheia, quando a atenção de uma pessoa experiente é voltada para um estado infantil por descarga através da via de alteração interna. Essa via de descarga adquire, assim, a importantíssima função secundária da comunicação, e o desamparo inicial dos seres humanos é a fonte primordial de todos os motivos morais.[243]

Contudo, se a alteração da situação em que o humano se encontra ao nascer depende do outro materno em realizar a ação específica, é importante destacar que ela não se traduz apenas em realizar os cuidados básicos e necessários que se tem com o pequeno corpo para que ele sobreviva, ações que qualquer um pode realizar. Mais do que isso, a ação específica implica o outro materno, já que ele se sente afetado por aquilo que afeta o bebê, uma vez que ele se sente afetado pelas manifestações desse corpo que se encontra à flor da pele. O efeito de ser afetado é o que lhe permite escutar e se ocupar da intensidade do corpo do bebê, que se dá a ver sem nenhum contorno. Quero dizer com isso que tais ações são entremeadas pela sedução materna. Elas não são feitas sem o envolvimento do outro materno, sem seu investimento libidinal, sem *Eros*. Freud deixou isso claro ao afirmar que a mãe contempla sua criança com os sentimen-

---

[242] *Idem*, p. 71.

[243] FREUD, 1895/1990, p. 370.

tos provenientes de sua sexualidade: "ela a acaricia, beija e embala, e é perfeitamente claro que a trata como o substituto de um objeto sexual plenamente legítimo".[244]

Desse modo, ao mesmo tempo que a mãe retira o seu bebê do estado de desamparo, ela possibilita a construção do psiquismo, uma vez que a ação específica juntamente à eliminação do excesso de excitação "constitui então a experiência de satisfação, que tem as consequências mais radicais no desenvolvimento das funções do indivíduo",[245] pois com base nessa vivência se estabelecem as primeiras trilhas no aparelho psíquico. Isto é, o funcionamento dele é inaugurado com a primeira experiência de satisfação, por meio da qual surgem as primeiras inscrições psíquicas, que impedem a livre circulação das excitações e, por conseguinte, a descarga total.[246]

Embora em seu *Projeto para uma psicologia científica*[247] Freud ainda não tivesse formulado o conceito de pulsão e nem mesmo feito menção à construção do circuito pulsional, vemos que ali já germinava o que ele apresentou em seus *Três ensaios sobre a teoria da sexualidade*[248] e o que mais tarde ele explorou no escrito *As pulsões e seus destinos*.[249] Assim, como um solo bastante fértil, seu projeto trouxe, em estado germinativo o que posteriormente seria determinado como a montagem da pulsão e o que se constituiria com base nela — o circuito da pulsão —, que possibilitam a experiência de satisfação e a constituição de um corpo erógeno. Isso já nos diz que o corpo do bebê não se reduz ao organismo, para cuja sobrevivência bastariam os cuidados necessários. Portanto, se nos seus três ensaios Freud nos apresentou a pulsão apenas pelo viés qualitativo, isto é, inscrita no campo das representações psíquicas, a partir de seu escrito dedicado à pulsão e seus destinos, em que o fator quantitativo passou a ser acentuado, a construção do circuito pulsional se impõe.

O que Freud começou a colocar em pauta é a dimensão intensiva do aparelho psíquico. Definindo a pulsão "como um conceito fronteiriço

---

[244] FREUD, 1905a/1988, p. 211.

[245] *Idem*, 1895/1990, p. 370.

[246] *Idem*.

[247] *Idem*.

[248] *Idem*, 1905a/1988.

[249] FREUD, S. As pulsões e seus destinos (1915). *In*: FREUD, S. *Edição Obras Incompletas de Sigmund Freud; 2*. Belo Horizonte: Autêntica, 2020. p. 15-69.

entre o anímico e o somático [...]",[250] ou seja, seria tanto a excitação que se origina de dentro do organismo quanto seu representante psíquico, ele passou a afirmar a autonomia da força ou pressão pulsional em relação aos representantes psíquicos, evidenciando a natureza da pulsão — uma natureza que é da ordem da intensidade, sendo esta sua própria essência "em decorrência de sua relação com o corporal".[251] Disso podemos extrair que o estatuto que a psicanálise dá ao corpo é de outra natureza. Não é o corpo biológico, mas origina-se dele; irradia-se e dissemina-se pelo psiquismo sem se sobrepor a ele. Com isso, o discurso freudiano fala de um corpo "pulsional", que, por ser poroso, é atravessado por intensidades e permite que elas refluam e se irradiem sobre o somático e o psíquico.[252]

Estamos aqui no polo da afetação: um polo dominado pelas intensidades, pela força da pulsão, que, na impossibilidade do organismo de dominá-la, tem como ação primordial a descarga absoluta e direta — uma descarga mortífera. Por isso mesmo, Freud pôde enunciar que a pulsão seria "como uma medida da exigência de trabalho imposta ao anímico".[253] Esse trabalho imposto ao psiquismo refere-se, então, ao domínio das intensidades pulsionais para que o prazer seja restabelecido, já que o aumento delas geraria o desprazer. Assim, por meio do circuito da pulsão, que se constituiria pela junção de seus diferentes elementos — força, alvo, objeto e fonte — configurando sua montagem, o psiquismo dominaria tais intensidades. Ou seja, a força pulsional que emerge de uma fonte somática em busca de sua satisfação seria vinculada ao objeto, por meio do qual obteria satisfação e, ao mesmo tempo, seria inscrita como representante psíquico. Portanto, pelo circuito pulsional, o aparelho psíquico, por intermédio da *vinculação* e da *inscrição*, dominaria as intensidades pulsionais.

Não demorou muito para Freud formular o conceito da pulsão de morte e, junto a ele, a formulação de um novo dualismo — pulsão de morte e pulsão de vida. Nesse momento, diante do movimento originário em direção à morte, que demonstra a impossibilidade do organismo de se autorregular, o princípio do prazer deixa de ocupar a posição originária que Freud lhe havia concedido quando descartou o princípio da inércia.[254] Assim, restaurando o princípio da inércia como originário — agora

---

[250] *Idem*, p. 25.

[251] *Idem*.

[252] BIRMAN, 2009.

[253] FREUD, 1915/2020, p. 25.

[254] *Idem*. 1895/1990.

como princípio do Nirvana —, Freud colocou o princípio do prazer como secundário.[255] Ele seria regulado pelo outro materno pela constituição da experiência de satisfação e do circuito pulsional, que impediriam a eliminação total das excitabilidades.

Essa mudança no pensamento freudiano foi marcada pelos pressupostos teóricos da biologia de Bichat, em que "a vida seria o conjunto de forças que lutam contra a morte".[256] Essa leitura da ordem da vida indica que a morte seria originária. A vida seria, assim, uma construção; uma construção que não se faz sem o outro. Ou seja, seria pelo seu investimento erótico que a vida se imporia.

> A vida humana não seria apenas algo da ordem da natureza, mas também da ordem do artifício e da construção, propiciados sempre pelo outro [...]. A vida seria, portanto, como forma, uma construção e um artifício realizados sobre o movimento do organismo voltado no fundo para a morte.[257]

Pausa para uma ilustração. Em uma tentativa de elucidar o que expus anteriormente, apresento um fragmento de uma experiência de trabalho realizado na Enfermaria da Neonatologia de um hospital da cidade de Juiz de Fora/MG.[258] Essa enfermaria destina-se aos recém-nascidos que precisam dos cuidados de uma Unidade de Tratamento Intensivo (UTI) neonatal. Antes de irem para casa, permanecem alguns dias, semanas ou, na pior das situações, meses na enfermaria. Uma equipe multidisciplinar composta de médicos, fonoaudiólogos, fisioterapeutas, psicólogos, assistentes sociais e enfermeiros acompanha cada caso. Trago como ilustração o *RN de Maria*, ou seja, o recém-nascido de Maria. Na falta de um nome próprio, a instituição o nomeia, sendo este um procedimento natural.

Tratava-se de um bebê do sexo feminino que nasceu prematuro ou, na linguagem médica, era um recém-nato pré-termo. Nasceu fora do tempo previsto, fora do tempo normal. No discurso da equipe, normalmente o significante que circulava era a falta: falta temperatura, falta peso, falta desenvolvimento muscular, falta resistência etc. Para a sua sobrevivência, era preciso completar esse tempo dentro de um "ventre artificial" (incubadora), com todo um aparato

---

[255] Idem. O problema econômico do masoquismo (1924). *In:* FREUD, S. *Edição Standard Brasileira das Obras Psicológicas Completas de Sigmund Freud*. Rio de Janeiro: Imago, 1988. v. 19. p. 175-188.

[256] BICHAT, 1994 *apud* BIRMAN, 2003, p. 22.

[257] *Idem.*

[258] Essa experiência encontra-se exposta em MENDONÇA, L. G. L. *De que sofrem as crianças, hoje?* Curitiba: CRV, 2013 e em Reis e Mendonça (2018).

artificial também. Da mesma forma, existia toda uma conduta da equipe que se traduzia não só em cuidados, mas igualmente em estímulos, visto que os exames realizados em seu corpo eram constantes: coleta de sangue, introdução de sondas e cateteres, exercícios fisioterápicos etc. Vale ressaltar que o ambiente de uma UTI neonatal e de uma enfermaria neonatal oferecem inúmeros estímulos sonoros.

A fragilidade corpórea desse bebê fazia com que a equipe ficasse presa a ela. O toque era em função das manipulações dos exames, da higiene e muitas vezes era acompanhado de urgência, o que fazia com que a palavra faltasse. Falava-se do bebê, sobre o bebê e, no entanto, ninguém falava com o bebê. Parecia que existiam apenas a temperatura, a pressão arterial, o batimento cardíaco, a respiração, enfim, parecia que existia apenas o organismo. O bebê era este corpo precário que muitas vezes estava próximo da morte. Mal ou muito mal, ele havia nascido.

A mãe, Maria, encontrava-se muito deprimida. O encontro com o seu bebê, tão distante daquele que ela havia idealizado durante a gestação, constituiu-se em um encontro traumático; um encontro em que "o real em todo o seu horror conduz o jogo".[259] Com isso, ela não conseguia investi-lo. Por viver a dor do luto de seu bebê imaginário, o investimento libidinal que seria destinado à filha retornou para ela. RN de Maria, com seu corpo excitado e tenso, apresentando perda de peso e de nutrientes — mesmo sendo alimentado por sonda nasogástrica — era quem revelava a obstrução do investimento materno. Vale dizer que Maria, por ser a mãe, era a acompanhante do bebê. Como residia em outra cidade, ela e seu bebê costumavam receber visitas somente nos fins de semana.

O quadro era esse quando a psicanalista foi inserida na equipe multidisciplinar. Durante uma reunião da equipe, a atenção da psicanalista foi despertada para o relato de uma enfermeira que havia feito plantão no fim de semana. Ao relatar sobre a visita da avó materna de RN de Maria, a psicanalista pôde escutar que ali um investimento libidinal poderia ser de fato efetivado, sustentando a importância da presença da avó. Assim, junto à mãe, a avó passou a ser a acompanhante da neta.

Nos dias que se seguiram, era comum ver a avó conversando com a neta, não sem antes escrever JOANA num pedaço de papel e colar sobre a placa onde se encontrava escrito RN DE MARIA. Era curioso observar que, enquanto era embalada no colo da avó, que costumava lhe contar histórias e cantar cantigas de ninar, Joana a acompanhava com o olhar. Esse recém-nascido que vivia entre

---

[259] MATHELIN, C. *O sorriso da Gioconda:* clínica psicanalítica com os bebês prematuros. Rio de Janeiro: Companhia de Freud, 1999. p. 65.

NEM SEMPRE O DANÚBIO É AZUL: QUAL DESTINO PARA O INFANTIL
NO TEMPO DAS FUNÇÕES PARENTAIS TERCEIRIZADAS?

o limite da vida e da morte e que era visto como não mais que um corpo, cujo funcionamento era bastante deficiente, sob o olhar da avó passou a ser visto como um bebê, já que ela pôde "ouvir o que ainda não foi dito, ver aquele que ainda não é".[260] Dessa forma, seu investimento libidinal contornava aquele organismo em que a prematuridade saía do campo da condição humana e ganhava o campo da doença; um contorno, aliás, que não se realiza sem sedução.

Embora alguns da equipe tivessem se surpreendido com o aumento de peso de Joana, a psicanalista não se surpreendeu. Ela percebia que, quando o outro dispunha de libido para investir nos bebês, rapidamente eles ganhavam peso, suportavam melhor a manipulação dos exames e respondiam à medicação. Era visível o que Jerusalinsky sustenta a respeito do desenvolvimento do bebê humano, ou seja, que ele "não opera por simples automatismo biológico".[261] Joana deixava isso às claras.

Mesmo recebendo os nutrientes diretamente no seu estômago, ela não se encontrava alimentada. Era preciso muito mais que isso. Era preciso ser alimentada pelo prazer do seu cuidador; era preciso que alguém conversasse com ela, que alguém lhe olhasse nos olhos e lhe acarinhasse. Era preciso que alguém lhe tocasse com as mãos desnudas das luvas. Era preciso o corpo a corpo. Foi isso que ela pôde experimentar no encontro com sua avó, um encontro em que seu corpo foi envolvido e embalado pelo prazer da avó, pelo seu calor, que lhe transmitia que a queria viva e que estava tudo bem. Isto é, um encontro que possibilitou a passagem do organismo para um corpo transpassado pelas pulsões, possibilitando-lhe um destino para as excitações diferente da expulsão e da descarga total.

Servi-me dessa ilustração porque ela nos mostra os efeitos do investimento erótico realizado pelo outro materno sobre aquele que inicialmente se apresenta como um organismo voltado para a morte. Intervindo contra o movimento de descarga direta, o outro materno propicia a construção de um corpo que, "como produção de territórios no campo do organismo",[262] impede a desordem originária voltada para a morte em decorrência da construção do circuito da pulsão.

O que ocorre no processo constitutivo, quando tudo corre bem no encontro entre o outro materno e o bebê, é que, com seu investimento

---

[260] LAZNIK-PENOT, M. C. Psicanalistas trabalhando em saúde pública. *In:* CONGRESSO Internacional de Psicanálise e suas Conexões (1998). *Trata-se uma criança.* Rio de Janeiro: Companhia de Freud, 1999. v. 2. p. 45-62. p. 55.

[261] JERUSALINSKY, A. *Psicanálise e desenvolvimento infantil.* Porto Alegre: Artes & Ofícios, 1999. p. 18.

[262] BIRMAN, 2003, p. 25.

libidinal, o outro materno acolhe a intensidade das excitações pulsionais que partem de uma fonte situada no organismo do bebê: a pele, a boca, o ânus, os genitais ou qualquer outra parte do corpo. Essa partida, caracterizada pelo movimento de expulsão, de descarga da força da pulsão, diz respeito à atividade da pulsão. Ou seja, a pulsão age como uma força constante e desenfreada exercida pelo corpo.

Ao se dispor como receptáculo das excitações pulsionais, o outro materno possibilita a vinculação da força pulsional ao objeto ofertado por ele, gerando uma vivência de satisfação e, dessa forma, interrompendo o fluxo originário daquela. Ou seja, há uma captura das excitações pulsionais por parte do outro materno. Por essa captura, que promove a vinculação e, por efeito, que é a experiência de satisfação, a atividade inicial da pulsão se transmuta em passividade. Essa transmutação implica uma outra, que diz respeito ao retorno da força pulsional à fonte que produziu a excitação pulsional e da qual ela foi expulsa. Enfim, em função da vinculação da força ao objeto, que impediu a descarga direta, há um retorno da força, agora ligada ao ponto do organismo de onde havia sido expulsa. Como afirma Birman:

> Seria a fonte de excitação que se delinearia assim como sendo o polo destacado deste retorno, na qual se circunscreveria uma área no organismo. Essa área seria um território corporal propriamente dito, pelo qual o corpo se produziria como uma incrustação sobre o organismo. Esse seria então ocupado pelo corpo originário, que seria sempre assim um território inscrito sobre o organismo.[263]

Como polo investidor, o outro materno, ao tomar as fontes como objeto de investimento, propicia que elas retornem ao corpo do bebê erogenizadas, isto é, ele as transforma em zonas erógenas — pontos do corpo que, por se situarem na superfície, fazendo fronteira com o exterior, permitem o contato com outro corpo estabelecendo um intercâmbio com ele. Embora no início da vida psíquica a boca, o ânus e os genitais se sobressaiam, pois recebem maior estimulação em função dos cuidados maternos e por meio deles o bebê obtém satisfação,[264] é importante deixar claro que, em função de a pulsão ser constante e contínua, esse processo não cessa. Há uma disseminação de zonas erógenas, que se incrustam

---

[263] *Ibidem*, p. 26.
[264] FREUD, 1905a/1988.

como territórios corporais no organismo.[265] Portanto, ao erogenizar o pequeno corpo, o outro materno intervém contra o movimento originário do organismo do bebê, possibilitando que as excitações sejam reguladas, tendo em vista sua vinculação ao campo dos objetos e seu retorno em direção ao organismo.

Pensemos no caso da pequena Joana. Sua mãe deprimida não conseguia fazer dela sua JOANA. Deserotizada, não lhe era possível embalar o corpo da pequenina com *Eros* e, consequentemente, instilá-lo em sua constituição. Como o corpo de um bebê não se reduz a um organismo, sendo uma construção que o une a alguma coisa que provém do outro materno,[266] Joana, na impossibilidade de poder contar com sua mãe, ainda se encontrava no "limbo",[267] ou seja, na borda da vida.[268] Foi preciso a presença da avó para resgatá-la do limbo e inseri-la na vida. Foi uma presença que a cada instante criava corpo e criava o corpo — um corpo que, banhado e embalado por um erótico que movia a avó, favoreceu outro destino para as excitações que o acometiam. O fato de a avó erogenizar a pequena Joana e nela investir maciçamente sua libido permitiu "uma transformação brusca da expulsão inicial, rearticulando-a para o organismo do infans e delineando uma mudança no rumo da força pulsional".[269]

Isso evidencia a função do outro materno: acolher o quantum das excitações pulsionais para que seu impacto, ao ser dominado, possa ter um destino diferente da descarga total. Por esse acolhimento, a força pulsional se transforma em um circuito pulsional, impedindo a perda de energia pelo organismo, visto que aquela se ordena em experiência de satisfação. Agenciado, então, por esse outro cuidador que se contrapõe à expulsão inicial das excitabilidades, o circuito da pulsão estabelece outros destinos, que podem ser considerados como modalidades de defesas contra as pulsões.[270] Assim, ao organizar o impulso numa montagem pulsional, o outro materno possibilita que se instaure a passagem da atividade à passividade, que se desdobra no retorno em direção à própria pessoa, que seriam os destinos primordiais. Esse processo constitui o autoerotismo,

---

[265] BIRMAN, 2003.

[266] LAZNIK-PENOT, 1999.

[267] Nome dado ao período de três ou quatro dias que se segue ao nascimento. "É um período incerto, porque nele deve se decidir o nascimento para a vida simbólica. Chamemo-lo de período do limbo, para significar a espécie de limiar sobre o qual ele mantém a criança na borda da vida" (Szejer, 1999, p. 133).

[268] SZEJER, 1999.

[269] BIRMAN, 1999, p. 156.

[270] FREUD, 1915/2020.

pelo qual o organismo se transforma em um corpo erógeno, permeado por marcas psíquicas advindas do outro materno.

> *Na* e *pela* constituição do corpo autoerótico seria a subjetivação e a interiorização do circuito da pulsão o que se realizaria ao mesmo tempo. O corpo autoerótico e a subjetivação do circuito da pulsão seriam as duas faces da mesma moeda, pelas quais o aparelho psíquico começaria a se *incorpar*, isto é, se transformar num corpo e a se encorpar. Pela subjetivação, o circuito da pulsão começaria a se interiorizar, deslocando-se do registro do fora para o do dentro.[271]

Entretanto, vale dizer que inicialmente a satisfação das excitações pulsionais se apoia na necessidade de alimento. Esse é um tempo em que existe apenas a necessidade. Lembremo-nos da afirmação de Freud em *Três ensaios sobre a teoria da sexualidade*:

> A princípio, a satisfação da zona erógena deve ter-se associado com a necessidade de alimento. A atividade sexual apoia-se primeiramente numa das funções que servem à preservação da vida, e só depois torna-se independente delas. [...] A necessidade de repetir a satisfação sexual dissocia-se então da necessidade de absorção de alimento.[272]

Mesmo que nesse tempo a mãe ainda não seja representada pelo bebê como objeto — menos ainda como objeto de amor, visto que nessa condição originária não há nenhuma relação com o mundo e nenhuma abertura para o ambiente tamanho o fechamento em si —, ela não só assegura a conservação da vida dele como também permite o acesso ao prazer por meio da ascensão da sexualidade.[273]

Assim, nesse tempo em que a mais primitiva satisfação sexual está atrelada à necessidade, a pulsão sexual tem um objeto fora do corpo próprio: o seio materno. Quando se separa da pulsão de autoconservação (a fome) por conta da vivência de satisfação, ela perde o objeto e se torna autoerótica. Nesse caso, o prazer obtido é pontual e circunscrito a uma zona erógena. Esse prazer Freud nomeou de "prazer de órgão". É o momento, por exemplo, em que o bebê toma uma parte de seu corpo para satisfazer sua pulsão. Ele chupa seus dedos, suas mãos, seus lábios (mesmo

---

[271] BIRMAN, 2009, p. 127, grifos do autor.
[272] FREUD, 1905a/1988, p. 171.
[273] FERNANDES, 2011.

que por meio da chupeta). Sua excitação sexual é apaziguada no mesmo local em que nasceu, isto é, a fonte e o objeto da satisfação se encontram fundidos nesse corpo erógeno, que se constitui pela multiplicidade das zonas erógenas. O corpo autoerótico, que corresponde ao eu originário, caracteriza-se como dispersivo e fragmentado, já que as zonas erógenas são autônomas e independentes.[274] Daí Freud ter afirmado que "o ego é, primeiro e acima de tudo, um ego corporal",[275] indicando com isso a dimensão da sensorialidade nos primórdios do psiquismo.

Somente mais tarde o corpo é unificado, quando não somente sua superfície, mas ele como um todo é tomado como uma zona erógena, e as pulsões sexuais, que se encontravam isoladas, reúnem-se em uma unidade e se dirigem para um único objeto: o eu. Ou seja, quando a erogeneidade se estende por todo o corpo — visto como si mesmo —, ele é tomado como objeto de amor. Isso quer dizer que, na passagem de um tempo ao outro, há uma mudança na economia sexual que Freud enunciou da seguinte forma: "Podemos decidir e, então, considerar a erogeneidade como uma característica geral de todos os órgãos e, então, podemos falar de um aumento ou diminuição dela numa parte específica do corpo".[276] Além disso, como o modo de satisfação autoerótica não aplaca o desprazer causado pelo impulso e pela necessidade, uma abertura se estabelece em relação ao mundo externo. Porém, é uma abertura sustentada pela lógica de que o que é bom (prazer) diz respeito a si, e o que não é bom (desprazer) está relacionado ao mundo. Por essa oposição *prazer-meu/desprazer-não-meu*, o eu começa a se desenvolver — um eu narcísico ou um eu prazer, fruto do narcisismo primário.[277]

Quero destacar que, se para a constituição do autoerotismo e seus correlatos (corpo autoerótico e eu originário), o acolhimento do outro materno é imprescindível, visto ser ele o responsável pela construção do circuito da pulsão e sem o qual a força da pulsão é descarregada, a mesma condição existe para a constituição do narcisismo e seus correlatos (corpo unificado e eu narcísico): essa passagem também depende do investimento erótico do outro. O corpo unificado é a resultante de um contorno que se dá em razão da erogenização do outro materno. Por esse contorno, o corpo se organiza como uma imagem totalizada, que se constrói por meio dos

---

[274] FREUD, 1905a/1988.

[275] FREUD, 1923a/1987, p. 39.

[276] *Idem*, 1914/2004, p. 91.

[277] *Idem*.

traços que constituem o narcisismo das figuras parentais. Freud deixou isso bem claro ao afirmar que o amor dos pais pelo filho, no fundo tão infantil, é o narcisismo renascido de cada um deles. Mesmo que tenha sido transformado em amor objetal, não deixa de revelar sua antiga natureza.

Sua majestade, o bebê é a expressão usada por ele para se referir à imagem supervalorizada e, portanto, idealizada que as figuras parentais conferem ao seu bebê. Por essa idealização, o eu do bebê se constitui como um eu ideal, configurando o amor de si. O que está em pauta nessa operação é o fato de a subjetividade infantil ser uma invenção das figuras parentais, ou seja, "é o adulto que, no seu imaginário, pressupõe um psiquismo, fazendo advir um sujeito".[278] O bebê é mais que um bebê: ele é construído com base em uma ilusão, em uma fantasia dos pais em que ele será a realização de todos os sonhos deles. Entretanto, a distância existente entre a criança sonhada e a criança real, quando reconhecida pelos pais e pela própria criança, colocará fim à ilusão parental e à onipotência infantil. Isso é muito bom, pois essa distância, por menor que seja, permite com que mais tarde possam ser constituídos o corpo-realidade (eu-realidade definitivo), o ideal do eu e o amor do outro, determinantes da abertura do sujeito à alteridade, em virtude de um relativo esvaziamento do amor de si.

Todo esse processo tem como pano de fundo a intensidade das excitações que, caracterizada pelo aspecto impositivo e irruptivo, aponta para uma experiência de morte que afirma a condição primordial e originária de desamparo do humano nascente, pela qual ele é marcado. Isso significa que a subjetividade se constitui a partir dessa experiência originária, porém não sem o acolhimento do outro materno. Como operador fundamental na construção do circuito pulsional e, consequentemente, na construção de um corpo erógeno, o outro materno possibilita a inserção do pequeno humano nos registros imaginário e simbólico, realizando um contorno à experiência originária de morte e produzindo as bases para a constituição de sua subjetividade.

Assim, se nos primórdios da vida o bebê é um corpo afetado pela intensidade dos fluxos pulsionais, que inicialmente são dispersos, com os cuidados que lhe são dispensados, em que ele é objeto de investimento

---

[278] PINHEIRO, T.; HERZOG, R. Impasses na clínica psicanalítica: a invenção da subjetividade. *In:* ESTADOS GERAIS DA PSICANÁLISE: SEGUNDO ENCONTRO MUNDIAL, 2003, Rio de Janeiro, *Anais* [...]. Rio de Janeiro, 2003. p. 2.

daquele que em seguida será seu objeto primordial — o outro materno —, ou seja, com a infusão de *Eros*, que lhe serve de ancoragem, os fluxos pulsionais tornam-se integrados e sua vida começa a ser tecida.

2.3 Envelopando o corpo à flor da pele

Com seu ensino, Lacan formulou que "o inconsciente é, no fundo dele, estruturado, tramado, encadeado, tecido de linguagem".[279] Essa fórmula se tornou clássica como o inconsciente é estruturado como uma linguagem. Esta, que é anterior ao sujeito e que o determina em sua constituição, Lacan definiu como Outro — lugar do significante,[280] em relação ao qual o sujeito precisará vir a se situar. Isso significa que, quando nascemos, chegamos em um mundo de linguagem, encontramos um mundo organizado por ela. E, para que o habitemos, será preciso uma operação que primeiramente faz com que sejamos habitados pela linguagem.

Pensar no processo de constituição subjetiva em Lacan requer que pensemos no encontro de dois campos heterogêneos. De um lado, o filhote do homem, um ser vivo cuja existência se traduz como um organismo dotado de fatores genéticos, aspectos anatômicos e fisiológicos, conjunto de reflexos arcaicos; do outro, a ordem Simbólica: leis, código de comunicação (língua), conjunto de costumes, regras e sistemas de parentesco que são transmitidos de uma geração à outra. Temos a cultura, que, como uma organização, traduz-se em uma estrutura de linguagem que captura esse organismo.

> Nesta estrutura de linguagem, há o acesso a um sistema de *representações*, no qual as palavras nomeiam os objetos, as pessoas, os fenômenos, distanciando-os de sua pura realidade. Através das combinações das palavras, que obedecem às leis estruturais da linguagem, [...] o homem será capaz de encontrar significação para si mesmo, para os outros e para o mundo pleno de objetos que o rodeia, mesmo que não seja possível simbolizar tudo.[281]

É por meio dessa estrutura que entramos na condição humana, que saímos de um registro somente biológico e somos inseridos no campo

---

[279] LACAN, J. *O Seminário, livro 3*: As psicoses (1955-56). Rio de Janeiro: Jorge Zahar, 1998. p. 139.

[280] *Idem*. Diretrizes para um congresso sobre a sexualidade feminina (1960). *In*: LACAN, J. *Escritos*. Rio de Janeiro: Jorge Zahar, 1998. p. 734-745.

[281] BERNARDINO, 2006, p. 24, grifo do autor.

das significações, que nos permite indagar sobre o mundo e sobre nós mesmos. Para isso é preciso haver um encontro.

> Palavras não vivem sem carne. Elas precisam de um corpo para se alimentar e saberem vivas. Freud demonstrou que palavras quebram ossos, acontecimento inexistente no terreno animal. Nos animais, o mundo interno estrutura-se em harmonia com o mundo externo. No mundo humano, a linguagem arranca-os desta 'harmonia' dividindo e fragmentando o corpo. Deixado por conta de seu funcionamento biológico, o corpo funcionaria – e funciona – bem. Mas, com a entrada da palavra, desvio inaugural, algo se processa e retira o homem da pura organização biológica, introduzindo-o na fragmentação pulsional.[282]

Porém, como ocorre o encontro entre esses dois campos? De que forma o filhote humano — puro ser vivo, organismo — é capturado pela linguagem, condição para que ele se transforme em um bebê? Antes de abordarmos tais questões, vale sublinhar que por esse encontro ocorre a desnaturação do homem; entretanto, nem tudo no homem será simbolizável, já que há sempre algo no corpo que não é simbolizável, da mesma forma que o próprio simbólico não abarca toda a natureza. Foi por essa razão que Lacan propôs considerar um registro real, para situar o que da realidade, da natureza, do corpo não é simbolizável, mesmo que não deixe de ter efeitos.[283] Posto isso, voltemos às questões.

Salvo os casos em que a mãe não reconhece o seu estado gestacional, vindo a saber dele somente no ato de parir, o bebê, antes de chegar ao mundo, já é falado. Sua chegada desfaz a organização familiar que de algum modo se encontrava estabelecida; ela altera as posições de seus membros: se é o primeiro filho, inaugura em seus genitores os exercícios da maternidade e da paternidade, em que são atravessados constantemente pelas questões "O que é ser mãe?", "O que é ser pai?". Sabemos que elas não se esgotam com o primogênito: para cada filho elas se impõem, visto que com cada um nascem uma mãe e um pai. Se aquele que acabou de nascer não é o primogênito, ele altera a posição de seus irmãos — agora ele é o caçula. Junto a isso, seu sexo, suas feições, a história da gravidez, do parto, do puerpério formam um conjunto que determinará como será esperado, como será acolhido, como será cuidado, como suas manifestações

---

[282] BARROS; OLIVEIRA, 2004, p. 97.
[283] BERNARDINO, 2006.

serão interpretadas; enfim, não é de outra forma que o filhote humano passa a ocupar um lugar na família cheio de determinações simbólicas e, por efeito, uma posição subjetiva.

> Portanto, é ao ocupar esse lugar que ele se encontrará com a estrutura, a cultura que comporá sua humanidade. No seio da estrutura familiar ele receberá a transmissão de uma língua, das tradições e costumes de sua comunidade, das leis que a regulam, além do desejo familiar, inconsciente, a seu respeito. Desta combinatória resultará um produto: sua subjetividade, seu desejo próprio.[284]

Essas considerações indicam que "o homem cresce – faz seu crescimento – tão imerso num banho de linguagem quanto no chamado meio natural".[285] Esse banho de linguagem, que possibilita a imersão do filhote do homem em um universo cultural e simbólico que é preexistente a seu nascimento, "o determina antes mesmo que ele nasça. Isto, por intermédio do desejo no qual seus pais o acolhem como um objeto, queiram eles ou não, privilegiado".[286] Somente por esse banho de linguagem é possível ao filhote do homem ascender à condição de bebê.

Assim, não se herda apenas a genética, mas se "herda também – simbolicamente – os acontecimentos, as experiências significativas vividas por seus familiares e antecedentes, a cuja história vem dar continuidade".[287] Trata-se de uma transmissão que "se dá por via inconsciente, levando eus antigos a criarem raízes na carne e a darem a dimensão do corpo e da existência".[288] Mesmo não tendo ainda sua própria função simbólica, vemos que o filhote do homem chega ao mundo marcado simbolicamente, o que faz com que as primeiras linhas de sua história já estejam traçadas.

Porém, se a transmissão da herança genética se dá de forma direta, a transmissão da herança simbólica se dá por meio de uma operação que pode ser bem-sucedida ou não. Assim, o fato de existir uma ordem simbólica preexistente ao sujeito, em que seu lugar fica antecipado em sua rede de significantes, não quer dizer que ele já esteja constituído. A linguagem

---

[284] *Idem*, p. 27.

[285] LACAN, J. Pequeno discurso no ORTF (1966). *In:* LACAN, J. *Outros Escritos.* Rio de Janeiro: Jorge Zahar, 2003. p. 221-231. p. 228.

[286] *Idem*.

[287] BERNARDINO, 2006, p. 27.

[288] BARROS, R. M. M. (org.). *Subjetividade e educação:* conexões contemporâneas. Rio de Janeiro: Contra Capa, 2009. p. 30.

não se inscreve por si só: é "necessária uma operação sofisticada e, ao mesmo tempo, delicada para que a massa de carne se torne corpo e nele habite um sujeito".[289] É preciso um elemento operador que teça a ordem simbólica no corpo real do organismo. Esse elemento é o desejo parental. É em razão dele que a estrutura simbólica fará marca no corpo do filhote humano e o sujeito inconstituído se alienará ao Outro. Em outras palavras, "o ser vivo é forçado *a se fazer* com o que há de desejante na linguagem.[290]

Contudo, mesmo que a alienação seja fundamental, "nessa lógica do *fazer-se com a linguagem* pode haver renúncias e fracassos".[291] Ao que diz respeito à renúncia, pode-se escolher pela não alienação à linguagem e permanecer em um estado em que não há diferenciação entre dentro e fora — bebê e ambiente[292] são um só. Enganchado sob a viga do seio, o filhote do homem estabelece com este uma condição parasitária, visto que o seio é, nesse momento, parte dele, parte interior do sujeito inconstituído, e não do corpo da mãe: "está pendurado no corpo de quem suga, e não de quem é sugado, posto que nada diferencia, para a criança, a alteridade".[293] Enfim, salientando a premissa lacaniana de que a subjetividade se constitui em torno de um buraco, de um furo, de uma falta primordial, que fundaria o desejo, pode-se escolher pela não alienação à linguagem permanecendo em um estado em que não é admitida a falta no ser; permanecer em um estado em que impera a plenitude do ser ou, dito de outro modo, em que impera a onipotência primordial.

Sendo o filhote do homem um ser de necessidade, quem o acolhe satisfazendo suas necessidades é um ser de linguagem. Este, além de trazer o alimento, traz palavras, significantes. E o filhote humano mama, com o leite, as palavras de sua mãe. Por efeito, o cálido fluir do leite materno satisfaz a necessidade do real orgânico, mas não só dele. A satisfação da necessidade produzida deixa marcas que são registradas como traço mnêmico, de tal forma que, em um segundo momento em que o organismo for afetado na sua homeostase, o filhote humano buscará repeti-la alucinando o objeto. Como este não suspende o desprazer vivenciado, advém ao filhote humano a percepção de que o objeto lhe falta e, con-

---

[289] *Ibidem*, p. 28.

[290] VORCARO, A. M. R. *Crianças na psicanálise*: clínica, instituição, laço social. Rio de Janeiro: Companhia de Freud, 1999. p. 23, grifo do autor.

[291] *Ibidem*, p. 26, grifos do autor.

[292] Por ambiente, estamos nos referindo ao corpo da mãe — o seio.

[293] VORCARO, 1997, p. 74.

sequentemente, a percepção da diferenciação entre dentro e fora — fim da completude do ser, da onipotência primordial, perda de gozo do ser e instauração da falta-a-ser.

Lacan afirmou que "tudo surge da estrutura do significante".[294] É porque isso faz um corte na plenitude do ser que a falta no ser se instala. Ou seja, a linguagem promove uma perda: a perda da plenitude do ser. O significante institui um corte que faz um furo no real — no sentido do infinitamente pleno —, levando à perda de *das Ding* — a Coisa. Esse é um termo freudiano para nomear o que é inominável e apreensível do outro que promoveu a primeira experiência de satisfação, pela qual o desejo foi fundado e que se caracteriza como o objeto perdido. Assim, o que se perde do real é a Coisa. Por se referir a um tempo mítico em que não existe a falta, a falta da Coisa, o reencontro com esse objeto é sempre buscado. Lacan nomeou essa falta de objeto:

> Este objeto, que de fato é apenas a presença de um cavo, de vazio, ocupável, nos diz Freud, por não importa que objeto, e cuja instância só conhecemos na forma de objeto perdido, a minúsculo. O objeto a minúsculo não é a origem da pulsão oral. Ele não é introduzido a título de alimento primitivo, é introduzido pelo fato de que nenhum alimento jamais satisfará a pulsão oral, senão contornando-se o objeto eternamente faltante.[295]

Como causa do desejo, o objeto *a* "funciona como um verdadeiro motor da estrutura, como causa da própria estrutura do desejo".[296] Apresentando-se nas dimensões real, simbólica e imaginária, o objeto *a* é acessível apenas enquanto palavras e imagens — articulação pelo sujeito em sua fantasia inconsciente —, ou seja, nas dimensões simbólica e imaginária, sendo sua dimensão real (pura falta) inacessível por estar fora do registro do simbólico.[297] Dessa forma, o objeto *a* em sua dimensão real (*das Ding*) é, conforme esclareceu Lacan:

> Essa Coisa, o que do real – entendam aqui um real que não temos ainda que limitar, o real em sua totalidade, tanto o real que é o do sujeito, quanto o real com o qual ele lida

---

[294] LACAN, J. *O Seminário, livro 11*: Os quatro conceitos fundamentais da psicanálise. (1964). Rio de Janeiro: Jorge Zahar, 1998, p. 196.

[295] *Ibidem*, p. 170.

[296] JORGE, 2000, p. 140.

[297] JORGE, 2010.

como lhe sendo exterior – o que, do real primordial, diremos, padece do significante.[298]

Voltemos à escolha pela linguagem que instaura no sujeito uma falta — falta-a-ser. Nela, "a possibilidade de ser implica, num primeiro momento, ser no Outro, implica encarnar em seu corpo o que concerne ao desejo deste Outro encarnado",[299] restando àquele que está por se constituir subjetivamente ocupar o lugar que lhe concebem, corresponder ao sentido que lhe dão e tomar para si a imagem com que lhe cobrem. Trata-se, portanto, de uma escolha *forçada*.[300] Se se entra na linguagem, perde-se a plenitude do ser. Mantendo-se fora dela, perde-se a vida como sujeito.[301]

Entretanto, essa operação implica o outro também, e então pode haver um fracasso da sua parte. Para ingressar na linguagem, é imprescindível a mediação do outro não apenas como semelhante, mas como representante do campo simbólico. Eis o Outro primordial[302] que, como Outro encarnado, tem um papel decisivo na constituição subjetiva, já que o exercício de sua função promove o estabelecimento de um laço simbólico que permite ao filhote do homem sair de um estado de puro ser (gozo do vivo) e entrar na ordem Simbólica.

Vale sublinhar que o gozo do vivo é constituído por tudo o que o filhote do homem traz ao nascer — o "isso", como Freud denominou. Lacan chamou esse gozo de "fundamental ou de mortal. [...]. Esse gozo toma emprestado o caminho em direção à morte".[303] Essa compreensão leva à observação feita por Vorcaro, que remete à pontuação de Lacan sobre o fato de que nada se sabe em relação ao gozo do ser, uma vez que, "sem a mediação significante, vivo e gozo se equivalem".[304] Segundo a autora, há uma imposição da alteridade que implica a perda do ser; portanto, numa escolha forçada. Assim, não é sem a mediação da alteridade que o filhote do homem é inserido no campo da linguagem. Sem essa mediação, o organismo sendo conduzido meramente pelo fluxo de vida, puro ser, sem

---

[298] LACAN, J. *O Seminário, livro 7:* A ética da psicanálise. (1959-60). Rio de Janeiro: Jorge Zahar, 1997. p. 149.

[299] JERUSALINSKY, J. *Enquanto o Futuro não Vem* (2002). A Psicanálise na Clínica Interdisciplinar com Bebês. Salvador: Ágalma, 2005.

[300] LACAN, 1964/1998.

[301] *Idem.*

[302] *Idem*, 1956-57/1995.

[303] HOFFMANN, C. O sujeito e seus modos de gozo. Ágora: Estudos em Teoria Psicanalítica [online], Rio de Janeiro, v. 15, n. 1, 2012. p. 11.

[304] VORCARO, A. M. R. Sobre o tempo, estímulo e estrutura (Prefácio). *In:* JERUSALINSKY, J. *Enquanto o Futuro não Vem.* A Psicanálise na Clínica Interdisciplinar com Bebês. Salvador: Ágalma, 2002. p. 12.

sentido, está excluído da alteridade, e a vida não é possível. Sua condição de insuficiência o mata. É porque a alteridade opera a perda do gozo do ser, inserindo-o na linguagem, que ela, alteridade, se torna possível.

> Guiado pelo que implica a intervenção de uma alteridade que o significa, opera-se a morte do puro instinto, que se desfalca de sua plenitude. Escolha, portanto, sem escolha, que sobredetermina sua inserção no campo da linguagem, ou seja, seu fluxo vital, manifesto em grito, ganha os atributos diferenciais que um outro lhe confere.[305]

Essa operação implica a estrutura desejante daquele que exerce a função materna, na qual se presentifica "um interesse particularizado" endereçado ao bebê. Por sua condição desejante em relação ao bebê, a mãe — não necessariamente a biológica e nem necessariamente uma mulher — é quem ocupa o lugar de Outro primordial, devido ao seu desejo não anônimo, no qual "a criança *realiza* a presença como objeto *a* na fantasia materna".[306] Assim, é a partir do desejo não anônimo que a estrutura simbólica vai fazer marca no corpo do filhote humano, inscrevendo seus circuitos pulsionais. Com isso, a mãe se torna o Outro *primordial* não apenas por ser o *primeiro*, mas por ser *essencial*. É o desejo não anônimo, inscrito no psiquismo materno, que tece o laço simbólico que sustenta as operações primordiais da constituição do psiquismo. Portanto, por ser capturado pelo desejo da mãe, assujeitando-se a ele, o filhote do homem, que não é indiferente ao desejo, escolhe a linguagem se alienando dela, não sem antes ter a percepção da falta em razão da perda de um objeto da mãe, que era percebido como pertencente a ele. Essa falta lhe causará o desejo do desejo do Outro primordial.

Tudo isso evidencia que a chegada de um bebê ao mundo vai além do ato de ser parido, em função de ele chegar em um cenário imaginário e em um contexto simbólico resultantes da tramitação da sexualidade, da história libidinal e da resolução edípica de sua mãe, o que mostra que a relação mãe-bebê está longe de ser uma relação natural, da mesma forma que não é uma relação dual.[307]

Partindo da formulação freudiana de que a criança simboliza o falo para a mãe, Lacan afirmou que a relação entre a mãe e a criança não é

---

[305] VORCARO, 1997, p. 72.

[306] LACAN, 1969/2003, p. 370, grifo do autor.

[307] JERUSALINSKY, J. *A criação da criança*: brincar, gozo e fala entre a mãe e o bebê. Salvador: Ágalma, 2014.

dual, uma vez que entre elas existe um terceiro termo: o falo, objeto de desejo da mãe. Seguindo as coordenadas freudianas, ele afirmou que, "se a mulher encontra na criança uma satisfação é, muito precisamente, na medida em que encontra nesta algo que atenua, mais ou menos bem, sua necessidade de falo, algo que a satura".[308] Ou seja, a mãe investe o filhote do homem no lugar de signo de seu desejo, substituindo *falta por bebê*. Não é por outra razão que a mãe dá ao seu bebê a possibilidade de vir a ser que não seja o de enlaçá-lo na metáfora que o toma como objeto de seu desejo.

Ser o objeto do desejo materno é o ponto de partida que permite com que uma primeira dimensão de ser se constitua para a criança — uma dimensão que se define primeiramente "pelo significante do desejo da mãe que se encarna no falo. Esse falo que preexiste ao sujeito é o significante do desejo da mãe".[309] A necessidade de se sentir amada e desejada, consequentemente protegida contra o desamparo, leva a criança a se identificar com o objeto que a mãe deseja. É uma identificação fálica, que lhe assegura um lugar de existência no desejo do Outro. Se a ausência da mãe é vivida pela criança como falta de amor, tornar-se ilusoriamente o objeto que causa o desejo dela é garantir, então, a presença dela; é se assegurar de seu amor.[310] Portanto, entre a mãe e a criança existe o desejo da mãe, que é fundamental para a constituição da subjetividade.

Faz-se necessário salientar que o que está implicado aqui não é o fato de a criança ter sido mais ou menos satisfeita, já que a relação dela não é com um objeto que a satisfaça ou não em sua necessidade. Como a relação dela se constitui com o desejo do Outro primordial, o que se sublinha é o fato de ter sido, antes de seu nascimento, uma criança desejada ou não. Lacan afirmou que "esse termo é essencial. É mais essencial do que ter sido, neste ou naquele momento, uma criança mais ou menos satisfeita. A expressão criança desejada corresponde à constituição da mãe como sede do desejo".[311]

Ainda dentro desse raciocínio, o autor fez referência aos sujeitos "mais ou menos caracterizados pelo fato de terem sido filhos não dese-

---

[308] Lacan, 1956-57/1995, p. 71.

[309] Hoffmann, 2012, p. 10.

[310] ZALCBERG, M. *A relação mãe e filha*. 7. ed. Rio de Janeiro: Campus, 2003.

[311] LACAN, J. *O Seminário, livro 5*: As formações do inconsciente (1957-58). Rio de Janeiro: Jorge Zahar, 1998. p. 268.

jados",[312] como aqueles que apresentam "o caráter específico da reação terapêutica negativa, sob a forma do irresistível pendor para o suicídio",[313] materializado na vida por fenômenos autodestrutivos. Parece que o que está em jogo aqui é a prevalência da pulsão de morte no psiquismo, isto é, a prevalência de o "voltar ao repouso das pedras".[314] Zalcberg, apoiando-se nos ensinamentos de Lacan, traz um esclarecimento bastante próximo das palavras do psicanalista francês:

> Quando o falo representado pela criança não agrada à mãe, ou não lhe convém, é a própria existência da criança que fica em suspenso, pois não encontra insígnias para fundamentar seu ser. É o que acontece quando a criança procura sua imagem fálica no olhar da mãe e não a encontra; surge, então, um sentimento de estranheza, de angústia. Para a criança destituída desse começo que lhe dá uma primeira identificação – ser o objeto do desejo do Outro – castração e morte estão associados ou se implicam mutuamente em seus pensamentos. Não é isso que a criança lê no olhar da mãe – ser tudo ou nada?[315]

Isso leva a crer que o desejo do Outro primordial, elemento formador da fantasia, funciona como um escudo protetor no que diz respeito à pulsão de morte. Sobre isso, caminho com Jorge.[316] Em seu escrito, ele aborda a relação que Lacan fez entre o gozo e a pulsão de morte de forma bem esquematizada; uma esquematização que não encontramos na obra lacaniana, já que as formulações sobre o gozo, além de atravessar boa parte de sua obra, sofrem modificações. Assim, servindo-me dessa esquematização, extraí o que considero de mais importante para a minha temática.

Partindo da indicação de que toda pulsão é pulsão de morte, o autor apresenta um esquema em que postula a existência de um único vetor da pulsão, que, caracterizada pelo imperativo da satisfação plena, dirige-se à *das Ding* em sua busca. Embora este seja um objeto perdido, não significa que a pulsão deixe de buscá-lo. Ela insiste e persiste, justificando sua força constante. É para "a Coisa" que o vetor se dirige. Devido à sua inexistência, o que a pulsão recebe é o objeto que lhe satisfaz apenas parcialmente. Esse movimento da pulsão rumo à *das Ding* Freud nomeou

---

[312] *Ibidem*, p. 254.

[313] *Idem*.

[314] *Ibidem*, p. 252.

[315] ZALCBERG, 2003, p. 92.

[316] JORGE, 2000.

de "morte", e Lacan, de "gozo". Ou seja, "Gozo é, precisamente, o nome que Lacan deu à morte, tal como ela foi introduzida por Freud em 'Mais além do princípio de prazer'".[317]

Com essa definição, o autor demonstra que, conforme o ensino de Lacan avançava, a categoria de gozo evoluía, adquirindo mais importância. Se em um primeiro momento o gozo estava articulado à satisfação da pulsão e não à satisfação de uma necessidade, em um tempo posterior, ele passa a ser relacionado com a pulsão de morte. Isto é, se o gozo absoluto — mortífero — não se inscreve na estrutura psíquica, já que não possui representação, tal como a morte, o gozo fálico — sexual, parcial e limitado — "é uma espécie de presentificação da morte em vida"[318] que oferece ao sujeito, de forma pontual, um brevíssimo acesso à morte.

> Todo sujeito é movido, no fundo, por esse vetor mortífero. O empuxo-ao-gozo é precisamente o sentido desse vetor na direção da morte, concebida por Freud como a anulação radical das tensões internas experimentadas pelo organismo vivo e pelo aparelho psíquico. Esse empuxo-ao-gozo é um empuxo à morte, aquela tendência do princípio de Nirvana de zerar as tensões internas de forma absoluta.[319]

Isso indica a importância da fantasia. Ela serve de freio ao empuxo--ao-gozo ilimitado, "um empuxo à morte, aquela tendência do princípio de Nirvana de zerar as tensões internas de forma absoluta",[320] justamente porque erotiza a pulsão de morte. Dessa maneira, a pulsão originária, ao ser erotizada, torna-se pulsão sexual, e o gozo, que era mortífero, transforma-se em um gozo sexual — gozo fálico. Porém, essa operação ocorre por efeito da presença do Outro primordial, por efeito do desejo não anônimo da mãe. É porque a mãe erogeniza o corpo de seu bebê, produzindo as inúmeras zonas erógenas, que "aquilo que era apenas furo no real do corpo passa a ser borda constituída por linguagem e ligada a alguma imagem".[321] Não é de outro modo que "o gozo, que antes invadia todo o corpo, passa a ser escoado — poder-se-ia dizer filtrado — exclu-

---

[317] *Idem*, p. 137.

[318] *Ibidem*, p. 140.

[319] *Idem*.

[320] *Idem*.

[321] *Ibidem*, p. 143.

sivamente pelos furos desse corpo, tornando-se gozo fálico, isto é, gozo atravessado e limitado pela linguagem".[322]

Assim, o fato de a criança se constituir ou não enquanto objeto de desejo da mãe fará toda a diferença na sua constituição subjetiva, pois é em razão desse lugar que um investimento erótico é derramado sobre ela: um investimento que, como Freud bem assinalou, desperta a pulsão sexual,[323] cujo potencial fará frente ao gozo mortífero — gozo ilimitado inerente à pulsão de morte.

> O amor e o desejo do Outro são responsáveis pelo desejo de viver e pelo florescimento, na criança, da pulsão de vida. Assim, aparentemente de modo paradoxal, é da pulsão de morte que, por ação do amor e do desejo do Outro, nasce a pulsão de vida. Pois, ao nascer, a criança está muito mais próxima do não-ser do que do ser ao qual ela acaba de advir; ela está atravessada pela pulsão de morte, da qual, sob a incidência do amor e do desejo de vida proveniente do Outro, nascerá pouco a pouco a pulsão de vida. A criança adquire assim, gradativamente, bons motivos para querer viver, sua pulsão de vida cresce e amplia seu domínio de ação.[324]

Dessa forma, o autor esclarece que, por meio da fantasia amorosa do Outro primordial, o corpo do bebê é investido narcisicamente e, por isso, ela constitui a primeira forma de erotismo que o envolve, mesmo na condição de objeto do amor e do desejo do Outro. Ela, a fantasia do Outro primordial, protege-o da tendência autodestrutiva, protege-o do gozo mortífero.

> É da fantasia do Outro parental que provêm os elementos que vão desencadear no sujeito em constituição tendências que serão marcantes para o decorrer de sua vida. A fantasia amorosa do Outro parental, e o desejo que ela sustenta ao erogeneizar o corpo do bebê e nele investir maciçamente sua libido, produz um aplacamento da pulsão de morte e traz uma grande porção desta ao âmbito do princípio de prazer.[325]

É com sua fantasia que a mãe constitui o laço simbólico com o bebê, laço que, de um lado, conta com a subjetividade dessa mulher e, do outro,

---

[322] *Idem.*

[323] FREUD, 1905a/1988.

[324] JORGE, 2010, p. 161.

[325] *Ibidem*, p. 165.

com as aptidões do corpo real do recém-parido.[326] Assim, é no encontro entre a mãe e o filhote do homem, quando tudo corre bem, que um laço atravessado pelo desejo da mãe se estabelece, articulando o gozo do vivo à estrutura linguageira que eleva aquele à condição de bebê.

É fato que a ausência de um saber instintivo leva o bebê a depender radicalmente do saber do Outro primordial não apenas para a sua sobrevivência, mas para que aquilo de que ele padece em seu corpo possa ser representado. Isso significa que o filhote do homem, além do desamparo motor, encontra-se em um desamparo simbólico. Essa condição em que ele se encontra leva a mãe a acolhê-lo. Ela lhe propicia as experiências de satisfação e, simultaneamente, coloca-o em rede com um saber simbólico para o qual ele vai produzindo respostas ao longo de sua constituição.

Assim, a mudança de sua condição é escolha feita por um outro, que tomará ou não o organismo sob seus cuidados. A mãe, ao acolher os fatores constitucionais ou o real do organismo do bebê, estabelece um funcionamento corporal subjetivado por meio dos cuidados dirigidos a ele. Ela possibilita que as manifestações corpóreas, enquanto automatismo orgânico, sofram um apagamento para retornar em outro momento marcadas pelas inscrições primordiais. Manifestadas como reflexos arcaicos, por exemplo, a busca pelo seio, sucção e deglutição, elas se transformam em ato voluntário do bebê, enlaçado em uma organização simbólica/imaginária. Portanto, "é a partir desta transformação, que o bebê será enredado numa rede significante, alienado a ela".[327]

Entretanto, a forma como a mãe toma as manifestações do organismo faz grande diferença para as inscrições primordiais, visto que imprimirá as particularidades no funcionamento de suas diversas funções. Não é por acaso que encontramos bebês mais chorosos ou menos chorosos, mais "gulosos" ou mais inapetentes, mais dorminhocos ou com "sono de mosquinha",[328] mais tranquilos ou mais inquietos — esses modos são efeitos do encontro do organismo com as marcas simbólicas produzidas pelo Outro primordial: "é neste laço com o Outro, com sua cadeia de significantes, que as funções do organismo poderão vir a se inscrever como funcionamento erógeno".[329]

---

[326] JERUSALINSKY, 2014.

[327] SANSON, J. C. Mais uma vez, as inscrições primordiais. *In*: BERNARDINO, L. F. (org.). *O que a psicanálise pode ensinar sobre a criança, sujeito em constituição*. São Paulo: Escuta, 2006. p. 57-66. p. 64.

[328] Expressão comumente usada pelas mães aos bebês que acordam com frequência.

[329] JERUSALINSKY, 2002, p. 156.

NEM SEMPRE O DANÚBIO É AZUL: QUAL DESTINO PARA O INFANTIL
NO TEMPO DAS FUNÇÕES PARENTAIS TERCEIRIZADAS?

Contudo, para que o processo de subjetivação ocorra, é preciso que a mãe suponha a existência de um sujeito (bebê) onde há apenas um organismo (filhote do homem). É porque ela o toma como objeto suplente de sua falta imaginária que as manifestações desse organismo, regidas pelos automatismos dos reflexos arcaicos, serão tomadas como produções de um sujeito, para as quais ela empresta a palavra. Mais do que isso, ela as toma como dirigidas a ela e as transforma em mensagens. Essa é uma das operações fundamentais sustentadas pelo Outro primordial. Com a *suposição de sujeito* e com a inscrição de seus efeitos, efetivamente o bebê começa a demandar. Ou seja, há o *estabelecimento da demanda* como resultante do sentido dado pela mãe às ações involuntárias do organismo e que ela traduz em palavras, produzindo, assim, "o engaste que possibilita que os aspectos constitucionais do bebê sejam sustentados em uma rede significante a partir da qual podem fazer algum sentido".[330] Vale sublinhar que o sentido que a mãe dá a essas ações possui dupla conotação: sentido enquanto significação e sentido enquanto destino para as excitações que acometem o organismo.

> Do mesmo modo em que é o engaste do anel que sustenta a pedra em seu justo lugar, é o engaste ao exercício da função materna que dá a sustentação para que os aspectos constitucionais do bebê possam vir a desdobrar-se em novas produções, já não mais regidas puramente a partir do automatismo neurológico. É somente a partir do engaste ao campo do Outro encarnado, a partir de certa experimentação sustentada pela rede significante do agente materno, que poderá ocorrer no bebê a inscrição de um saber inconsciente e um conhecimento consciente acerca do que lhe convém.[331]

Afetada pela manifestação desse real orgânico, a mãe produz uma interpretação com base em suas representações, em seu saber inconsciente e no consciente também, buscando atrelar a urgência do bebê a uma significação que possa produzir nele uma experiência de satisfação.

---

[330] *Ibidem*, p. 59.

[331] *Idem*.

E ela não realiza de qualquer forma essa interpretação. Com o *motheress*[332] estabelecido, quando seu bebê chora ela diz, por exemplo: *"Você quer mamar? Você está com fome?"*, ao que ela responde como se fosse ele: *"Sim, mamãe, estou com fome, eu quero mamar. Hummm, que mama gostoso!"*. Outro exemplo muito interessante é quando a mãe toma a "mímica facial" do recém-nascido — contração muscular involuntária facial — como sendo um sorriso dado a ela: *"Você gosta quando a mamãe faz assim! Você está sorrindo para mim!"*. É porque ela faz essa antecipação de que o grito do bebê pode ser escutado e significado como um apelo, fazendo com que em outro momento se estabeleça, de fato, como uma demanda.

É importante salientar que há uma musicalidade na fala da mãe. Ela é acompanhada de uma expressão facial e de movimentação dos lábios muito ricas, que não só convocam o bebê a escutá-la como a olhá-la, produzindo uma erotização nele. E ele não demora a lhe responder. Muito ao contrário, sua resposta é imediata: dirige seu olhar para ela e movimenta excitadamente seus braços e suas pernas. Quando ela silencia, o bebê movimenta seus lábios e dá gritinhos, produzindo vocalizações que se dirigem a ela. Aliás, esses intervalos compostos pelo silêncio da mãe são fundamentais. São brechas, espaços que o outro sustenta, "para que advenha a fonação do bebê – sustentando para ele a matriz dialógica".[333] Ou seja, como a mãe supõe que aquele com quem ela fala é um sujeito, ela supõe que ele tem algo a dizer. Assim, ela sustenta a suposição de um desejo no bebê, sustenta ali a alteridade. Nas palavras de Jerusalinsky:

> Por isso, ainda que o bebê de poucos meses não tenha condições de entender o sentido do que está sendo dito, dado que ele não nasce com a língua previamente inscrita, ele já começa a ser pulsionalizado, erotizado e, simultaneamente, tomado no funcionamento da linguagem. A musicalidade presente na fala da mãe, seus picos prosódicos e seus silêncios vêm sublinhar inconscientemente certos pontos significativos do que é dito, pontos que arrastam o gozo que implicam subjetivamente a mãe no laço com o bebê.[334]

---

[332] Segundo Laznik (2006, p. 98), o *motheress* ("manhês" em português) "é o dialeto de todas as mães do mundo quando elas falam com seus bebês: a voz é postada um tom mais alto e a entonação é exagerada". Falando na primeira pessoa, a mãe fala no lugar do bebê e lhe responde como se fosse ele. Segundo a autora, a prosódia da voz materna manifesta o prazer que a situação suscita nela. Jerusalinsky (2014, p. 67) acrescenta que o manhês se caracteriza "pela sintaxe simplificada, pelo uso de diminutivos, pela evitação de encontros consonantais – frequentemente suavizados por substituição de fonemas – pela repetição silábica [...]".

[333] JERUSALINSKY, 2014, p. 68.

[334] *Ibidem*, p. 69.

NEM SEMPRE O DANÚBIO É AZUL: QUAL DESTINO PARA O INFANTIL
NO TEMPO DAS FUNÇÕES PARENTAIS TERCEIRIZADAS?

Embora a mãe esteja com o seu saber em cena assumindo uma posição de mestria e, desse modo, fazendo uma leitura e significando o grito do filhote do homem como *"Você quer mamar?"*, por exemplo, ela também o interroga. Quem de nós já não se deparou com uma mãe sem saber por que o seu bebê chora: *"Amor da mamãe, por que você chora? O que você quer? Você já mamou. Você quer colinho? Está com frio?"*. Nesses momentos, ela supõe um desejo nele, um desejo que para ela se faz como um enigma. Ela também supõe um desejo nele que nem sempre está em sintonia com o dela. Quem de nós já não se deparou com uma mãe se interrogando sobre a significação que ela deu à demanda de seu bebê: *"Será que era isso que ele queria?"*. Pois bem, ela "mantém no laço com o bebê uma certa dimensão do não-saber, pois a produção do bebê comporta um enigma no qual ela se reconhece, mas cuja decifração ela ignora".[335]

O falar da mãe como se o bebê estivesse a falar com ela ocorre em função da produção de uma identificação transitivista. Por meio desta, a mãe implica sua economia de gozo e por isso seu corpo é afetado por aquilo que afeta o corpo de seu bebê, evocando sua representação desse afeto. São nas miudezas do cotidiano que essas experiências ocorrem: *"Hum! Que aguinha quentinha!"*, diz a mãe ao deitar o seu bebê na água do banho, ou *"Que papa gostoso!"*, ao oferecer a comidinha para ele, ou *"Meu neném está dodói?!"*, na primeira febre, ou ainda *"Ai, ai"* na primeira queda dele ao ensaiar os primeiros passos — enfim, são infinitos exemplos em que muitas mães se reconheceriam. Assim, presentificando em sua voz e gestos a sua própria experiência, que ela oferece ao seu bebê, a mãe lhe empresta sua representação de afeto, permitindo que ele se aproprie dessa representação, desse saber e o experimente como sendo seu. Ou seja, é possível a ele alcançar a representação, o saber daquilo que ocorre em seu corpo e, desse modo, poder constituir esse corpo como o seu. Dessa maneira, aquilo que afetou o corpo do bebê se transforma em um afeto representado, já que a identificação transitivista promove as inscrições primordiais constituintes do psiquismo do bebê.

O que temos aqui é uma operação em que, pela identificação transitivista com o bebê, a mãe, ao mesmo tempo que regula o gozo dele, tem acesso ao seu próprio gozo. Portanto, não é desprendida de si que a mãe exerce os cuidados com o seu bebê. Porém, a função paterna inscrita nela não permite que ela tome o seu bebê como puro objeto de gozo, do mesmo

---

[335] *Idem*, 2002, p. 249.

modo que não permite que a satisfação dele se realize acima da lei. Por isso é que o funcionamento do corpo do bebê vai sendo regulado pelas normas educativas, ou seja, ele vai se dobrando às regras da cultura: a alimentação, o sono, os hábitos higiênicos etc. Assim, é porque os cuidados maternos estão ancorados em uma referência simbólica que é possível para a mãe sustentar no laço com o seu bebê certa alternância, que se apresenta em uma cadência ritmada de presenças e ausências: olhar-não-olhar, voz-silêncio, fome-saciedade, apaziguamento-tensão. O que está em pauta aqui é que o bebê deve contar com o psiquismo materno como um mediador para que, progressivamente, o seu psiquismo possa se constituir. Isso quer dizer que será por meio das representações inconscientes da mãe — ao exercer sua função de recobrir o real do organismo, atrelando o gozo do bebê à linguagem — que o seu psiquismo será constituído.

Retornando à pequena JOANA. Precisando atingir um peso corpóreo de 2 kg para receber alta e ir para casa com a sua mãe, Joana recebia os devidos cuidados. Porém, a cada dia ela perdia peso. Como se tratava de um recém-nascido prematuro, a perda de peso e, consequentemente, a desestabilização que isso provocava em seu organismo, colocava-a próxima do morrer. A presença de sua avó possibilitou a mudança desse quadro. Teria a avó realizado algum passe de mágica? Teria ela uma vara de condão, como as fadas madrinhas, para que a pequena Joana ganhasse peso e seu organismo se estabilizasse? Certamente que não. Ao ser alimentada pelo prazer de sua avó enquanto esta a olhava e conversava com ela, Joana começou a dar sinais de que a matriz simbólica estava fazendo suas marcas. O contato visual com a avó e o cessar de seu choro ao ouvir sua voz eram sinais de que seu organismo havia iniciado os primeiros trilhamentos. Como afirma Sanson:

> Palavras que abrem caminhos, que fazem trilhas, que enlaçam este organismo à ordem do Simbólico. As funções parentais, que referem esse bebê a uma história, a uma cultura, a um desejo, permitem não somente que o Simbólico se inscreva num neurológico herdado geneticamente, mas que estas inscrições têm o poder de modificar estruturas e funcionamento de células neurais e de suas conexões, provocando modificações plásticas, como crescimento de novas terminações e botões sinápticos, crescimentos dendríticos, aumento da fenda sináptica, mudanças de conformação de proteínas receptoras, incremento de neurotransmissores.

> Esta extensa descrição neurológica serve para que não percamos de vista o que significa para um recém-nascido ser tomado neste laço parental.[336]

Portanto, no exercício de sua função, a mãe parece tecer. Com seus cuidados, ao ocupar-se da economia de gozo do bebê, instaurando um funcionamento corporal subjetivado e um circuito de satisfação, isto é, introduzindo a ele a dimensão do *Eros*, do erotismo, a mãe vai entrelaçando os fios da linguagem no pequeno corpo. Dessa forma, instala-se no bebê um tipo diferente de satisfação, que, se até então era autoerótica, passa a conter a marca do Outro primordial, a partir daí indispensável em seu circuito de satisfação, uma vez que se engajou no laço com o Outro encarnado.

Assim, é porque ela verte em palavras o grito do bebê, é porque ela dá um sentido às sensações precoces que tomam o pequeno corpo, nomeia cada parte do corpo, precipita uma significação diante daquilo que o corpo de seu bebê produz, que se instaura o funcionamento corporal subjetivado, já que se torna possível a constituição de um saber por parte dele. Identificado ao desejo do Outro primordial, ele pode representar simbolicamente o que lhe afeta e, com base nesse saber, pode se apropriar imaginariamente de seu corpo. Portanto, em razão do desejo não anônimo, do saber inconsciente da mãe, a economia de gozo do bebê passa a ser regulada, visto que ele toma as representações dela como suas, dando ao que afetou o seu corpo um caráter de representação, fazendo operar a passagem do gozo ao saber, do corpo à linguagem.

Dessa maneira, é a partir das primeiras inscrições psíquicas estabelecidas na relação com um Outro encarnado, atravessado em sua própria economia de gozo pelo que se passa com o bebê, que, pela ligação do afeto à representação, aquelas passagens — do gozo ao saber e do corpo à linguagem — se dão, possibilitando a constituição psíquica e o apropriar-se imaginariamente de seu corpo.

Vemos que todo esse processo que ocorre nos primórdios da vida subjetiva se dá por meio da alienação — uma das operações da constituição subjetiva. É com essa operação que o psiquismo inicia seu processo de constituição. É porque em um primeiro tempo a criança é falada pelo outro que em um tempo posterior ela poderá falar por si própria. Para que isso ocorra, é necessário que ela primeiramente se aliene no desejo

---

[336] SANSON, 2006, p. 62.

e no saber — nas palavras — do Outro primordial. Ou seja, primeiro a linguagem vai habitá-la, marcá-la, para só depois, quando perceber que o Outro não é absoluto, ela se desalienar — segunda operação que Lacan nomeou de separação.

> A criança terá ainda outra tarefa árdua: a de romper com essa linguagem que a marcou, que veio dos outros parentais, os quais a introduziram no campo das palavras. Terá de recalcar essas marcas primordiais, torná-las esquecidas, inconscientes – para ter acesso à fala própria e poder tornar-se dona de suas palavras.[337]

Esse investimento que advém do desejo da mãe é a base para a constituição subjetiva, que implica a constituição da imagem de si. Portanto, a partir do que vem do Outro primordial — nomeação e imagem, que se encontram entrelaçadas à demanda, ao desejo e à sua fantasia — por um processo identificatório, inicia um primeiro esboço do eu, um eu ideal que, identificado como objeto de desejo da mãe, funda-se numa imagem idealizada, compondo o corpo do bebê, um corpo imaginário que, "apreendido em sua massa, percebido instantaneamente como uma silhueta ou percebido globalmente como uma sombra humana",[338] envelopa o corpo real, o corpo à flor da pele, que, como superfície crivada pelos impactos pulsionais, apresenta-se como um mosaico.[339]

O que vemos nessa operação é o fato de que a mãe antecipa uma imagem que contorna o corpo real e que no início da vida é vivenciado como fragmentado. Segundo Costa, essa "antecipação se situa numa certa condição de aposta que vai permitir à criança, por exemplo, antecipar a unidade corporal".[340] Por essa aposta, a criança antecipa uma imagem de um corpo unificado quando ainda vivencia seu corpo como descoordenado e despedaçado. Assim, a autora esclarece que como essa unidade apreendida vem de fora, ou seja, situa-se no Outro primordial, a antecipação nos remete, então, à relação ao Outro.

> Essa relação é o que permite muitas coisas: as condições de recorte dos orifícios do corpo – os orifícios pulsionais – tanto quanto o suporte corporal que vai se sustentar a

---

[337] BERNARDINO, 2006, p. 29.

[338] NASIO, J. D. *Meu corpo e suas imagens*. Rio de Janeiro: Jorge Zahar, 2009. p. 81.

[339] *Idem*.

[340] COSTA, A. M. M. Antecipação e destino: atualidades do espelho. *Revista da Associação Psicanalítica de Porto Alegre*, Porto Alegre, v. 12, n. 30, 2006. p. 16.

NEM SEMPRE O DANÚBIO É AZUL: QUAL DESTINO PARA O INFANTIL
NO TEMPO DAS FUNÇÕES PARENTAIS TERCEIRIZADAS?

partir desses orifícios, na medida em que é também ali que se dá a inscrição de um suporte simbólico. Quer dizer, essa espécie de confiança, de suposição, ou de hipótese do Outro primordial, antecipa o sujeito onde ainda ele não está: antecipa que ali – no lugar do infans, quando a criança ainda não toma a palavra – pode vir a se constituir um sujeito.[341]

Isso nos diz que o eu não se constitui por si só. Ele se constitui na experiência com o Outro primordial. Essa experiência Lacan denominou de estádio do espelho, que pode ser compreendido como uma identificação, como uma "transformação no sujeito quando ele assume uma imagem".[342] Essa experiência, que ocorre entre os seis e dezoito meses, tem como cerne a construção da imagem de si. Em seu escrito, Lacan apontou que, se o filhote do homem é superado em inteligência instrumental pelo chimpanzé, ele não o é no que diz respeito ao reconhecimento de sua própria imagem no espelho. Sem ter o controle da marcha e nem mesmo a postura ereta, no colo do outro ele brinca com a sua imagem refletida no espelho. Essa é uma cena cativante, pois ela mostra o filhote humano tentando se apossar de sua imagem. Ele inclina o corpo em direção à imagem; com suas mãos, ainda com movimentos descoordenados, tenta pegá-la. Essa experiência lúdica acompanha o movimento de ele se voltar para a mãe em busca de um reconhecimento: "*Sim, esse é você, meu filho*".

A elaboração de Lacan sobre o estádio do espelho fornece a compreensão de que a imagem do corpo se constrói com a mediatização do olhar desejante da mãe, pelo investimento do narcisismo materno. Isso significa que a imagem de si é resultante da operação de alienação da imagem idealizada, o eu ideal, oferecida pela mãe. Entretanto, ela não se constitui no plano puramente especular de refletir a imagem da criança — função do outro imaginário. É necessário que a mãe funcione como testemunho desse processo da constituição da imagem — função do Outro simbólico —, isto é, reconheça pela vertente da palavra a existência simbólica do corpo da criança.

Esse é um momento de grande júbilo para a criança. Entretanto, devido à discordância existente entre o que o filhote do homem vê — a imagem total — e o que ele sente — desordens das sensações internas —, somente o reconhecimento do outro não será suficiente. O outro pre-

---

[341] *Idem.*

[342] LACAN, J. [1949]. O estádio do espelho como formador da função do eu tal como nos é revelada na experiência psicanalítica. *In:* LACAN, J. *Escritos.* Rio de Janeiro: Jorge Zahar, 1998. p. 96-103. p. 97.

cisará confirmar. Logo, o Outro do estádio do espelho desempenha uma dupla função: ser cúmplice do júbilo e ser testemunho da cena. Portanto, a assunção de um corpo pela confirmação do olhar da mãe leva à estruturação do eu, que se precipita na matriz simbólica.

Essa relação com a imagem do semelhante tem como resultado um "eu especular" que corresponde ao narcisismo originário, cuja constituição não se realiza sem o intermédio do olhar desejante do Outro. Como constatou Garcia-Roza, "o narcisismo não é, portanto, estritamente falando, uma relação com o si mesmo senão através de um outro com o qual o indivíduo se identifica e no qual se aliena".[343]

Essa primeira demarcação de si pela identificação com o outro leva à diferenciação entre o interior e o exterior, mais especificamente entre o corpo da mãe e o corpo da criança. Por se tratar de uma relação especular, imaginária, não existe ainda uma separação entre a criança enquanto sujeito e o outro porque nesse momento, por estar identificada com o objeto do desejo da mãe — o falo — a criança não se constituiu ainda como sujeito. Ela encontra-se alienada nessa imagem que não é ela, mas que diz respeito ao outro; encontra-se alienada no desejo do desejo do Outro.

> Ora, a suposta unidade do sujeito seria pois da ordem da alienação e da ficção, já que centrada no olhar do outro. Nesse contexto, o eu seria a materialização do falo, a essência da onipotência primordial do infante. Seria essa, enfim, a matéria-prima do eu ideal.[344]

Ser o suposto objeto de desejo do Outro e se alienar do desejo dele é fundamental para a constituição psíquica. Como esclarece Zalcberg, "é preciso que na condição do estádio do espelho a criança seja investida realmente pelo olhar desse outro, isto é, que ela seja o objeto real de um certo desejo particularizado".[345] Somente por essa vertente é que um lugar de existência se delineia, inscrevendo-se simbolicamente neste que está por advir como sujeito. Assim, o reconhecimento do Outro, ao favorecer à criança um lugar de existência, confere a ela a certeza de existir. Porém, tudo isso se inicia pela recepção que o Outro fará à massa de carne. É dela que vem a aposta de que dali brotará um sujeito. E o corpo será habitado.

---

[343] GARCIA-ROZA, L. A. *Freud e o inconsciente*. 19. ed. Rio de Janeiro: Jorge Zahar, 2002. p. 215.

[344] BIRMAN, 1999, p. 44.

[345] ZALCBERG, 2003, p. 166.

2.4 Atravessando o Danúbio com Ferenczi

Ambiente. Talvez esta seja a palavra maior no pensamento de Ferenczi, uma espécie de chave mestra, aquela que abre todas as portas. Percorrendo os escritos do psicanalista húngaro, é possível ver que vários conceitos — onipotência, catástrofe, introjeção, trauma, desmentido, clivagem psíquica — estão direta ou indiretamente atrelados ao ambiente. Longe de ser apenas o meio natural ou o meio físico, para o autor, o ambiente é constituído pelos outros humanos, que, trazendo consigo as leis e a linguagem, fazem dele um meio regulado por leis sociais.

Em se tratando da constituição da subjetividade, a mãe é o primeiro ambiente. Entretanto, é sempre bom repetir que o discurso psicanalítico não se refere à figura real da mãe, mas à função materna. Reis nos lembra de que em várias passagens da obra freudiana não é a figura da mãe que é assinalada quando Freud se refere ao tempo anterior ao complexo de Édipo. A essa anterioridade, o pai da psicanálise se referiu "aos pais, figuras parentais indiferenciadas, ou ao seio, figura simbólica representativa das funções maternas".[346] Ferenczi, na mesma esteira que Freud, referiu-se "a um modo de relação que ele identifica como o ambiente que acolhe o recém-nascido, o seio, o objeto, e finalmente, o adulto, que cuida da criança".[347]

O que é importante assinalar é que se trata de uma função, e o seu exercício se sustenta na abertura do ambiente às afetações vivenciadas pelo filhote do homem em sua experiência originária. São as ações capazes de acolher os estados de excitações do bebê — ações realizadas que sejam capazes de atuar como continente e de qualificar as excitações que acossam o pequeno corpo — que estão em jogo. Portanto, como um escudo protetor, a mãe ou quem a substitui nessa função, "além de ser um agente (que tem o poder de agir), é portadora de um código de significações, podendo dar sentidos às vivências pulsionais desordenadas do bebê".[348] Dessa forma, quem exerce a função materna impõe ao corpo do bebê uma presença quase absoluta.

Já vimos que não é uma presença qualquer, pois ela se faz a partir de uma identificação com o bebê, o que possibilita com que as ações mater-

---

[346] REIS, E. S. *Trauma e repetição no processo psicanalítico*: uma abordagem ferencziana. 1991. Dissertação (Mestrado em Teoria Psicanalítica) – Universidade Federal do Rio de Janeiro, Rio de Janeiro, 1991. p. 12.

[347] *Idem.*

[348] *Idem*, p. 10.

nas sejam entrelaçadas de uma satisfação que a existência do humano infantil traz ao agente materno. Assim, representando a continuidade da vida, "cada criança que nasce traz de novo consigo a esperança da vitória do ser humano sobre o seu destino".[349] Não é para isso que Freud, em seu escrito *Sobre o narcisismo: uma introdução*,[350] apontou?

> A criança deve ter melhor sorte que seus pais, não deve ser submetida aos mesmos imperativos que eles tiveram de acatar ao longo da vida. Doença, morte, renúncia à fruição, restrições à própria vontade não devem valer para a criança; as leis da natureza, assim como as da sociedade, devem se deter diante dela e, ela deve realmente tornar-se de novo o centro e a essência da criação do mundo. His Majesty the Baby, tal como nós mesmos nos imaginamos um dia. A criança deve satisfazer os sonhos e os desejos nunca realizados dos pais [...]. O ponto mais vulnerável do sistema narcísico, a imortalidade do ego, tão duramente encurralada pela realidade, ganha, assim, um refúgio seguro abrigando-se na criança. O comovente amor parental, no fundo tão infantil, não é outra coisa senão o narcisismo renascido dos pais, que, ao se transformar em amor objetal, acaba por revelar inequivocamente sua antiga natureza.[351]

É com essa perspectiva de continuidade, por meio da qual os pais alimentam seus sonhos, que um investimento advindo do narcisismo do par parental é derramado sobre o bebê. Esse investimento diz muito a ele: sua intensidade é apreendida e instaura marcas em seu corpo. Assim, é pela erogenização realizada pela mãe, em razão das sensações de prazer que se despertaram nela, que o corpo dele vai sendo marcado.

Porém, essas marcas não se fazem somente pelo prazer vivenciado pela mãe, mas pelo desprazer também. Ora, a mesma mãe que se encanta com seu bebê e que cuida dele com amor pode se sentir desgastada com as noites mal dormidas e estressada com o choro que ela não consegue decifrar, desejando no seu íntimo que ele não estivesse ali, saudosa de sua vida antes de ele chegar. As interações humanas não são tão simples como gostaríamos que fossem. Elas contêm experiências em que se fazem presentes sentimentos ambivalentes, gestos contraditórios, afetos

---

[349] *Ibidem*, p. 11.

[350] FREUD, 1914/2004.

[351] FREUD, 1914/2004, p. 110.

conflitantes. Elas são marcadas pela complexidade, mesmo que nossas intenções sejam unívocos com os nossos sentimentos e ações.[352]

Isso significa que a ação materna transpassa mais do que a própria mãe pode perceber. Pelas suas ações, ela transmite "seus desejos e conflitos, seu amor e seu ódio inconscientes. Segundo Ferenczi, os seres humanos são os únicos que mentem, o que caracteriza a constituição de objetos como sendo fundamentalmente ambivalente".[353] Efetivamente, são ações que trazem consigo uma complexidade. E é com essa complexidade, acompanhada pela multiplicidade e polissemia dos afetos, que o primeiro ambiente de cada humano infantil se constituirá. Mais: é com essa mesma complexidade que ele será embalado (ou não) e que sua subjetividade será constituída.

Mesmo para o psicanalista que não tem um saber profundo da obra ferencziana, não é novidade o lugar que o autor confere ao ambiente no processo da constituição subjetiva: um lugar bastante significativo, não só porque, como objeto externo, ele é imprescindível para que uma subjetividade se constitua, mas sobretudo porque ele é o "fator determinante para toda mudança psíquica".[354] Seus escritos sobre a introjeção e sobre o desenvolvimento do sentido de realidade indicaram isso.

Ele também sustentou a ideia de que, mais que os fatores endógenos, os fatores provenientes do ambiente seriam "os grandes perturbadores do aparelho psíquico".[355] Podemos encontrar a exata dimensão disso em vários escritos dele.[356] Neles é possível perceber que ele "apresenta um modo de conceber o desenvolvimento de um sujeito que, antes de situar o sujeito em relação a si – ao inconsciente ou às pulsões – enfatiza o seu aspecto relacional".[357] Vejamos como isso se dá.

Pensar sobre o processo de constituição de uma subjetividade em Ferenczi implica, primeiramente, que pensemos na existência de um tempo em que o filhote do homem está submerso em uma vivência em

---

[352] ALBUQUERQUE, A. B. Violências cotidianas. *In:* MAIA, M. (org.). *Por uma ética do cuidado.* Rio de Janeiro: Garamond, 2009. p. 307-322.

[353] REIS, 1991, p. 13.

[354] PINHEIRO, 1995, p. 35.

[355] *Idem.*

[356] Por exemplo: a adaptação da família à criança, a criança mal acolhida e sua pulsão de morte e confusão de línguas entre os adultos e a criança.

[357] GONDAR, J. Ferenczi como pensador político. *In:* REIS, E. S.; GONDAR, J. *Com Ferenczi: clínica, subjetivação, política.* Rio de Janeiro: 7 Letras, 2017d. p. 209-226. p. 218.

que o princípio de prazer se faz plenamente presente, de tal forma que a realidade do mundo externo é totalmente ignorada. Ora, "Freud já indicou isso", poderia dizer um leitor interpelar. De fato, Freud mostrou que o psiquismo em sua origem está sob o domínio do princípio de prazer e, assim, despreza a realidade externa, visto o desejado apresentar-se de modo alucinatório.

Mostrou também que a não ocorrência da satisfação esperada leva ao abandono da tentativa de obter tal satisfação pela via alucinatória. Nas palavras dele, "em vez de alucinar, o aparelho psíquico teve então de se decidir por conceber [*vorzustellen*] as circunstâncias reais presentes no mundo externo e passou a almejar uma modificação real deste".[358] Eis a instauração de um novo princípio da atividade psíquica — o princípio de realidade. Com isso, "não mais era imaginado [*vorgestellt*] o que fosse agradável, mas sim o real, mesmo sendo ele desagradável".[359]

Acompanhando o pensamento freudiano em relação ao desenvolvimento das formas de atividade do psiquismo, que consiste na substituição do princípio de prazer pelo princípio de realidade, Ferenczi, não muito tempo depois, escreveu *O desenvolvimento do sentido da realidade e seus estágios*[360] — um escrito que se ocupa das pulsões do ego em função de elas manterem uma relação mais íntima com a realidade, diferente das pulsões sexuais, que guardam certa independência. Assim, o autor privilegiou os aspectos relacionais, e não os componentes pulsionais, uma vez que "os diversos estágios do sentido de realidade são determinados pelas respostas do ambiente aos anseios do bebê e do infans".[361]

Fruto de sua indagação sobre o hiato existente entre os dois estágios — estágio-prazer e estágio-desprazer —, Ferenczi buscou, nesse escrito, preenchê-lo mostrando que a onipotência primordial não é levada a cabo de uma hora para outra, da mesma forma que o sentido da realidade não é representado de imediato. A criança precisa atravessar vários estágios para que, de fato, o princípio de prazer, correspondente ao sentimento de onipotência, possa ceder lugar ao pleno reconhecimento do peso das

---

[358] FREUD, S. Formulações sobre os dois princípios do acontecer psíquico (1911). *In:* HANNS, L. A. (ed.). *Edição Obras Psicológicas de Sigmund Freud*. Rio de Janeiro: Imago, 2004. v. 1, p. 63-77. p. 66.

[359] *Idem*.

[360] FERENCZI, S. O desenvolvimento do sentido de realidade e seus estágios (1913a). *In:* FERENCZI, S. *Obras Completas Sándor Ferenczi*. São Paulo: Martins Fontes, 2011. v. 2. p. 45-61.

[361] VERZTMAN, J.; KLEIN, T. Desenvolvimento e processo como operadores para Ferenczi e Winnicott. *In:* MACIEL JR., A. (org.). *Trauma e ternura*: a ética em Sándor Ferenczi. Rio de Janeiro: 7 Letras, 2018. p. 83-102. p. 87.

NEM SEMPRE O DANÚBIO É AZUL: QUAL DESTINO PARA O INFANTIL
NO TEMPO DAS FUNÇÕES PARENTAIS TERCEIRIZADAS?

circunstâncias. Tal reconhecimento só seria alcançado após a criança se desligar completamente de seus pais no plano psíquico.[362] Isso significa que "o sentido de realidade atinge seu apogeu na ciência onde, em contrapartida, a ilusão de onipotência cai para o seu nível mais baixo".[363] Ou seja, por meio dos estágios, pelos quais ocorre o processo de simbolização, o eu vai se diferenciando gradativamente do mundo externo, uma diferenciação entre o que pertence a si e o que faz parte do mundo externo, mediado sempre por relações intersubjetivas. Segundo Verztman e Klein, "o sentido de realidade só pode ser postulado se eu e realidade forem polos diferenciais de um plano comum – plano construído e mediado pelas relações intersubjetivas que formam uma parte do mundo humano".[364]

Se Freud classificou como "ficção" a organização dominada somente pelo princípio de prazer, Ferenczi levou em consideração o período em que o filhote do homem habita o corpo da mãe — um período em que se "vive como parasita do corpo materno":[365] este período em que o ser não precisa efetuar nenhum esforço para satisfazer suas necessidades, já que tudo aquilo de que precisa é assegurado pelo corpo da mãe; este tempo em que nada da ordem da necessidade é vivenciado e, portanto, nada se tem a desejar, Ferenczi o situou como sendo um mítico período da *onipotência incondicional*. Dessa forma, ele definiu a onipotência como "a impressão de ter tudo o que se quer e não ter mais nada a desejar",[366] sendo, "a um só tempo, a gênese e o destino almejado do princípio de prazer".[367]

O que Ferenczi colocou em pauta é que a organização do princípio de prazer não se dá somente na imaginação. Ela ocorre efetivamente quando se habita o corpo materno. É em razão disso que o autor afirma que a onipotência infantil não é pura ilusão. Nessa perspectiva, a criança só está exigindo um retorno ao estado que existiu outrora — "a volta desses 'bons tempos' em que eram onipotentes".[368]

Talvez as palavras acima possam causar certa estranheza a alguns psicanalistas. Contudo, recorrendo ao escrito freudiano *Neurose de trans-*

---

[362] FERENCZI, 1913a/2011.

[363] *Idem*, 1913a/2011, p. 57.

[364] VERZTMAN; KLEIN, 2018, p. 85.

[365] FERENCZI, 1913a/2011, p. 48.

[366] *Idem.*

[367] KUPERMANN, 2019, p. 102.

[368] FERENCZI, 1913a/2011, p. 49.

ferência: uma síntese[369] e ao escrito ferencziano *Thalassa, ensaio sobre a teoria da genitalidade*,[370] em que os autores supõem a existência dos traços mnésicos da história da espécie nos sujeitos, por que não podemos sustentar a ideia de que "os traços dos processos psíquicos intrauterinos exercem influência sobre a configuração do material psíquico que se manifesta após o nascimento"?[371] Não seria por essa razão que Freud afirmou que "há muito mais continuidade entre a vida intrauterina e a primeira infância do que a impressionante cesura do ato do nascimento nos teria feito acreditar"?[372]

Atualmente, levando em consideração as pesquisas da biologia contemporânea, da psicologia do desenvolvimento infantil e as pesquisas acerca da sensorialidade, a clínica dos primórdios tem nos oferecido ricas contribuições. Essas pesquisas parecem corroborar a ideia ferencziana de que nesse tempo de vida intrauterina haveria um registro de memória que, por ser atrelada às vivências sensoriais antes do nascimento, constituir-se-ia como memória do corpo. Como assinala a autora:

> Falamos de uma memória do corpo, pois num estado em que as trocas se dão por osmose, não existe tempo nem espaço para uma atividade psíquica significativa capaz de realizar inscrições de sentido. O corpo do feto no útero é um corpo em equilíbrio, não tem peso, não sente frio, não respira nem se alimenta. A primeira marca diferencial será instalada após o nascimento. E essa diferença apontará para algo do qual o ser humano está de fato separado e que aspira sempre reconquistar: a plenitude vivida anteriormente dentro do corpo da mãe.[373]

Assim, a memória do corpo corresponde ao período da *onipotência incondicional*, que, regido pelo princípio do prazer, leva à vivência de um estado de plenitude, porém até o nascimento. A chegada ao mundo provoca uma ruptura em tal estado, provoca uma brutal perturbação no estado de quietude que é marcado pela isenção de desejos.[374] Espaços

---

[369] FREUD, S. *Neuroses de transferência*: uma síntese (manuscrito recém descoberto) (1914). Rio de Janeiro: Imago, 1985.

[370] FERENCZI, 1924.

[371] FERENCZI, 1913a/2011, p. 49.

[372] FREUD, 1926/1988, p. 137.

[373] REIS, 1991, p. 4.

[374] FERENCZI, 1913a/2011.

vazios são criados — boca, ânus, estômago, pulmões... — e o surgimento da necessidade atesta que eles devem ser preenchidos.[375]

Catástrofe é o nome que Ferenczi deu para a vivência do filhote do homem quando chega ao mundo em função da experiência de ruptura, de descontinuidade que a passagem do ambiente líquido amniótico para o ambiente seco provoca. Se imerso no meio líquido ele se mantinha saciado e, assim, desprovido de necessidades, depois de seu nascimento, ingresso no meio seco, precisa respirar com seu próprio corpo, sente fome e sede, experimenta as oscilações de temperatura, outros ritmos, outros sons e ruídos. Portanto, no ambiente seco, o filhote humano experimenta as descontinuidades provocadas pelas sensações internas e por aquelas advindas dos estímulos externos, produzindo em seu corpo marcas diferenciais de intenso desprazer.

Isso é suficiente para pensarmos que a experiência do nascimento é uma experiência de ordem da afetação, cujo excesso de intensidade que invade aquele que acabou de chegar faz com que seja uma experiência catastrófica, justamente por romper com o estado em que reina a quietude. Assim, como efeito do nascimento, surge o desprazer e, com ele, a vivência de um estado de desamparo que coloca o filhote humano na dependência absoluta do outro humano — o ambiente. Aqui há que fazer uma pausa para um aparte. Se Freud privilegiou o estado de desamparo em função de a criança não possuir recursos para lidar com o poder da força pulsional, Ferenczi não se ateve a isso. Seu olhar se voltou mais para a vulnerabilidade que a criança apresenta na relação com o outro, "indicando o quanto o *eu* depende de um reasseguramento constante por parte do outro".[376] Posto isso, voltemos à catástrofe.

Fruto de um diálogo com Freud e apoiando-se na teoria da evolução de Lamarck, Ferenczi publica seu célebre escrito *Katasztrófak*, em outras línguas *Thalassa: ensaio sobre a teoria da genitalidade*, em que oferece ao leitor uma teoria das catástrofes.[377] Traçando um paralelo entre a filogênese, a ontogênese e a perigênese a respeito do processo de surgimento da vida, ele realiza uma construção bioanalítica. Por meio do diálogo entre a biologia e a psicanálise, sem reducionismo, ele equivale a evolução dos seres vivos na terra à evolução do humano a partir de seu nascimento.

---

[375] REIS, 1991.

[376] GONDAR, 2017g, p. 219, grifo do autor.

[377] GONDAR, J. A compulsão à repetição como atividade criadora: Ferenczi com Christoph Türcke. *In:* REIS, E. S.; GONDAR, J. *Com Ferenczi*: clínica, subjetivação, política. Rio de Janeiro: 7 Letras, 2017d. p. 141-152.

Uma e outra seriam "resultantes de bruscas transformações ocorridas em seu ambiente, e que os levariam a produzir novas formas corporais como estratégia de sobrevivência".[378]

Explorando essa temática, Ferenczi explicou que o processo do surgimento da vida se dá por meio de catástrofes, pelas quais surgem novas formas de existência. Por exemplo, o nascimento seria uma catástrofe que leva o filhote humano a respirar e a viver em contato com o ar e com os outros corpos sem a mediação do líquido amniótico, assemelhando-se com a catástrofe do secamento dos oceanos, que, além de ter propiciado o surgimento da vida fora do mar, propiciou o desenvolvimento de seres capazes de respirar com os pulmões. Se essas analogias ilustram uma vivência traumática, elas ilustram também o fato de que, tal como o mundo tem uma história marcada por rupturas e por isso descontínua, seus habitantes também são marcados "por rupturas catastróficas em sua individuação tanto biológica como subjetiva".[379] Dessa maneira, a catástrofe rompe com uma organização estável, com um ritmo instalado. Ao promover uma fissura, uma quebra no que se apresenta estabilizado, ela cria, a partir dos fragmentos, nova forma de organização.

É assim que para Ferenczi o humano chega ao mundo: pela passagem do meio líquido para o meio seco, marcado pela desestabilização, pelo estado de caos, pelo menos momentaneamente. Portanto, o surgimento da vida, tanto no plano filogenético quanto no plano individual, seria "fruto de mudanças súbitas do meio que obrigam os indivíduos e as espécies a inventarem defesas que são, ao mesmo tempo, formas de expansão".[380] Defesa e conquista, trauma e criação são os dois lados da mesma moeda, dois lados do catastrófico ou do traumático.

> Diante desse raciocínio, fica patente a potencialidade subjetivante do trauma do nascimento: o excesso pulsional, mesmo numa dimensão inassimilável, pode ter essa função. O impacto com o mundo provoca um estado catastrófico, traumático – um estado de derramamento pulsional que precisa ganhar destino psíquico. Nesse contexto, o catastrófico ou traumático ganham todo seu esplendor enquanto paradoxo: grave perturbação, fissura, mas, con-

---

[378] REIS, 2004, p. 58.
[379] REIS; MENDONÇA, 2018, p. 21.
[380] GONDAR, 2017d, p. 145.

> comitantemente, suplantação, superação. Aquilo que traz a possibilidade de estruturação psíquica do eu.[381]

O que Ferenczi destacou é que um acontecimento catastrófico não necessariamente é destrutivo, ele pode servir de motor impulsionador de novas organizações. Em relação à experiência primordial, marcada pela catástrofe do nascimento, o processo de afetação que precisa ser subjetivado está na dependência de como o ambiente — o mundo dos adultos — recebe aquilo que se produziu como catástrofe. Acompanhando a analogia que o autor faz entre o nascimento e o secamento dos oceanos, podemos afirmar que:

> O secamento dos oceanos traz à tona uma topografia antes suavizada pelo recobrimento líquido. Surgem abismos e relevos desconhecidos. Assim, com o nascimento do bebê, o meio seco, que são os adultos, a família, vai se deparar com seus relevos insuspeitados ou, pelo menos, ocultados por serem inconscientes. A catástrofe atinge a todos, ao bebê e à família. Ferenczi fala da adaptação da família à criança; isso seria como que uma edificação de estradas e pontes para poder se deslocar nessa nova geografia. A catástrofe destrói o ambiente existente, mas dela surgem novos materiais, novas forças e novas formas.[382]

Em seu escrito *A adaptação da família à criança*,[383] com o qual inaugurou sua virada, Ferenczi colocou o ambiente na berlinda. Fazendo objeção à teoria do trauma de Otto Rank e não discordando da compreensão freudiana sobre a dependência absoluta que o humano infantil tem do ambiente, o psicanalista húngaro considerou o ponto de vista do filhote humano. Ele levou em conta a potência do recém-nascido, porém implicando a adaptação da família às necessidades dele. Assim, "as experiências do bebê não são vistas apenas no tocante ao seu desamparo, mas vão além dele na medida que o mesmo é capaz de ativamente convocar o ambiente em sua defesa".[384]

Diante dessas considerações, alguém poderia interrogar sobre o fato de que aquele que chega precisa se adaptar àquele que já está ali totalmente estruturado e organizado, isto é, o bebê precisa se adaptar ao

---

[381] MAIA, 2003, p. 115.

[382] REIS; MENDONÇA, 2018, p. 26.

[383] FERENCZI, 1928a/2011.

[384] VIEIRA, B. A.; KUPERMANN, D. Limites e atualidade da empatia. *In:* MACIEL JR., A. (org.). *Trauma e ternura:* a ética em Sándor Ferenczi. Rio de Janeiro: 7 Letras, 2018. p. 151-172. p. 162.

mundo familiar, e não o contrário. Não temos nenhuma dúvida sobre a necessidade do bebê de se adaptar ao mundo que o cerca. Porém, acompanhando a leitura de Ferenczi, essa adaptação se dá conforme o ambiente se adapta a ele. É porque a família se adapta ao bebê que ele poderá, por sua potência, desenvolver atos de criação[385] que se articulam com os estágios do sentido de realidade. Não seriam os estágios do sentido de realidade uma obra criativa da criança?

Pois bem, ainda neste escrito, Ferenczi esclareceu que a prontidão fisiológica do bebê e o instinto dos pais tornam a passagem do ventre materno para o mundo exterior tão suave quanto possível. O avanço de suas observações permitiu que ele afirmasse:

> Consideremos os fatos em detalhe: a sufocação ameaçadora tem imediatamente fim, pois os pulmões estão a postos e começam a funcionar desde o instante em que cessa a circulação umbilical; o ventrículo esquerdo, inativo até então, entra em função de forma energética. A essa ajuda fisiológica cumpre adicionar o instinto dos pais, que os impele a tornar a situação do recém-nascido tão agradável quanto possível; o bebê é deitado no quente, protegido ao máximo das excitações ópticas e acústicas incômodas; eles fazem a criança esquecer efetivamente o que se passou, como se nada tivesse acontecido.[386]

Para Ferenczi, existiriam outras formas de trauma que não são de ordem fisiológica e possuem efeitos que, segundo ele, não são fáceis de eliminar. São formas de trauma em que o ambiente tem participação direta. Elas estariam relacionadas à inserção da criança na ordem social: o desmame, o treinamento do asseio pessoal, a supressão dos "maus hábitos" e, principalmente, a passagem da criança à vida adulta.[387]

Se muitos desses traumas são fundamentais para o crescimento e para a estruturação psíquica, alguns deles possuem, na história individual, efeitos que são nefastos: "são os traumas mais graves da infância e quanto a eles, até o presente momento, nem os pais em especial nem a civilização em geral foram bastante previdentes".[388] Seus efeitos nefastos acontecem quando os pais, em função da ausência da apreensão da própria infância,

---

[385] *Idem.*

[386] FERENCZI, 1928a/2011, p. 5.

[387] *Idem.*

[388] *Idem*, p. 5.

não creem na sensibilidade que a criança traz. Comportam-se como se ela nada sentisse em relação às cenas excitantes a que assiste ou a que está submetida, podendo infligir um dano à criança que "pode projetar uma sombra sobre toda a sua vida".[389]

Com isso, podemos perceber o destaque dado por Ferenczi ao campo intersubjetivo, e não somente aos aspectos intrapsíquicos, em relação ao processo traumático. Exploraremos essa temática no próximo capítulo. Por ora, quero assinalar que, sob boas condições fisiológicas e ambientais, a experiência traumática do nascimento é atenuada. Para ele, "o nascimento é um verdadeiro *triunfo*, exemplar para toda vida",[390] e não um trauma que deixaria marcas dolorosas. Portanto, a adaptação do ambiente às necessidades do filhote humano é fundamental para que não somente a experiência do nascimento, mas a apreensão da realidade não se tornem experiências traumáticas. Ou seja, é preciso que o ambiente adaptado ao bebê torne "a transição do útero ao colo materno, e deste ao mundo, a mais delicada possível".[391] Isso chamo de acolhimento. E acolher não necessariamente diz respeito apenas a desejar o bebê. Como afirmado em outro escrito:

> Acolher é suportar que ele [o bebê] não corresponda às fantasias que envolvem o desejo de ter um filho. Suportar que seu ritmo, seu corpo, seu impulso não correspondam às expectativas de completude dos pais. O bebê é imperfeito em sua forma, não porque seja prematuro entre os animais, mas porque é diferente do adulto. Ele nos remete, a todos, ao que fomos em nossos primórdios como bebês.[392]

Quando o ambiente se adapta às necessidades e ao desejo do bebê, quando o ambiente apresenta "tato" — uma "faculdade de 'sentir com'"[393] — às vivências primordiais do filhote humano, é possível que a onipotência infantil seja progressivamente limitada, permitindo sua inserção na ordem social. Mais: ao permitir que não haja uma drástica ruptura na experiência de onipotência, permite que ela seja fonte de criação, onipotência criadora.[394]

---

[389] *Idem.*

[390] *Idem*, grifo do autor.

[391] KUPERMANN, 2019, p. 95.

[392] REIS; MENDONÇA, 2018, p. 22.

[393] FERENCZI, 1928b/2011, p. 31.

[394] KUPERMANN, D. Ferenczi e o Witz: linguagem da ternura e narrativa na clínica psicanalítica. *In:* KUPERMANN, D. *et al.* (org.). *Ferenczi:* Inquietações Clínico-Políticas. São Paulo: Zagodoni, 2020. p. 27-40.

Diante da manifestação do desprazer vivenciado pelo bebê, os pais criam, em sua adaptação, condições na tentativa de lhe proporcionar uma experiência muito próxima daquela que ele vivenciou enquanto habitava o corpo da mãe. De certa forma, eles compreendem que o bebê deseja reencontrar-se naquela situação: enrolam o pequeno em mantas, rodeiam o interior do berço com rolinhos, amenizam a luminosidade e os ruídos, conversam com ele baixinho e melodiosamente e balançam-no vagarosamente em seus colos.[395]

Com isso, eles possibilitam a instauração do primeiro estágio no desenvolvimento de um sentido de realidade — o estágio ou o período da *onipotência alucinatória mágica*, que serve de intermédio para a onipotência absoluta da situação intrauterina, cujos resíduos subsistem na vida adulta. Dessa forma, Ferenczi supôs que a primeira resultante da perturbação primordial é "o *reinvestimento alucinatório* do estado de satisfação perdido: a existência tranquila no calor e na placidez do corpo materno".[396]

O que se evidencia nesse estágio, do ponto de vista subjetivo, é a presença de uma modificação. O filhote humano, na tentativa de se manter no estado de onipotência incondicional, passa a investir de modo alucinatório o seu desejo. Alucinando esse estado de satisfação, ele é levado a se sentir dotado de uma força mágica capaz de concretizar todos os seus desejos mediante a simples representação de sua satisfação. Portanto, reencontrar-se nessa situação é "o *primeiro desejo da criança*",[397] e sua realização ocorre se o ambiente se encarrega de seus cuidados, levando ao cessar da vivência de desprazer que é inaugurada com a experiência do nascimento.

Entretanto, mesmo que a reprodução da situação primitiva seja bem-sucedida, como no sono, ela não é idêntica à que se tinha no corpo materno porque uma mudança já ocorreu. Mesmo o filhote humano ainda não tendo a percepção da existência de seus cuidadores, muito menos a percepção de relações de causas e efeitos, a vivência do retorno à situação primordial só ocorre por efeito da alteridade, que, em função de descargas motoras daquele, encarrega-se de seus cuidados. Isso significa que a

---

[395] FERENCZI, 1913a/2011.

[396] *Ibidem*, p. 50, grifo do autor.

[397] *Idem*.

onipotência primitiva é constantemente ameaçada, pois a realização do desejo por meio da representação alucinatória não perdura.[398]

Desde Freud, sabemos que as excitações pulsionais despontam constantemente, não sendo possível ao ambiente saber de antemão o momento de sua insurgência. Logo, a representação alucinatória deixa de acarretar a realização efetiva do desejo, exigindo do filhote humano sinais e, consequentemente, um trabalho motor para que a situação possa ser modificada a favor de seus desejos e "a 'identidade de representação' seja seguida pela 'identidade de percepção'".[399] Porém, para isso, é preciso haver uma interação entre aquele e o meio, mesmo que ela não seja ainda experenciada pelo primeiro. É uma interação que, sendo a corporeidade o "palco principal", serve de sustentação para a ilusão da onipotência,[400] possibilitando a transformação das descargas motoras descoordenadas iniciais — como o grito e a agitação — em sinais mágicos em função do aumento da complexidade dos desejos que assumem formas mais específicas.[401] A partir dessa interação, o humano infantil passa a produzir sinais especializados para assinalar o seu estado de desprazer, mas que ao mesmo tempo correspondem aos seus desejos, por exemplo, o movimento com a boca quando deseja ser alimentado ou o estender das mãos quando deseja algum objeto.

Há aqui a criação de uma linguagem gestual. Por meio dela, ele continua a crer-se onipotente — uma *onipotência com a ajuda de gestos mágicos*,[402] já que são os seus gestos que favorecem a satisfação que o seu corpo anseia. Ele crê que o movimento que faz com a boca leva o seio a surgir nela, da mesma forma que, ao estender suas mãos em direção aos objetos, convoca-os a aparecer nelas. Entretanto, esse processo criativo só ocorre se o meio for particularmente conciliado.[403]

> Nesse momento não há ainda uma separação entre o gesto e a realização do desejo, pois estender a mão corresponde a criar a mão, olhar os objetos cria o próprio olhar. É o impé-

---

[398] FREUD, 1895/1990.

[399] FERENCZI, 1913a/2011, p. 51.

[400] VERZTMAN; KLEIN, 2018.

[401] FERENCZI, 1913a/2011.

[402] *Idem*.

[403] *Ibidem*, p. 55.

> rio parcial da pulsão, cada parte do corpo atua de forma
> autônoma e a satisfação está no próprio agir.[404]

Até então o filhote do homem se sente uno com o mundo externo, que, seguindo os seus sinais, o atende em suas necessidades e desejos. Isso significa que, em sua vivência, a diferença entre dentro e fora não se faz presente. Entre o movimento da boca ou a mão estendida e o objeto não existe distância, pois o objeto ainda não é percebido como externo ao eu, isto é, separado do eu. Conforme Reis, "não existindo um registro de pensamento separado da atividade corporal que diferencie Eu e não-Eu, o objeto não pode ser criado enquanto representante do mundo externo".[405]

É porque as coisas ocorrem dessa forma que Ferenczi afirmou que no primórdio da vida experimentamos as coisas de forma monista. Ou seja, para o recém-nascido não há distinção entre um estímulo externo ou um processo psíquico.[406] Voltado para si, o eu é marcado originariamente por um estado de unidade — marca originária de unidade que diz respeito à plenitude vivida enquanto habitava o corpo da mãe —, em que as sensações de prazer são tomadas como únicas.

Com o nascimento, uma marca diferencial, o desprazer, estabelece-se em função da perda que ocorre, que, como efeito, cria espaços vazios no corpo — a boca, por exemplo — e um novo tempo é inaugurado. Entretanto, nesse novo tempo de existência, a saciedade da fome preenche o buraco do corpo. Embora essa satisfação seja temporária, é suficiente para marcá-la como experiência e cria uma memória a ser evocada. A repetição dessas experiências permite a apreensão da possibilidade da saciedade, cuja inscrição de sua marca no psiquismo pode ser ativada alucinatoriamente.[407] Isso significa que, nesse tempo de necessidade de receber coisas, a fim de preencher os espaços vazios ou os buracos do corpo, o filhote do homem apreende os conteúdos prazerosos advindos do mundo externo — ação materna — como "obra sua".[408]

Gefühl, ou vivenciado subjetivo, é o nome que Ferenczi deu para essas experiências autoeróticas, que são dominadas pelas sensações de prazer, levando-o a afirmar que "no início, a criança só gosta da saciedade,

---

[404] REIS, 1991, p. 19.

[405] *Idem.*

[406] FERENCZI, S. Transferência e introjeção (1909). *In:* FERENCZI, S. *Obras Completas Sándor Ferenczi.* São Paulo: Martins Fontes, 2011. v. 1. p. 87-123.

[407] REIS, 1991.

[408] *Ibidem*, p. 7.

porque ela aplaca a fome que a tortura – depois acaba gostando também da mãe, esse objeto que lhe proporciona a saciedade".[409] Funcionando como mônada ou como autoerótico, a experiência é de onipotência e, desse modo, o eu é indiferente ao meio, o que faz com que ele coincida com o prazer e o mundo externo, com a indiferença.[410]

Trata-se aqui do eu realidade original ou eu real originário que se encontra pulsionalmente ocupado — narcisismo — e, em certa medida, satisfazendo as pulsões em si mesmo, na satisfação autoerótica.[411] O eu real originário se constitui pelas sensações provocadas pelo encontro com o outro; não possui nenhuma percepção acerca de uma diferenciação em relação àquele, "estando submetido a um movimento permanente de extensão ao mundo dos objetos, não em função de uma falta constitutiva, mas em função de uma 'exuberância' – inicialmente corpórea [...], buscadora de sensações".[412]

Sabemos por Freud que, bem no início da vida, os fragmentos de impressões sensoriais do mundo são levados para o âmbito do autoerotismo por meio dos órgãos dos sentidos. Eles funcionam como "antenas que perscrutam o mundo externo e novamente dele se retiram",[413] não sem antes extrair pequenas amostras dele a fim de conhecer a natureza do estímulo externo em uma tentativa de deter estímulos inapropriados e, assim, proteger-se contra quantidades excessivas.[414] Dessa maneira, o eu real originário se constitui pelas marcas e impressões sensoriais, ou seja, ele se constitui pela sensorialidade.[415] Vale ressaltar que, nesse tempo inicial, é a percepção subjetiva do afeto que se faz presente, e não o objeto em si, visto que o psiquismo, enquanto autoerótico, não discrimina a existência de alguma coisa que seja externa a ele, sendo essa a razão de o gesto do bebê ser percebido por ele como dotado de um grande poder. Para que o objeto possa ser percebido como um representante do mundo externo, é preciso que se estabeleça outro modo de funcionamento.

O incremento das necessidades, que faz com que se tornem mais complexas, e as condições para que sejam satisfeitas se multipliquem,

---

[409]   FERENCZI, 1909/2011, p. 96.

[410]   FREUD, 1915/2020.

[411]   *Idem.*

[412]   KUPERMANN, 2019, p. 114.

[413]   FREUD, 1920/2020, p. 109.

[414]   *Idem.*

[415]   BIRMAN, J. *Por uma estilística da existência*: sobre a psicanálise, a modernidade e a arte. São Paulo: Editora 34, 1996.

junto aos desejos, que se tornaram "mais ousados" e por isso nem sempre serão realizados, mesmo atendendo-se tais condições, são o indício de que as coisas começaram a mudar. Não é porque a criança estende a sua mão que ela obtém o objeto desejado, por exemplo. Com frequência, seu gesto é interrompido por outra mão que detém uma força muito maior e, assim, sua mão retorna vazia. Isso indica que o objeto desejado não acompanha o gesto mágico da criança.[416] Ou seja, "uma potência adversa e invencível pode opor-se pela força a esse gesto e coagir a mão a retomar sua posição anterior".[417] Começa aqui um novo funcionamento, que, não sem a intervenção do ambiente, leva o eu a se desenvolver[418] e, consequentemente, leva-o a um novo sentido de realidade.[419]

Antes de prosseguir, é importante abrir um parêntese: tanto Freud quanto Ferenczi fizeram uso da palavra "desenvolvimento". Ferenczi fez, inclusive, uso da palavra "estágio". É importante esclarecer que, longe de possuir o mesmo significado do modelo de desenvolvimento genético-evolutivo, os diferentes registros do eu e do sentido de realidade dizem respeito à experiência subjetiva. É importante fazer essa pontuação porque o eu originário se faz presente em todo nível da organização da subjetividade, já que ele é corpo, é sensório, é intensidade, é afeto. Em Ferenczi não é diferente. Sua concepção da constituição psíquica também não é atrelada ao modelo de desenvolvimento traçado pelo determinismo científico.

Segundo Verztman e Klein, como a diferenciação entre "o que pertence a si e o que faz parte do mundo externo" é uma tarefa não concretizada totalmente, isso mostra que os estágios do sentido de realidade não são "fases progressivas que devam ser abandonadas, uma vez que a separação em relação à realidade jamais será total".[420] Assim, a palavra "estágio" de forma alguma traz como significação "fases discretas da subjetividade, as quais englobam etapas anteriores e rumam para um progresso de características valorativas e hierárquicas".[421] Fecho o parêntese.

Conforme Kupermann,[422] a superação do segundo estágio — onipotência com a ajuda dos gestos mágicos — ocorre em razão de duas forças

---

[416] FERENCZI, 1913a/2011.

[417] REIS, 1991, p. 53.

[418] FREUD, 1915/2020.

[419] FERENCZI, 1913a/2011.

[420] VERZTMAN; KLEIN, 2018, p. 85.

[421] *Idem.*

[422] KUPERMANN, 2019.

opostas. De um lado, as forças da necessidade e do desejo e, de outro, a potência adversa, que, materializada pelo outro — o adulto cuidador —, poderá tanto atender a criança quanto se opor a ela. O que ocorre é que a produção de uma discordância dolorosa aos poucos intervirá na vivência de onipotência, obrigando o ser onipotente a "distinguir do seu ego – como constituindo o mundo externo – certas coisas malignas que resistem à sua vontade".[423] Se por meio dos órgãos dos sentidos o eu real originário recebe objetos do mundo externo que favorecem experiências prazerosas, devido às vivências das pulsões de autopreservação, ele não está livre de sentir, por certo tempo, as excitações pulsionais como desprazerosas.[424]

Estando sob o domínio do princípio de prazer, inicia nele um novo desenvolvimento porque há a inclusão do que lhe causa prazer e a exclusão ou expulsão do que lhe causa desprazer. Dito de outra maneira, o objeto oferecido a ele que é fonte de prazer o eu toma para si — introjeta —, enquanto o que dentro dele lhe causa desprazer é expelido — projetado —, afirmou Freud em concordância com o pensamento de Ferenczi.[425] Isso significa que o objeto, cuja imposição nega a onipotência infantil, é sentido como maligno, aquele que produz o desprazer. Nesse momento, o psiquismo infantil não tem outra saída que não seja representar os objetos.

O que está em jogo aqui é a conversão de um conteúdo psíquico puramente subjetivo em um conteúdo puramente objetivo, dando início à primeira operação projetiva, "a projeção primitiva".[426] Com essa operação, por meio da qual ocorre a expulsão dos "objetos da massa de suas percepções, até então unitárias, para formar com eles o *mundo externo*",[427] estabelece pela primeira vez uma distinção entre o percebido objetivo (*Empfind-ung*) e o vivenciado subjetivo (*Gefühl*).

Essa distinção faz com que o monismo se converta em dualismo, e o eu real originário se transforme em um eu-prazer.[428] Se antes o eu coincidia com o prazer, e o mundo externo com a indiferença, "após esse rearranjo, é restabelecida a coincidência entre essas duas polaridades":[429] o eu coincide com o prazer, e o mundo exterior com o desprazer, signifi-

---

[423] FERENCZI, 1913a/2011, p. 53.

[424] FREUD, 1915/2020.

[425] FERENCZI, 1913a/2011, p. 53

[426] FERENCZI, 1909/2011, p. 96, grifo do autor.

[427] *Idem*, grifo do autor.

[428] FREUD, 1915/2020.

[429] *Ibidem*, p. 55.

cando que o mundo externo, para ele, encontra-se dividido em uma parte prazerosa que ele introjetou e outra parte — extraída de si e projetada no mundo —, que lhe é estranha e, por isso, sente-a como hostil.[430] No entanto, Ferenczi afirmou que nem tudo é expulso. Há uma parte do mundo que não se deixa ser expulsa, impondo-se ao eu. Dessa forma, este a reabsorve, incluindo-a em seu interesse e propiciando a constituição da *introjeção primitiva*. São palavras do autor:

> Uma parte maior ou menor do mundo externo não se deixa expulsar tão facilmente do ego, mas persiste em impor-se, como que por desafio: ama-me ou odeia-me, 'combate-me ou sê-lo meu amigo!' E o ego cede a esse desafio, reabsorve uma parte do mundo externo e a incluirá em seu interesse: assim se constitui a primeira objeção, a 'introjeção primitiva. O primeiro amor, o primeiro ódio realizam-se graças à transferência: uma parte das sensações de prazer ou desprazer', autoeróticas na origem, desloca-se para os objetos que as suscitaram.[431]

O fato de a objetivação do mundo externo ter iniciado não desfaz de forma repentina o sentimento de onipotência, pois a criança ainda continua investindo o mundo externo com qualidades do eu. Ocorre que a criança, no seu processo de apreender o sentido de realidade, atravessa um *período animista*, em que todas as coisas lhe parecem ser animadas. A criança começa a estabelecer relações entre o seu corpo e o mundo dos objetos, ou seja, ela "tenta reencontrar em cada coisa seus próprios órgãos ou seu funcionamento".[432] Sobre isso, Ferenczi argumentou que, no início da vida, a criança possui um interesse exclusivo pelo próprio corpo em função das satisfações de suas pulsões e do gozo que seu corpo proporciona com determinadas atividades: chupar, comer, excretar, tocar as zonas erógenas. Assim, quando se depara com o mundo externo, no primeiro momento ela se sente atraída pelas coisas e pelos processos que despertam suas recordações relacionadas às experiências corpóreas de prazer.[433]

São nessas relações profundas de semelhança entre o corpo e o mundo dos objetos que persistem por toda a vida que se estabelecem

---

[430] *Idem.*

[431] FERENCZI, 1909/2011, p. 96.

[432] *Ibidem*, p. 54.

[433] *Idem.*

NEM SEMPRE O DANÚBIO É AZUL: QUAL DESTINO PARA O INFANTIL
NO TEMPO DAS FUNÇÕES PARENTAIS TERCEIRIZADAS?

relações que ele definiu como *relações simbólicas*: "nesse estágio, a criança só vê no mundo reproduções de sua corporalidade e, por outro lado, aprende a figurar por meio de seu corpo toda a diversidade do mundo externo",[434] manifestando a "sexualização do universo".[435] Para ilustrar seu pensamento, Ferenczi lançou mão da experiência de um bebê de um ano e meio que, vendo pela primeira vez o Danúbio, fez a seguinte exclamação: "Quanto cuspe!".[436] Vale ressaltar o sentimento de alegria que a criança expressa em suas vivências. Esse é um aspecto importante que não podemos deixar de considerar. Acompanhando Kupermann:

> É evidente o júbilo expresso por essa enunciação, que evoca a potência criadora do sujeito pulsional, sendo esse o significado do sentimento de onipotência proposto por Ferenczi como a força motriz que conduz o sujeito do pensamento alucinatório ao gesto mágico, e deste ao emprego da palavra, não havendo rupturas traumáticas no processo de aquisição do sentido de realidade.[437]

Nesse estágio, em que as relações simbólicas predominam, é o conceito de *introjeção* que está em pauta. Ferenczi criou esse conceito buscando compreender a constituição subjetiva.[438] Para ele, ela se dá com o processo primário de introjeção[439] — um processo longo, complexo e laborioso, sendo "a própria forma de funcionamento do aparelho psíquico, aquilo que o psiquismo pode e sabe fazer".[440] É por meio desse processo que se estabelece a relação do eu com o mundo, já que há uma apropriação das percepções que vêm do mundo com a ação do outro. Como efeito, o eu se expande, uma vez que aquilo que é apropriado se transforma em partes do eu. Dessa forma, para Ferenczi, a introjeção diz respeito a um processo, sendo essa uma concepção bem diversa da concepção daqueles que a conceituam como um mecanismo de defesa. Como salientou Gon-

---

[434] FERENCZI, 1913a/2011, p. 54.

[435] *Idem*. Ontogênese dos símbolos (1913b). *In*: FERENCZI, S. *Obras Completas Sándor Ferenczi*. São Paulo: Martins Fontes, 2011. v. 2, p. 116-118. p. 117.

[436] *Idem*.

[437] KUPERMANN, 2019, p. 104.

[438] Segundo Gondar, além de Freud, outros autores passaram a usá-lo, mas com um sentido diferente. GONDAR, J. Interpretar, agir, "sentir com". *In*: REIS, E. S.; GONDAR, J. *Com Ferenczi: clínica, subjetivação, política*. Rio de Janeiro: 7 Letras, 2017a. p. 33-52.

[439] FERENCZI, 1909/2011.

[440] PINHEIRO, 1995, p. 45.

dar, "trata-se, para ele, do primeiro processo psíquico – um processo de criação e expansão do campo do eu".[441]

São os seus escritos *Transferência e introjeção*[442] e *O conceito de introjeção*[443] que nos dão as ferramentas para compreendê-lo como um processo do aparelho psíquico, isto é, como sendo "a extensão de investimento dirigido aos objetos, a absorção do mundo externo na esfera do ego e uma metabolização dessa apropriação".[444] A título de esclarecimento e com o propósito de pôr um ponto final na confusão conceitual que sua formulação no escrito *Transferência e introjeção* vinha sofrendo, Ferenczi escreveu *O Conceito de introjeção* e, de forma mais incisiva, afirmou:

> Eu descrevi a introjeção como a extensão ao mundo externo do interesse, autoerótico na origem, pela introdução dos objetos exteriores na esfera do ego. Insisti nessa 'introdução', para sublinhar que considero todo amor objetal (ou toda transferência) como uma extensão do ego ou introjeção [...].[445]

É possível destacar nessa definição a associação existente entre a introjeção e o amor ou, como é bem explicado no seu escrito de 1909, entre introjeção e transferência com o movimento da pulsão na sua origem — autoerótica — dirigindo-se aos objetos. Dessa forma, o pensamento ferencziano coaduna com o que Freud apresenta em seu escrito *Sobre o narcisismo: uma introdução*, já que pensam a concepção do psiquismo como originariamente uma mônada ou como autoerótico, sendo necessária uma nova ação psíquica para que a pulsão possa se dirigir ao objeto. Se para Freud a nova ação seria o narcisismo, para Ferenczi seria a própria introjeção.[446] Assim, afirmando o monismo primordial, ele não concebe "a necessidade da intermediação de uma unidade narcísica".[447] Sobre isso, o psicanalista húngaro esclareceu:

> Em última análise, o homem só pode amar-se a si mesmo e a mais ninguém: amar a outrem equivale a integrar esse

---

[441] GONDAR, 2017a, p. 44.

[442] FERENCZI, 1909.

[443] *Idem*. O conceito de introjeção (1912). *In*: FERENCZI, S. *Obras Completas Sándor Ferenczi*. São Paulo: Martins Fontes, 2011. v. 1. p. 210-211.

[444] PINHEIRO, 1995, p. 43.

[445] FERENCZI, 1912/2011, p. 209.

[446] PINHEIRO, 1995.

[447] KUPERMANN, 2020, p. 35.

> outrem no seu próprio ego. [...]. É essa união entre os obje-
> tos amados e nós mesmos, essa fusão desses objetos com
> o nosso ego, que designamos por introjeção e – repito-o
> – acho que o mecanismo dinâmico de todo amor objetal e
> de toda transferência para um objeto é uma extensão do
> ego, uma introjeção.[448]

Como Kupermann esclarece, isso significa que a introjeção não é um estágio da constituição subjetiva a ser superado pela unidade narcísica. Muito ao contrário, o processo introjetivo acompanha o sujeito ao longo de sua vida, permitindo que a produção de sentido seja contínua, não cessando jamais. Nas palavras do autor, "a introjeção implica, portanto, habitação de um espaço 'entre' sujeito e objeto cujo exemplo ilustrativo seria o das secreções e dos excrementos do corpo, que efetivamente se oferecem para Ferenczi como 'algo intermediário'".[449] Como exemplo, ele trouxe a cena do bebê, que provavelmente todos nós já presenciamos, espalhando com júbilo sua golfada pela superfície úmida, referindo-se à expansão do bebê para o mundo a partir das sensações corpóreas e de suas produções, por meio da qual se manifesta a "sexualização do universo".[450] Em relação a isso, é ressaltado que:

> Afirmar que o universo é sexualizado é também conceber
> que as relações simbólicas derivam de uma intimidade
> profunda e persistente entre o corpo e o campo dos objetos.
> Assim, é de um Eu afetado pelas sensações provocadas nos
> encontros com o outro que sujeito e objeto se constituem.[451]

Com Ferenczi, temos que ter sempre em mente a prevalência que ele dá à dimensão ambiental no processo da constituição subjetiva. É porque esta se constitui com base nas relações entre o corpo e o ambiente — relações simbólicas — que o eu e o objeto passam a ganhar sentidos.[452] Conforme Gondar, "introjetar é simbolizar, construindo, num mesmo movimento, um mundo e um si mesmo".[453] Assim, trata-se de um processo de criação e expansão do campo do subjetivo.[454]

---

[448] FERENCZI, 1912/2011, p. 210.

[449] KUPERMANN, 2020, p. 35.

[450] FERENCZI, 1913b/2011, p. 117.

[451] KUPERMANN, 2020, p. 35.

[452] GONDAR, 2017a.

[453] *Idem*, p. 44.

[454] *Idem*.

Contudo, é importante esclarecer que não é o objeto em si (o seio, por exemplo) que é introjetado ou simbolizado, mas as marcas de prazer e desprazer produzidas pela experiência com o objeto. O que é introjetado, o que é incluído na esfera psíquica pela criança é "o prazer experimentado por ela ao mamar e pela mãe ao dar o seio, de modo que a experiência passa a ter um sentido para a criança, assim como tem para a mãe".[455] É uma experiência que tem um sentido para os que estão envolvidos.

Assim, o seio enquanto tal é apenas "um suporte dos sentidos que traz consigo, estes sim essenciais".[456] Dito de outra maneira, o que é incluído na esfera psíquica é o diferencial prazer/desprazer. O seio é o primeiro objeto introjetado, e o processo de introjeção é o que vai fundar o psiquismo devido à inscrição desse diferencial. Portanto, pelo processo de introjeção originária, o mundo é incluído no eu por meio de sensações e afetos, fazendo com que a introjeção seja um processo definido como basicamente afetivo.[457]

> É na experiência afetiva em comum que a introjeção opera. Em outros termos: vai-se do sensível para o sentido, e não do significante para o sentido. Somente a partir da introjeção, e das experiências afetivas que condicionam esse processo, o aparelho psíquico pode criar e apropriar-se de sentidos.[458]

Como um processo fundante do aparelho psíquico, na leitura ferencziana, a introjeção, por meio da inclusão do objeto, possibilita, então, a apropriação do sentido, já que começa a povoar o aparelho psíquico de representações.[459] Desse modo, a introjeção está relacionada à linguagem, ao mundo de representações do objeto, à ordem de valores, ao investimento, ao sentido.[460] Entretanto, isso não quer dizer que o processo de introjeção esteja atrelado somente ao campo representacional. Para Ferenczi, o sentido não se restringe ao linguístico.

Não resta dúvida de que a linguagem é fundamental para que uma subjetividade se constitua. É por meio dela que o filhote do homem é inscrito na ordem da cultura. É por meio da linguagem também que a criança simbolizará seus desejos. Até então, esses e seus objetos eram

---

[455] *Idem.*

[456] PINHEIRO, 1995, p. 46.

[457] GONDAR, 2017a, p. 44.

[458] *Idem.*

[459] PINHEIRO, 1995.

[460] *Idem.*

NEM SEMPRE O DANÚBIO É AZUL: QUAL DESTINO PARA O INFANTIL
NO TEMPO DAS FUNÇÕES PARENTAIS TERCEIRIZADAS?

representados pela criança por gestos (representação por imagens), que vão se tornando dispensáveis diante da capacidade dos órgãos da fonação, cuja função "permite reproduzir uma diversidade muito maior de objetos e processos do mundo externo, e fazê-lo de um modo mais simples do que pela linguagem gestual".[461] Temos aqui um importante avanço — a substituição do simbolismo gestual pelo simbolismo verbal a partir da relação associativa entre os sons e as coisas, sendo "até progressivamente identificadas com eles".[462] As palavras ferenczianas podem facilmente nos transportar para o jogo do ir e vir, que, realizado por sons e gestos, materializa a alternância presença/ausência. Estou me referindo ao jogo do carretel presente no escrito freudiano *Além do princípio de prazer.*[463]

Segundo Reis, que apresenta importantes considerações sobre esse brincar articulando-as com as ideias ferenczianas acerca da linguagem, os sons emitidos pela criança — "*o-o-o-o*" e "*da*" —, que Freud interpretou como *fort* (ir embora, desaparecer) e *da* (vir, aparecer), ainda não são palavras, mas a reafirmação de seus gestos de lançar o carretel e trazê-lo de volta. Porém, esses dois fonemas "já significam a repetição diferencial do simples gesto de se separar do objeto".[464] Ou seja, o gesto não é mais apenas um movimento corporal, pois se tornou "um elo de ligação e significação do mundo, agora já reconhecido como externo ao psiquismo",[465] indicando o surgimento da "possibilidade de uma afirmação de sentido que ultrapassa a '*mise-en-scène*' gestual, trazendo a repetição para o registro de uma '*mise-en-sens*' da linguagem.[466]

Ainda com a autora, o surgimento da linguagem verbal é marcado pelos sons que acompanham os gestos em associação com a figuração pela imagem (pelo gesto de largar e trazer de volta). Essa associação do som à imagem gestual, que marca a passagem do gesto para a palavra, Ferenczi considerou a mais alta realização do aparelho psíquico, já que a representação por imagens e a encenação dramática se tornam inúteis e as séries de fonemas, que chamamos de "palavras", apresentam-se como uma forma mais eficaz e econômica de viabilizar a realização do desejo.[467]

---

[461] FERENCZI, 1913a/2011, p. 55.

[462] *Idem.*

[463] FREUD, 1920.

[464] REIS, 1991, p. 26.

[465] *Ibidem*, p. 25.

[466] *Ibidem*, p. 26, grifo do autor.

[467] FERENCZI, 1913a/2011.

Além disso, o pensamento expresso por palavras é o que permite a adaptação à realidade, visto a exigência do adiamento da realização do desejo.

Apesar de todo esse processo, o sentimento de onipotência ainda é preservado na criança. Sua preservação se dá em função de o meio se apressar em atender os seus desejos — agora, expressos por palavras — e adivinhá-los quando esses são expressos com a ajuda de mímicas. Sem nenhuma dificuldade, a criança crê que ela detém poderes mágicos, materializados em suas palavras. Eis um novo estágio do sentido de realidade: "*o período dos pensamentos e palavras mágicos*".[468]

O que se percebe é que em Ferenczi a linguagem ganhou uma amplitude. E isso parece se dar em função de sua concepção acerca do simbólico, que é bem diversa daquela que se costuma pensar. Ele a atrela a outra dimensão da linguagem. Vejamo-la na companhia de Gondar, por ela nos apresentar essa dimensão em Ferenczi de modo bem elucidado. Conforme a autora, de modo geral, a linguagem teria uma dupla natureza: física e psíquica. Enquanto física, ela se apresenta tendo uma materialidade, fazendo parte do mundo material. Ao mesmo tempo, ela é psíquica, pois é representação. Assim, a linguagem é corpo e psíquico. Porém, Ferenczi apresentou outra dimensão que está além do campo material ou representativo.

> Uma dimensão estética, uma dimensão sensível, na qual se destaca a imagem sensorial da palavra, imagem que não pode ser assimilada nem ao significante linguístico, nem ao que é emitido por um aparelho fonador. O que interessa é um certo halo que as palavras possuem, é a atmosfera que delas emana.[469]

Diante dessa terceira dimensão da linguagem, a autora destacou que símbolo e simbólico em Ferenczi possuem uma concepção diferente da concepção dos pensadores estruturalistas. Para o psicanalista húngaro, "o simbólico não deriva nem está subordinado à linguagem; ao contrário, a linguagem é que seria uma das possibilidades de relação simbólica, entre outras".[470]

---

[468] *Ibidem*, p. 56, grifo do autor.

[469] GONDAR, J. As coisas nas palavras: Ferenczi e a linguagem. *In:* REIS, E. S.; GONDAR, J. *Com Ferenczi*: clínica, subjetivação, política. Rio de Janeiro: 7 Letras, 2017c, p. 112-121. p. 113.

[470] *Ibidem*, p. 114.

A afirmação de Gondar vai ao encontro da afirmação de Ferenczi em seu escrito *Ontogênese dos símbolos*: "a experiência psicanalítica nos ensina, de fato, que a principal condição para que surja um verdadeiro símbolo não é de natureza intelectual, mas afetiva".[471] Em outro escrito, *O simbolismo da ponte*, Ferenczi apontou que os símbolos têm como sustentação o corpo. Eles "possuem uma base fisiológica, ou seja, exprimem de uma forma ou de outra, o corpo inteiro, um órgão do corpo ou uma função deste"[472] porque trazem consigo "a presença da filogênese na peri e na ontogênese. Presença corpórea, ainda que sob a forma de fragmento, resto, índice".[473]

É nessa perspectiva que a mãe simboliza o mar, e não o mar simboliza a mãe; afinal, ela traz em seu corpo, durante um período, vestígios de Thalassa — o líquido amniótico. Portanto, o símbolo guarda em si as catástrofes; "resgata a força poética de uma história que remonta as grandes catástrofes geológicas: ele dramatiza uma catástrofe, uma situação traumática e, também, o modo pelo qual foi possível se livrar dela".[474] Por essa razão não é possível reduzir o símbolo à lógica linguística. Se assim fizermos, não alcançaremos a concepção ferencziana. É preciso que a situemos "num modo de funcionamento que não é o da linguagem, mas o do afeto e da sensibilidade".[475] O que Gondar está destacando é que, embora a linguagem seja a forma mais complexa de simbolização, em Ferenczi ela não é a única.

A produção de sentido está submetida a outra lógica. Diferentemente de outros autores, cuja lógica operante dos processos de simbolização é pela via da linguagem ou da capacidade de representar, a lógica que opera na tese ferencziana é a de que os processos de simbolização residem "na possibilidade de estabelecer semelhanças no plano da sensorialidade".[476] Desse modo, a produção de sentido se dá com base em relações pautadas na dimensão do sensível, e não com base na relação entre significantes: "vai-se do sensível para o sentido, e não do significante para o sentido".[477]

---

[471] FERENCZI, 1913b/2011, p. 116.

[472] *Idem*. O simbolismo da ponte (1921). *In*: FERENCZI, S. *Obras Completas Sándor Ferenczi*. São Paulo: Martins Fontes, 2011. v. 3, p. 113-116. p. 116.

[473] GONDAR, 2017c, p. 115.

[474] *Idem.*

[475] *Ibidem*, p. 114.

[476] *Ibidem*, p. 115.

[477] *Idem.*

Isso já indica que, para Ferenczi, há uma origem da linguagem que se encontra nas relações de semelhança sensória, nas relações simbólicas. Nas palavras dele: "Em sua origem, a linguagem é a imitação, ou seja, a reprodução vocal de sons e ruídos produzidos pelas coisas ou que se produzem por intermédio delas".[478] Essa tese Ferenczi mantém até o fim de sua vida: "Falar é imitar. O gesto e a fala (voz) imitam objetos do mundo circundante. '*Ma-ma*', é magia de imitação (o seio da mãe). O primeiro '*ma-ma*' quando o seio é retirado".[479] Portanto, em Ferenczi as palavras imitam as coisas.[480]

Conforme essa lógica sustentada pelo autor, o signo não é arbitrário e, dessa maneira, a palavra não faz parte das convenções estabelecidas pelo homem. A palavra não mata a coisa, do mesmo modo que a cultura não é o exílio da natureza e que o símbolo se faz presente em função da ausência.[481] Ferenczi tem como fio condutor a ideia de que algo das coisas se mantêm nas palavras e por isso sua concepção sobre a linguagem possui outra lógica.

> É toda uma outra lógica que se põe em jogo quando se afirma que as palavras imitam, de algum modo, as coisas. Nesse caso, admite-se que as palavras possuem uma relação mais íntima com as coisas, presentificando-as ao serem ditas. Um halo da coisa estaria presente na palavra. Um halo da natureza estaria presente na cultura. Um halo sensorial estaria presente no símbolo.[482]

É importante assinalar que a imitação a que Ferenczi se referiu vai além da reprodução exata de um som ou de um ruído no sentido onomatopeico. Essa figura de linguagem indica apenas a existência de uma maior relação entre as palavras e as coisas, entre a linguagem e a natureza. Sendo muito mais ampla, a tese de Ferenczi se refere à capacidade da linguagem "de tocar o real".[483] Porque a linguagem estabelece uma relação íntima com as coisas é que sua tendência é de tocá-las. Aqui temos a palavra na sua literalidade, indicando o seu corpo. Nesse sentido, as figuras de linguagem seriam desdobramentos da literalidade, da corporeidade da

---

[478] FERENCZI, 1913a/2011, p. 55.

[479] *Idem*, 1990, grifo do autor.

[480] GONDAR, 2017c.

[481] *Idem*.

[482] *Idem*, p. 116.

[483] *Ibidem*, p. 117.

palavra. Dito de outra maneira, a metáfora, por exemplo, seria uma figura de linguagem que contorna a dimensão sensória da linguagem. Revestindo o caráter sensorial da palavra, ela promove certo distanciamento da literalidade. É curioso que, com alguma frequência, referimo-nos às palavras como se estivéssemos provando-as, tocando-as ou vendo-as, como se todos os órgãos dos sentidos se fizessem presentes. Dizemos que são doces, ácidas ou amargas; leves, pesadas ou ásperas; belas ou horríveis; ruidosas ou melódicas. Podemos considerar que empregamos uma figura de linguagem. Porém, há algo maior a ser considerado: o fato de sermos tocados por elas.

Ferenczi dedicou algumas páginas de sua obra a isso, mais exatamente às "palavras-tabus",[484] que possuem "um caráter tangível (sensorial)",[485] isto é, as coisas são literalmente tocadas com as palavras. Trata-se de seu escrito *Palavras obscenas. Contribuição para a psicologia do período de latência*, em que ele apresentou o poder particular que as palavras obscenas detêm, já que quem as escuta acaba por "imaginar o órgão ou as funções sexuais, em sua realidade material"[486] e isso provoca nele, no ouvinte, "o retorno regressivo e alucinatório de imagens mnêmicas".[487] Não satisfeito inteiramente de que a resistência para pronunciar ou para ouvir tais palavras adviria das teorias sexuais infantis e do complexo edipiano recalcado, ele propôs a ideia de que esta não é uma característica apenas das palavras-tabus, afirmando que "as palavras obscenas possuem características que num estágio mais primitivo do desenvolvimento psíquico, se estendem a todas as palavras".[488]

Apoiando-se no escrito freudiano *O chiste e sua relação com o inconsciente*, em que encontramos a afirmação freudiana de que as crianças "costumam tratar as palavras como coisas",[489] Ferenczi esclareceu que podemos reencontrar uma base para a compreensão das características particulares das palavras obscenas — seu caráter tangível (sensorial) — se supusermos que a distinção rigorosa dos objetos representados e dos objetos reais pode ser imperfeita, existindo, portanto, uma tendência do

---

[484] FERENCZI, S. Palavras obscenas. Contribuição para a psicologia do período de latência (1911). *In:* FERENCZI, S. *Obras Completas Sándor Ferenczi*. São Paulo: Martins Fontes, 2011. v. 1, p. 125-138. p. 126.

[485] *Ibidem*, p. 130.

[486] *Ibidem*, p. 128.

[487] *Idem.*

[488] *Idem.*

[489] FREUD, S. O chiste e sua relação com o inconsciente (1905b). *In:* FREUD, S. *Edição Standard Brasileira das Obras Psicológicas Completas de Sigmund Freud*. Rio de Janeiro: Imago, 1988. v. 8, p. 17-219. p. 58.

psiquismo a recair no modo de funcionamento primário regressivo. Isso justificaria o caráter tangível (sensorial) ser próprio de todas as palavras, e não somente das palavras obscenas.[490] Com isso, quero evidenciar a potência sensória das palavras. Expressando mais do que significando, presentificando mais do que representando, "a palavra sensória [...] é, sobretudo, uma palavra intensa, expressiva, e, para Ferenczi, simbólica em seu sentido mais original".[491] Nessa dimensão sensorial ou afetiva da linguagem, o que está em jogo é a presença do corpo enquanto potência, que diz respeito à sensorialidade — matéria-prima do corpo —, que é fonte da onipotência criadora.

Nesse sentido, podemos compreender que, a cada estágio do sentido de realidade, há uma criação por parte da criança, sempre para resgatar a vivência da onipotência incondicional. Daí a palavra, ou linguagem verbal, não ser somente um modo de expressão. Ela é mais. É "a expressão de uma experiência de onipotência criadora, nunca totalmente perdida, e de uma potência psicossomática (toda expressão é também corpórea)".[492] Desse modo, a palavra em Ferenczi abriga em si uma relação com o gesto. Este "sobrevive na forma do canto que impregna toda emissão da voz".[493] Assim, para Ferenczi, "a palavra é mágica apenas porque é enunciada em uma zona de indiscernibilidade com o corpo – o corpo próprio e o corpo do outro –, e com o que chamamos de objeto na psicanálise".[494]

Nesse percurso feito na companhia de Ferenczi, e de autores psicanalistas contemporâneos que compartilham de seu pensamento, trouxe conceitos fundamentais — catástrofe, introjeção, linguagem, sentido de realidade —, que apontam para a função do ambiente no que diz respeito à constituição subjetiva. Todos nós sabemos que sua estruturação não está dada de saída. É preciso que se estabeleça uma relação com o objeto. Para isso, é imprescindível que o ambiente esteja aberto, disponível a adaptar-se àquele que acabou de chegar, permitindo que o processo introjetivo se estabeleça sem entraves e que a ilusão de onipotência não seja rompida drasticamente. Há de se supor que os entraves acarretam um dano subjetivo, não sendo por acaso as palavras de Ferenczi: "se a

---

[490]   Idem.

[491]   GONDAR, 2017c, p. 119.

[492]   KUPERMANN, 2020, p. 33.

[493]   Idem.

[494]   Idem.

criança é tratada com amor, não será obrigada, mesmo nesse estágio de sua existência, a abandonar sua ilusão de onipotência".[495]

O colorido que Ferenczi deu ao ambiente e, consequentemente, ao relacional é patente em seu escrito *O desenvolvimento do sentido de realidade e seus estágios.*[496] De acordo com a sua óptica, o filhote do homem gostaria de permanecer habitando o corpo materno em função da quietude que vivenciou. Porém, forçosamente foi posto no mundo e precisou recalcar seus modos de satisfação preferidos e adaptar-se a outros modos ou inventá-los. A cada estágio esse jogo se repete.[497] Cada estágio é uma criação realizada pela criança, não sem um ambiente conciliador. Trata-se de um ato criativo cujo motor é a ilusão da onipotência. Além disso, por meio desse jogo, a tendência à inércia, à regressão, ao estado de quietude que acaba por dominar a vida orgânica é suplantada pela tendência à evolução, à adaptação. Entretanto, é preciso a intervenção do ambiente, visto esta suplantação depender "unicamente de estímulos externos".[498] Como estímulos externos, podemos entender o acolhimento do ambiente.

É quando o seu impulso de viver não é assegurado pelo ambiente, com a delicadeza de um cuidado, é quando o ambiente não se adapta às necessidades e ao desejo daquele que há pouco chegou, é quando o ambiente não o acolhe em sua vulnerabilidade que vemos que o jogo, mencionado por Ferenczi, deixa de acontecer. Em outras palavras, é quando o ambiente não se constitui em sintonia com o filhote do homem que a experiência de sentido — uma experiência banhada pelo afeto e, dessa forma, não sem o corpo — é abalada, comprometendo a constituição subjetiva.

---

[495] FERENCZI, 1913a/2011, p. 54.

[496] *Idem.*

[497] *Idem.*

[498] *Ibidem*, p. 60.

PARTE III

QUANDO OS FIOS SE ROMPEM

3

DES(ACONTECIMENTOS)

3.1 Considerações iniciais

No capítulo anterior, procurei apresentar de maneira sistemática a importância da função do ambiente no processo da constituição subjetiva. Percorri os ensinamentos de grandes mestres da psicanálise — Freud, Ferenczi e Lacan —, cada qual com sua óptica, porém comungando de uma mesma ideia: a associação da constituição subjetiva à existência de um processo de afetação que somente pode ser subjetivado em razão do encontro com a alteridade. Eles partem de uma mesma premissa: a vida do humano infantil se sustenta na presença do outro e, portanto, é assegurada somente por ela.

Entretanto, trata-se de uma presença que não se traduz apenas em sua concretude, mas que é fonte de um encontro afetivo, potente e vitalizante, que fisga o filhote humano para a vida. *Eu embalo o seu corpo e te dou a minha mão* é para mim a expressão verbal que melhor traduz a presença referida. Aprendemos com Freud que a pulsão de vida não está dada. Não se nasce com ela. Ela é efeito do encontro com o outro. Foi isso que o pai da psicanálise transmitiu quando, em seus ensaios sobre a teoria da sexualidade, afirmou que a pulsão de vida só entra em ação com o investimento libidinal do outro.[499]

Nessa mesma esteira, Lacan sublinhou que, como efeito da presença do Outro primordial, a pulsão originária se torna pulsão sexual, e o gozo do vivo ou do ser, que é mortífero, transforma-se em um gozo sexual — gozo fálico. E Ferenczi assinalou que o acolhimento do outro revestido pela ternura e pelo tato, ao favorecer o despertar da pulsão de vida da criança, assegura seu impulso de viver. Portanto, por vias e vieses distintos, os autores apontam para a relação inaugural do eu com o ambiente e a construção do psiquismo. Eles assinalam que, por meio desse encontro,

---
[499]   FREUD, 1905a/1988.

não somente as primeiras vivências perturbadoras são simbolizadas como a pulsionalidade vital ganha mais potência. Ora, vemos, então, que em todas essas operações a qualidade do encontro com o outro influenciará na organização psíquica.

Assim, banhando o seu filhote com *Eros*, o outro materno exerce a função de continente, já que promove a criação e a ligação de representações. Com *Eros*, o outro materno entrelaça corpo, afeto e linguagem, e uma rede de sentidos que amparará o filhote humano começa a ser tecida. É dessa maneira que podemos compreender a vida subjetiva quando tudo vai bem — movida por um encontro potente e vitalizante e que se inaugura por meio do acolhimento do outro ao infante. Pelo acolhimento, o outro convida aquele a existir, oferecendo-lhe as condições fundamentais para desejar viver.

Contudo, nem sempre o encontro é dessa ordem, potente e cheio de vitalidade. Nem sempre é possível para o ambiente transmitir *Eros* àquele que acabou de chegar. Sabemos que tantos são os que se constituem subjetivamente mal ou muito mal, fazendo com que muitas vezes a vida seja sentida como um grande desafio. Eu poderia importar da literatura psicanalítica alguns exemplos a título de ilustração, mas uma passagem de uma das obras da jornalista e escritora Eliane Brum me parece tão esclarecedora que é impossível não citar. Refiro-me aqui aos sujeitos que fazem da escrita da autora uma verdade a ser escutada:

> Desde o início o mundo doeu em mim. Dentro, mas fora também. Alguns creem que as memórias da primeira infância ou são boas ou não existem, temerosos de que até o mito da infância feliz lhes escape. São os que preferem não lembrar. Eu lembro muito, sempre lembrei. E ainda hoje há noites, muitas noites, em que acordo com o coração descompassado. Sempre vou temer o retorno da escuridão, que para mim é o mundo sem palavras. [...] A morte é o mundo sem palavras. E é curioso que minha primeira lembrança seja a morte. Como se eu tivesse nascida morta. E a vida só tivesse acontecido alguns anos depois, quando eu já era um zumbi crescido.[500]

As linhas escritas por Brum apontam para a existência de outro cenário — quando em decorrência de suas dificuldades, o ambiente falha em sua função. Vale ressaltar que, quando me refiro à falha do ambiente,

---

[500] BRUM, E. *Meus desacontecimentos*: a história da minha vida com as palavras. São Paulo: Leya, 2014. p. 12.

NEM SEMPRE O DANÚBIO É AZUL: QUAL DESTINO PARA O INFANTIL
NO TEMPO DAS FUNÇÕES PARENTAIS TERCEIRIZADAS?

estou me referindo a uma "experiência de medida".[501] O que está em jogo nela é o reconhecimento da singularidade daquele que recebe os cuidados. O que está sendo elucidado aqui é que a experiência de medida comporta um potencial ético, visto que ela se enraíza em um reconhecimento preciso em relação àquele que necessita de cuidados.[502] Portanto, a falha do ambiente incide na experiência de medida, o que faz com que o cuidado excessivo ou a falta de cuidado se tornem traumáticos nos primórdios da vida, por não haver um reconhecimento do ritmo e do tempo próprio da criança.[503]

Destaco aqui a ausência de reconhecimento de uma singularidade subjetiva por parte do outro. Mais adiante voltarei a esse ponto. Por enquanto, quero destacar que o ambiente está implicado na experiência primordial. É pela relação com ele que o sentido emerge e que uma rede subjetiva se constitui: seus componentes — corpo, afeto e linguagem — a tecem em um interjogo, como fios que vão se entrelaçando.

Assim, tendo em mente que a qualidade do acolhimento do ambiente nos primórdios da vida interfere na organização psíquica daquele que subjetivamente está por se constituir, é necessário abordar os efeitos quando não é possível ao ambiente criar uma atmosfera que possa *fazer dela* e *com ela* uma experiência afetiva compartilhada. Ou seja, sua inabilidade para cumprir sua função parece potencializar o aspecto disruptivo e ameaçador da pulsionalidade, levando o sujeito infantil à vivência de um trauma precoce que não pode ser elaborado pelo psiquismo.

Se pensarmos que o entrelaçamento entre corpo, afeto e linguagem se dá no interior do encontro de uma mãe com seu bebê e na potência erótica que emerge dele, veremos que não é sem consequências quando o ambiente falha em sua função, por exemplo, quando o outro cuidador por alguma razão se apresenta de forma silenciada ou mecanizada. Se não é possível pensarmos na existência do afeto e da linguagem sem um corpo, é possível pensarmos na existência de uma linguagem precária que, como tal, não dá conta de exprimir os afetos, ou na existência da linguagem, mas sem afeto. Ou ainda, é possível pensarmos em um corpo

---

[501] FIGUEIREDO, L. C. A metapsicologia do cuidado. *In:* FIGUEIREDO, L. C. *As diversas faces do cuidar: novos ensaios de psicanálise contemporânea.* São Paulo: Escuta, 2009. p. 131-151.

[502] *Idem.*

[503] FÉRES-CARNEIRO, T.; MAGALHÃES, A.; MELLO, R. A maturação como defesa: uma reflexão psicanalítica à luz da obra de Ferenczi e Winnicott. *Revista Latinoamericana Psicopatologia Fundamental,* [s. l.], v. 18, p. 268-279, jun. 2015.

privado de afetos e linguagem, como o corpo catatônico. Com isso, estou apontando para a possibilidade de um dos componentes ser estrangulado, comprometendo a tessitura da rede, já que a ausência ou a precária atmosfera, entre a mãe e o bebê, acaba por "truncar as relações básicas entre corpo, afeto e linguagem e a dificultar a emergência do sentido como significação compartilhada".[504]

Mesmo com as perspectivas diferentes apresentadas por diversos autores, a literatura psicanalítica apresenta a ideia de que, sem o cuidado amoroso do outro, sem um bom acolhimento, a criança encontra a morte como destino — se não a morte real, a perda de vitalidade. Entre os autores que se dedicaram a essa ideia, é quase impossível o nome de René Spitz[505] não ser o primeiro a nos visitar. Suas pesquisas e seus estudos sobre o efeito que a ausência de uma relação materna pode provocar nas crianças o levaram à constatação de que muitas desenvolviam um quadro depressivo — depressão anaclítica —, constituindo o que ele designou por *hospitalismo*. Segundo ele, a privação total dos cuidados maternos e do provimento afetivo leva a criança à deterioração física e psíquica, apresentando perda gradual de interesse pelo meio, comportamentos estereotipados, atraso acentuado no desenvolvimento geral e uma intensa propensão às infecções que podem evoluir para um quadro de marasmo seguido de óbito.

Criticando a ideia de carência afetiva desenvolvida com base nas pesquisas de Spitz, Lacan, em seu escrito *Diretrizes para um congresso sobre a sexualidade feminina*,[506] sustentou que, na carência, é a mediação que falha. É a mãe enquanto função simbólica que falta, e não a mãe concreta. Esta é necessária para que a alternância presença-ausência possa se estabelecer. Isso quer dizer que só existe presença porque existe ausência e vice-versa. Portanto, "o apelo à presença se recorta sobre um fundo de ausência da mãe concreta".[507] Ou seja, a resposta ao apelo faz aparecer uma falta: *"Ela poderia ter vindo antes"*, diria o bebê. Assim, a mãe que o bebê chama, a quem ele faz apelo, é a mãe em sua condição alternante, é a mãe simbólica, derivada da resposta que ela dá ao grito e que o transforma em demanda.

---

[504] MAIA, 2001, p. 267.

[505] SPITZ, 1979/1991.

[506] LACAN, 1960/1998.

[507] ANSERMET, 2003, p. 74.

Como Freud transmitiu, a mãe, como alternância, é *Fort-Da*.[508]
Ela desaparece e aparece; ela vai e retorna. Entretanto, quando o grito
não é escutado como apelo ou deixa de ser escutado, a mãe é excluída
do simbólico — "ela vira real, *Fort* sem *Da*. O jogo da alternância desaparece. Resta tão-somente o *Fort*".[509] Isto é, se *Da* é a mãe que retorna,
que aparece — a mãe simbólica —, a criança carente fica apenas com o
Fort, com o desaparecimento da mãe, resultando para a criança em uma
confrontação direta com o real que é da ordem do traumático.

Tudo isso indica que o sofrimento do sujeito é, sobretudo, de um
excesso de real, de uma ruptura do real pulsional. Portanto, a problemática
da criança carente na leitura de Lacan se situa no fato de ela não encontrar um lugar no que preexiste a ela, o que faz com que algumas delas
não sejam incluídas na rede simbólica. Daí ela ser uma criança rejeitada
do simbólico. É importante ressaltar que a carência simbólica, seja no
nível que for, não necessariamente precisa estar associada a um abandono concreto. Ela pode acontecer sem que haja uma carência objetiva,
basta a criança não ter sido subjetivada no desejo do Outro. Trata-se da
ausência da mãe ou de um excesso de sua presença operatória, concreta,
que não permite a mediação realizada pelo Outro, privando a criança da
mãe simbólica.

Sem essa mediação, "o grito não encontra tempo nem espaço para
se propagar. [...]. É um grito silencioso. Não pode ser escutado, como
se, em uma espécie de implosão, estivesse situado fora das frequências
audíveis".[510] Entregue a essa ausência e não encontrando um lugar no
desejo materno, a criança se apaga. Ela fica mortificada. Isso explica o fato
de a presença materna ser fundamental. Sem ela, o vazio e o silêncio da
ausência se abrem não como um espaço para criar, mas como um abismo
para morrer. A razão é que a "carência é também carência de ilusão: falta
de luz, o Verbo não está lá para iluminar a coisa, para fazê-la ser".[511]

Embora Freud tenha dado prevalência ao mundo intrapsíquico,
ele não deixou de levar em consideração a qualidade do ambiente, por
meio do qual o filhote do homem se constituirá subjetivamente. Segundo
Ansermet, o remanejamento que Freud realizou do conceito de angústia

---

[508] FREUD, 1920/2020.

[509] ANSERMET, 2003, p. 77, grifo do autor.

[510] ANSERMET, 2003, p. 77.

[511] *Ibidem*, p. 78.

e da noção de traumatismo tornou centrais o papel do meio ambiente e a necessidade de ajuda exterior em situações de desamparo: "a referência à *constância* e às *qualidades* do meio ambiente se integra às fontes intrapsíquicas do traumatismo em suas conexões com os acontecimentos do mundo exterior".[512] Feita essa ressalva, vamos ao encontro de Ferenczi, cuja companhia escolhi para caminhar neste capítulo. Minha escolha se justifica por ele privilegiar a dimensão relacional na constituição da subjetividade.

Se Freud privilegiou a dimensão pulsional, e Lacan, a da linguagem, Ferenczi se voltou mais para a ação do ambiente e seus efeitos sobre o psiquismo que está se constituindo. Foi ele quem mais valorou a qualidade do ambiente no processo da constituição subjetiva, não sendo por acaso considerado o precursor da teoria das relações de objetos[513] e aquele que inaugurou uma nova perspectiva em relação ao pensamento psicanalítico.[514] Centrado na importância da adaptação da família à criança e, assim, no acolhimento que aquela dispensa a esta, o psicanalista húngaro esclareceu que esse cuidado produz efeitos na constituição subjetiva, de tal maneira que sua ausência pode deixar marcas psíquicas definitivas e graves.

Não por acaso também ele se debruçou sobre "a dimensão sensível da clínica, isto é, a atmosfera afetiva posta em jogo durante uma sessão de psicanálise, [sendo] o eixo condutor [de seu] pensamento teórico".[515] Sua obra, do início ao fim, é um testemunho disso, embora seus escritos após a "virada de 1928"[516] evidenciem-no mais. Sua clínica foi norteada pelo cuidar da criança — a criança no adulto —, que, em um tempo pretérito, foi ferida pelo ambiente que não reconheceu sua vulnerabilidade; uma ausência de reconhecimento materializada pela má adaptação do ambiente à criança, cujo desdobramento aponta para o mau acolhimento

---

[512] *Ibidem*, p. 134, grifo do autor.

[513] Para os adeptos da teoria das relações de objetos, o psiquismo é concebido pela internalização das experiências relacionais. Dessa forma, a pulsão inata do bebê é presumida como sendo moldada pelas interações com o ambiente. Segundo essa tradição de pensamento, o inconsciente é estruturado pela qualidade da transformação mental das experiências sensoriais e emocionais nas relações primárias (*In:* Dicionário Enciclopédico Inter-Regional de Psicanálise da IPA, p. 186. Disponível em: www.ipa.world/encyclopedic_dictionary).

[514] GURFINKEL, D. *Relações de objeto*. São Paulo: Blucher, 2018. E-book.

[515] VIEIRA, A. B. Considerações sobre as modificações de Ferenczi à técnica psicanalítica e os desenvolvimentos posteriores de Winnicott. *Caderno psicanalítico*, Rio de Janeiro, v. 40, n. 38, p. 79-96, jun. 2018, p. 81.

[516] KUPERMANN, 2019.

e para o traumatismo provocado pela "hipocrisia dos adultos desprepa-rados e insensíveis".[517]

Esses sujeitos a quem Ferenczi se dedicou eram considerados como casos "não analisáveis" pela comunidade psicanalítica da época, razão pela qual o psicanalista húngaro ter sido considerado como o analista de "casos difíceis". Esses pacientes, não acolhidos por muitos psicanalistas, eram os traumatizados. Ferenczi os acolheu, e os acolheu bem.

3.2 Sobre a criança mal-acolhida e sua pulsão de morte

Se fossemos sintetizar em poucas palavras o que foi exposto até este momento, poderíamos dizer que não existe possibilidade de nos constituirmos enquanto sujeitos fora do campo intersubjetivo pelo qual são transmitidas a linguagem e a cultura. Isso significa que "os processos de subjetivação só podem se fazer num contexto coletivo",[518] razão pela qual Ferenczi afirmou a importância de o filhote humano ser acolhido por seu entorno, do contrário, ele desliza para o estado de não-ser.

A afirmativa ferencziana nos dá abertura para que seja abordada a ideia sustentada pelo autor sobre a pulsão de morte. Assim, antes de analisar seu escrito sobre a criança mal-acolhida, é necessário explorar sua concepção sobre a pulsão de morte por duas razões: o autor a apresenta imperando no psiquismo daquele que, no início da vida, não foi bem rece-bido e, ainda que não tenha feito oposição à visão freudiana apresentada em *Além do princípio de prazer*,[519] Ferenczi não apenas indicou que a pulsão de vida não deriva da pulsão de morte, como sustentou um viés em que a pulsão de morte não é hegemônica. Assim, vamos à sua concepção.

Alguns anos antes de a pulsão de morte ser conceituada por Freud, Ferenczi já dava mostra dessa ideia ao afirmar, em uma nota de rodapé, que existiria uma tendência à regressão dominando a própria vida orgâ-nica, mas que existiria também uma tendência à evolução, à adaptação etc. que dependeria do ambiente, do seu bom acolhimento.[520] Em seu escrito *Thalassa, ensaio sobre a teoria da genitalidade*,[521] poucos anos após a

---

[517] GURFINKEL, 2018, p. 107.

[518] REIS, E. S. A morte do sentido e a violação da alma. *In:* REIS, E. S.; GONDAR, J. *Com Ferenczi* – clínica, subjetivação, política. Rio de Janeiro: 7 Letras, 2017b. p. 78-88. p. 79.

[519] FREUD, 1920/2020.

[520] FERENCZI, 1913a/2011.

[521] *Idem*, 1924/2011.

publicação do escrito freudiano que apresentou a conceituação da pulsão de morte, Ferenczi, valendo-se de Nietzsche, afirmou:

> [...] talvez a morte 'absoluta' nem exista; talvez o inorgânico dissimule germes de vida e tendências regressivas; ou talvez até Nietzsche tivesse razão quando disse: 'Toda a matéria inorgânica provém da orgânica, é matéria orgânica morta. Cadáver e homem'. Nesse caso, deveríamos abandonar definitivamente o problema do começo e do fim da vida e imaginar todo o universo orgânico e inorgânico como uma oscilação perpétua entre pulsões de vida e pulsões de morte, em que tanto a vida quanto a morte jamais conseguiria estabelecer sua hegemonia.[522]

Mais adiante, ele continuou:

> Mesmo um organismo quase incapaz de viver luta contra a morte. Uma morte 'natural', suave, manifestação tranquila da pulsão de morte, talvez só exista em nossas representações de desejo dominadas pela pulsão de morte; na realidade, a vida termina sempre de maneira catastrófica, tal como se iniciou também por uma catástrofe, o nascimento.[523]

As palavras citadas trazem a ideia de que o autor não era dualista tal como seu mestre. Enquanto Freud pensava o conflito pulsional então materializado pela oposição entre pulsão de vida e pulsão de morte, que constituía a nova dualidade pulsional, Ferenczi se apresentou como monista. Já em 1908, ano em que conheceu Freud, o autor, no início de seu escrito *A respeito das psiconeuroses*, fez a seguinte afirmação: "Appresso-me, pois, a assinalar que, teoricamente, sou adepto dessa concepção filosófica denominada *monismo agnóstico*, que reconhece, como seu nome indica, um princípio único na base de todos os fenômenos existentes".[524]

Vale destacar que o monismo de Ferenczi não se opunha ao pluralismo; ao contrário, estava de mãos dadas com ele. Isso significa que um mesmo princípio ou substância pode se expressar de formas múltiplas. Para o autor, corpo e psique teriam a mesma natureza, porém se expressariam de formas distintas. Eles não se opõem porque partem de um

---

[522] *Idem*, p. 357.

[523] *Idem*.

[524] *Idem*. A respeito das psiconeuroses (1908). *In:* FERENCZI, S. *Obras Completas Sándor Ferenczi.* São Paulo: Martins Fontes, 2011. v. 1, p. 87-123. p. 46, grifo do autor.

mesmo princípio.[525] Podemos ver isso com mais clareza em seu escrito *Fenômenos de materialização histérica*,[526] cujo pano de fundo é a relação entre corpo e psique. Partindo da questão de como se dá o salto do psíquico para o somático nas conversões histéricas, Ferenczi demonstrou que a realidade corporal e a realidade psíquica são inseparáveis, sendo assim, não há salto a ser dado.

A compreensão da indissociabilidade dessas realidades possibilitou a Ferenczi tomar a conversão histérica, por exemplo, mais como um processo criativo que como uma mensagem a ser decifrada. Com esse olhar em relação ao sintoma, que designa por "fenômeno de materialização", ele explica que consiste em "concretizar um desejo, como que por magia, a partir da matéria de que o sujeito dispõe em seu corpo e em dar-lhe uma representação plástica [...] à maneira de um artista que modela um material de acordo com sua ideia".[527] Entretanto, ele foi mais além ao não circunscrever esse fenômeno apenas àqueles que padecem de histeria. De acordo com seu pensamento, essas materializações são encontradas nos vários estados afetivos experimentados por todo e qualquer humano.

> É perfeitamente admissível que a maioria dos movimentos expressivos que acompanham as emoções humanas – ruborizar-se, empalidecer, desmaiar, ter medo, rir, chorar – 'representem' eventos importantes do destino humano, individual e coletivo, e sejam por conseguinte, outras tantas 'materializações'.[528]

Ferenczi estava se servindo do pensamento nietzschiano, que, enfatizando a vontade de potência no jogo das forças pulsionais, deixou para segundo plano a oposição ou o conflito entre as forças. Isso significa que, assim como o filósofo, Ferenczi privilegiou o movimento de afirmação da vida, ou seja, a expansão de sua força, de sua potência. O que é destacado é a afirmação de uma força em relação a outra, cada qual ao seu modo.[529] Portanto, sustentando uma posição monista, mas sem rejeitar a pulsão de morte, como fez Winnicott, por exemplo, Ferenczi pensou *Thanatos* sem

---

[525] GONDAR, J. A vontade de (se) destruir: Ferenczi com Nietzsche. *In*: REIS, E. S.; GONDAR, J. *Com Ferenczi*: clínica, subjetivação, política. Rio de Janeiro: 7 Letras, 2017e. p. 163-174.

[526] FERENCZI, S. Fenômenos de materialização histérica (1919). *In*: FERENCZI, S. *Obras Completas Sándor Ferenczi*. São Paulo: Martins Fontes, 2011. v. 3. p. 43-57.

[527] *Ibidem*, p. 49.

[528] *Ibidem*, p. 50.

[529] GONDAR, 2017e.

oposição a *Eros*. Como corpo e psique, *Eros* e *Thanatos* possuem a mesma natureza, porém com movimentos diferentes. Enquanto o movimento das pulsões de vida é na direção da integração ou da composição, o movimento da pulsão de morte é na direção da desintegração ou da decomposição.[530]

Com isso, Ferenczi se contrapôs à posição de seu mestre, que sustentava *Thanatos* como a volta ao inorgânico. Com sua posição, ele sustentou a ideia de que a vida se encontra como o primeiro elemento. Isso quer dizer que, para o autor de *Thalassa*, a volta ao inanimado é impossível, já que a vertente ativa de destruição é vida, já que ela, a destruição, converte-se "verdadeiramente na 'causa do devir'".[531] O que está sendo colocado em jogo é que a força destruidora (*Thanatos*), que para Freud se contrapõe à força vital (*Eros*), é inerente à vida e é fonte de criação.

Ferenczi propôs a pulsão de morte por uma vertente positiva, visto que é uma força que leva à morte tudo o que é unitário. Como potência de destruição, seu impulso desfaz o que está instituído, estabelecido, organizado ou formado para que, dos fragmentos, possa surgir uma nova forma. Assim, associando destruição e criação, Ferenczi deu à pulsão de morte um caráter de uma força positiva.

> As tendências para a composição e para a decomposição participam de um movimento vital mais amplo: são justamente os elementos que resultam de uma decomposição que se tornam o material para a composição subsequente. Para Ferenczi, os organismos são capazes de se reconstruir a partir de seus próprios restos, utilizando até mesmo a força inversa produzida pela destruição parcial para dar prosseguimento ao seu desenvolvimento. Pulsão de morte e pulsão de vida implicam a oscilação de ritmos num mesmo princípio vital.[532]

Feita essa digressão sobre a pulsão de morte em Ferenczi, é momento de embalar a criança mal-acolhida, porém, não sem ter em mente que Ferenczi foi aquele que, ao se dedicar a uma clínica centrada nas relações do eu com os objetos primordiais, "abriu caminho para repensar o papel do objeto na constituição psíquica".[533] Assim, quando Ferenczi se dispôs

---

[530] FERENCZI, 1924/2011.

[531] *Idem.* O problema da afirmação do desprazer (1926). *In:* FERENCZI, S. *Obras Completas Sándor Ferenczi.* São Paulo: Martins Fontes, 2011. v. 3, p. 431-443. p. 441.

[532] GONDAR, 2017e, p. 172.

[533] HERZOG, R.; PACHECO-FERREIRA, F. Trauma e pulsão de morte em Ferenczi. Ágora: Estudos em Teoria Psicanalítica, Rio de Janeiro, v. 18, n. 2, p. 181-194, 2015. p. 183.

NEM SEMPRE O DANÚBIO É AZUL: QUAL DESTINO PARA O INFANTIL
NO TEMPO DAS FUNÇÕES PARENTAIS TERCEIRIZADAS?

a pensar sobre "a experiência do ser e sua articulação com o universo libidinal não redutível à experiência pulsional",[534] foi-lhe possível constatar a importância do tato psicológico do ambiente — a capacidade de ele se colocar no diapasão da criança e sentir com ela todos os seus caprichos e humores, capacidade que Ferenczi definiu como "sentir com".[535]

Insistindo que o nascimento é um verdadeiro triunfo pelo fato de o feto estar preparado fisiologicamente para nascer — os pulmões, o coração, o cérebro, estando bem formados, dão-lhe todas as condições para viver —, Ferenczi sublinhou que "no início da vida, intra e extrauterina, os órgãos e suas funções desenvolvem-se com uma abundância e uma rapidez surpreendente".[536] Porém, é preciso que haja condições favoráveis. E essas condições dizem respeito à qualidade do ambiente.

Segundo ele, chegamos ao mundo em um estado de abertura, "de certa forma, num estado de 'dissolução'",[537] o que faz com que, no início da vida, sejamos muito mais sensíveis do que quando nos tornamos adultos. Nesse estado precoce, em que somos desprovidos de medidas protetivas contra as excitações, a "tendência para a extinção e a predominância [...] da pulsão de morte"[538] mostram que o humano nascente, diferentemente do adulto, "ainda se encontra muito mais perto do não-ser individual, do qual não foi afastado pela experiência da vida".[539] Assim, em função de a força vital não ser tão forte no nascimento e de a ligação com a vida ser muito precária, o deslizamento para o não-ser nas crianças é muito poderoso. Logo, é preciso reforçar, assegurar o impulso de viver. E isso só se dá "após a *imunização* progressiva contra os atentados físicos e psíquicos, por meio de um tratamento e de uma educação conduzidos com tato".[540]

É preciso ressaltar o vocábulo *imunização*, pois ele diz respeito à qualidade do ambiente. É por meio deste que os impulsos positivos de vida são introduzidos e as razões para continuar existindo se estabelecem, afirmou Ferenczi. Isso significa que, quando a criança é "levada, por um prodigioso dispêndio de amor, de ternura e de cuidados",[541] o seu impulso

---

[534] *Idem.*

[535] FERENCZI, S. Elasticidade da técnica psicanalítica (1928b). *In:* FERENCZI, S. *Obras Completas Sándor Ferenczi.* São Paulo: Martins Fontes, 2011. v. 4. p. 29-42.

[536] *Idem,* 1929/2011, p. 58.

[537] *Idem,* 1932/1990, p. 117.

[538] *Ibidem,* p. 189

[539] *Idem,* p. 58.

[540] *Idem,* p. 59, grifo do autor.

[541] *Ibidem,* p. 58.

de viver é assegurado. Do contrário, sua força vital, por ser frágil, não impede que "as pulsões de destruição logo entrem em ação",[542] o que leva a criança a deslizar para o estado de não-existência.

> Daí tira-se uma primeira conclusão: a pulsão de vida, enquanto tendência erótica e força vital, embora parte integrante do ser humano, só cumpre sua função caso o ambiente favoreça sua dinamização. Pode-se pensar que o mesmo se aplica à pulsão de morte, a falha na imunização corresponderia a um recrudescimento da tendência ao inorgânico. Ambas as tendências dependeriam das primeiras relações do indivíduo com o meio circundante e não estariam ligadas à constituição.[543]

O que Ferenczi destacou nas entrelinhas de seu escrito *A criança mal acolhida e sua pulsão de morte*[544] é o que ele, de forma incisiva, afirmou em uma de suas anotações que comporta o seu *Diário Clínico*:[545]

> A criança recém-nascida utiliza toda a sua libido para o seu próprio crescimento, e é necessário até dar-lhe libido para que possa crescer normalmente. A vida começa, portanto, por um amor de objeto passivo, exclusivo. Os bebês não amam, é preciso que sejam amados.[546]

Pois bem, vemos que a imunização realizada pelo acolhimento do outro nos primórdios da vida psíquica possibilita que o sujeito viva, sinta-se vivo e tenha vontade de viver, sendo a maior proteção contra o deslizamento e seu retorno ao não-ser — estado em que Ferenczi situou a gênese do sentimento de autodestruição, uma vez que o sujeito que se sente abandonado perde todo o seu prazer de viver e volta sua pulsão de morte contra si mesmo. Trata-se aqui de um sujeito que, tendo chegado ao mundo como *"hóspede não bem-vindo na família"*,[547] apresenta uma tendência para autodestruição.

> Eu queria apenas indicar a probabilidade do fato de que crianças acolhidas com rudeza e sem carinho morrem facilmente e de bom grado. Ou utilizam um dos numero-

---

[542] *Idem.*

[543] HERZOG; PACHECO-FERREIRA, 2015, p. 188.

[544] FERENCZI, 1929/2011.

[545] *Idem*, 1932/1990.

[546] *Ibidem*, p. 236.

[547] *Idem*, 1929/2011, p. 57, grifo do autor.

> sos meios orgânicos para desaparecer rapidamente ou, se escapam desse destino, conservarão um certo pessimismo e aversão à vida.[548]

Ao registrar os sinais conscientes e inconscientes de aversão ou de impaciência de seu outro materno, sua vontade de viver parece ser quebrada. Esses são sujeitos que perderam precocemente o gosto pela vida, de tal forma que, num tempo posterior, diante dos menores acontecimentos, são tomados pela vontade de morrer, o que fez Ferenczi afirmar que tanto o pessimismo moral e filosófico quanto o ceticismo e a desconfiança se tornaram traços de caráter proeminentes desses sujeitos. Do mesmo modo, eles apresentam também certa "nostalgia, apenas velada, da ternura (passiva), incapacidade para sustentar o esforço prolongado, portanto, um certo grau de infantilismo emocional [...]".[549] Como esclareceu Reis, "a criança mal acolhida, ao nascer, torna-se presa fácil da força desagregadora e destrutiva da pulsão de morte".[550]

Antes de prosseguir, é importante mencionar uma nota de rodapé escrita pelos editores no texto em questão. Escreveram eles: "Em alemão, *Das unwillkommene Kind*".[551] É a criança 'não bem-vinda'. Fala-se muitas vezes da criança 'não desejada', mas não é isso o que Ferenczi quis dizer aqui".[552] De fato, Ferenczi não fez menção ao desejo dos pais em relação à criança. Ele citou como exemplos a criança que nasceu em uma família já bastante numerosa, em que ela era o décimo filho de uma mãe já sobrecarregada de afazeres, e outra criança cujo pai, muito doente, veio a morrer logo após seu nascimento. Se no texto em questão o psicanalista húngaro não abordou o desejo dos pais, parece-me que é porque sua atenção não estava voltada para a razão de a criança ter sido mal acolhida, e sim para o fato de que, sendo ela mal acolhida, sua força vital não se expande. Ele também não colocou em pauta se a criança foi mais ou menos mal acolhida. O que estava chamando sua atenção era a relação existente entre o ser mal acolhido e o domínio da pulsão de morte no psiquismo.

---

[548] *Ibidem*, p. 58.

[549] *Ibidem*, p. 57.

[550] REIS, E. S. Corpo e memória traumática. *In*: REIS, E. S.; GONDAR, J. *Com Ferenczi* – clínica, subjetivação, política. Rio de Janeiro: 7 Letras, 2017c. p. 103-111. p. 105.

[551] Vários dicionários alemão-português traduzem *Das unwillkommene Kind* como "criança indesejável e criança não bem-vinda".

[552] FERENCZI, 1929/2011, p. 55.

Entretanto, alguns anos mais tarde, ele pareceu se preocupar com o desejo dos pais em relação às suas crianças. Em seu *Diário Clínico*, escreveu sobre a importância de os bebês serem amados para que possam crescer normalmente, justificando a razão pela qual o filhote do homem precisa que lhe deem libido. Ora, libido é *Eros*, e *Eros* se traduz como amor. Vemos, então, que Ferenczi associou acolhimento com amor. O desejo não estaria presente aqui? Se trago essa questão, não é com a pretensão de afirmar que a criança mal-acolhida necessariamente é a criança não desejada, embora o inverso seja real. Minha intenção é questionar o lugar ocupado pela criança na fantasia de seus pais e, desse modo, algo da ordem do desejo deles faz questão. Enfim, se problematizo a nota de rodapé mencionada, é também porque ela vai na contramão da compreensão de algumas linhas escritas no prefácio do volume em que consta o escrito sobre a criança mal-acolhida.

> A criança não desejada, mal acolhida por seu meio natural, ou excessivamente bem acolhida e depois abandonada (das unwillkommene Kind), que vai ser para Ferenczi a ocasião de destacar a noção de 'neurose de frustração' pelo efeito de uma majoração das pulsões de morte da criança. Nesse caso, *a criança, em sua mais tenra idade, torna-se o lugar de passagem preferido do sadismo inconsciente de seus pais*, e suas pulsões de morte vão variar em quantidade segundo a insistência do desejo do outro. Com essa noção, que data de 1929, Ferenczi antecipa a concepção do 'desejo como desejo do outro', que seria desenvolvida por Lacan [...].[553]

Destaquei uma frase nesta citação. Sua importância reside no fato de indicar o lugar que a criança mal-acolhida ocupa no inconsciente de seus pais — objeto do sadismo inconsciente deles —, o que acaba por criar uma confusão de língua entre eles, como veremos um pouco mais adiante. No momento, quero trazer uma questão que se impõe: como a aversão, a impaciência, o não-acolhimento do outro materno seriam captados e registrados pela criança já tão cedo, enquanto recém-nascida?

Começo lembrando que os cuidados corporais que a mãe dispensa a seu bebê são carregados de sentidos não verbais. Eles são perpassados pelos estados de espírito dela. Expressos pelos gestos, ritmos, tons de voz, toques, eles tanto podem ser mais ou menos calorosos, mais ou menos

---

[553] SABOURIN, P. Vizir secreto e cabeça de turco. (Prefácio). *In*: FERENCZI, S. *Obras Completas Sándor Ferenczi*. São Paulo: Martins Fontes, 2011. v. 4, p. 7-14. p. XI, grifos nossos.

amorosos e acolhedores. É o mundo se apresentando ao filhote do homem, mesmo que ele ainda não o perceba diferenciado de si.

De qualquer modo, o filhote humano é afetado diretamente em seu corpo e sensibilidade por esses estados do outro que deixam "marcas e rastros de afetos – pistas que indicam caminhos para o desenvolvimento do humano nascente".[554] Essa experiência indica que esse é um tempo em que estão implicados corpo, sensações, afetos, sentidos e intensidades. É um tempo em que reina a sensorialidade. Com base nela e com ela, um campo de afetação entre o filhote humano e o mundo — no início da vida, materializado pela mãe — é constituído como um espaço em que ocorre o processo introjetivo[555] e o início da tessitura de uma rede subjetiva. Aqui caminho com o psicanalista e etólogo Daniel Stern, que durante muito tempo se debruçou sobre os processos primários de subjetivação das crianças, "prestando uma atenção especial ao tema da experiência afetiva".[556]

Dedicando-se a pensar nas minúcias das experiências sensoriais do humano nascente como se estivesse tentando descobrir "o universo nas primeiras horas após a grande explosão",[557] o autor tem razão em sua comparação. Afinal, se o universo começou "com a explosão de uma única massa de material, de modo que os pedaços ainda estão flutuando em fragmentos",[558] nós, humanos, também começamos assim. Porém, diferentemente do universo que foi criado apenas uma vez, "os mundos interpessoais são criados, no aqui, todos os dias, na mente de cada novo bebê".[559] Foi nesse sentido que o autor direcionou sua pesquisa, ou seja, como os bebês experienciam a si mesmos e aos outros desde os primórdios.

Segundo as pesquisas realizadas por Stern, nesse tempo primevo, o humano nascente apresenta uma capacidade perceptiva que o autor nomeou *percepção amodal*. Trata-se de "tomar a informação recebida em uma modalidade sensorial e de alguma maneira traduzi-la para uma outra modalidade sensorial".[560] Isto é, o humano nascente experencia

---

[554] REIS; MENDONÇA, 2018, p. 25.

[555] MAIA, 2003.

[556] PEIXOTO JR., C. A.; ARÁN, M. O lugar da experiência afetiva na gênese dos processos de subjetivação. *Psicologia USP*, São Paulo, v. 22, n. 4, p. 725-745, dez. 2011. Instituto de Psicologia. p. 727.

[557] STERN, D. *O mundo interpessoal do bebê:* uma visão a partir da psicanálise e da psicologia do desenvolvimento. Porto Alegre: Artes Médicas, 1992. p. 1.

[558] *Idem.*

[559] *Idem.*

[560] *Ibidem*, p. 45.

"um mundo de unidade perceptual".[561] Assim, o que é experenciado é da ordem da intensidade, e não visões, sons, toques e objetos nomeáveis. Pela percepção amodal, o filhote humano capta a atmosfera e o que é percebido:

> [...] o mundo pela proximidade sensória e sem mediação da linguagem, já que a fala [do outro] para o bebê são sons, tonalidades e ritmos sendo, portanto, a-significante, não engendrando efeitos de significação no sentido linguístico. São marcas sensoriais captadas por um sistema inato que serão traduzidas com o desenvolvimento das capacidades cognitivas em categorias complexas, servindo como mapeamento afetivo/cognitivo do ser humano.[562]

A atmosfera captada pelo humano nascente diz respeito a uma dimensão de afetos que Stern[563] nomeou *afetos de vitalidade*: qualidades de sensações, de experiência afetiva que surgem do encontro com o outro e são indefiníveis justamente porque o seu tempo é o da forma verbal gerúndio — estão acontecendo. Desse modo, "são experiências inerentes ao movimento e sua propriocepção, e seriam as formas primárias de estar vivo, dando sentido primário de vivacidade".[564] Assim, a primeira apreensão do mundo se dá com a percepção amodal dos afetos de vitalidade. Embora não sejam restritas ao início da constituição subjetiva, "essas qualidades da experiência são, com toda certeza, sensíveis para o bebê [...]".[565] Ele está imerso nesses afetos de vitalidade e experencia, por exemplo, estar *sendo* segurado no colo da mãe, estar *sendo* amamentado ou estar *sendo* ninado por ela. São esses diferenciais intensivos que, para Ferenczi, serão introjetados.

> Aquilo que é objeto de introjeção é um jeito, uma forma de segurar, e cuidar do bebê: o tom de voz, a angústia, tranquilidade, prazer, medo, raiva, uma infinidade de afetos e vibrações que deixam marcas. [...]. Marcas primitivas que se oferecerão como um manancial para toda a vida, modelando o corpo expressivo, a gestualidade; um jeito de ser, estar e se relacionar com o mundo.[566]

---

[561] *Idem.*

[562] REIS; MENDONÇA, 2018, p. 25.

[563] STERN, 1992.

[564] REIS; MENDONÇA, 2018, p. 25.

[565] STERN, 1992, p. 46.

[566] MAIA, 2003, p. 127.

Voltemos à criança mal-acolhida. Lembrando que a experiência do nascimento é da ordem da catástrofe, a passagem do meio líquido para o meio seco promove fragmentações. Somos seres fragmentados de nascença, nascemos em pedaços ou, como escreveu Gondar, "Para Ferenczi, somos, no início, ilhas oceânicas".[567] Diferentes das ilhas continentais, que são derivadas de um choque relacionado a uma unidade primeira, as oceânicas são fragmentárias em si mesmas, não havendo referência à anterioridade da ordem da totalidade. Portanto, constituímo-nos subjetivamente a partir de uma multiplicidade primeira, a partir da decomposição, já que os elementos desta "passam a ser os materiais da evolução ulterior".[568] Isso significa que nos constituímos dos nossos restos. Porém, para isso é preciso a ação de uma força inversa àquela que produziu a decomposição, a fim de darmos prosseguimento ao nosso desenvolvimento.[569]

Entretanto, no primórdio da vida, essa força inversa — força vital — não é forte o suficiente para compor a vida uma unidade, o que é necessário para que o sujeito possa enfrentar o que vem do mundo. Por isso, o acolhimento do outro materno é imprescindível. Ao acolher a estranheza inicial do bebê — uma estranheza de quem está mais próximo da dissolução do que da organização, uma estranheza de quem, a princípio, é só corpo afetado pela intensidade das excitações —, o outro materno assegura o impulso de viver do filhote humano, possibilitando uma nova forma de existência, já que favorece o processo originário da criação e apreensão de sentidos. Do contrário, o trauma se faz presente com suas marcas dolorosas.[570]

Assim, traumático para o bebê será o encontro com o outro se este não o acolher em sua estranheza semiaquática. Não é de outra forma que a catástrofe se faz como traumática: quando o "meio seco" — o outro materno, a família — é árido. Não se adaptando ao humano nascente, o ambiente acaba por exigir dele uma adequação rápida aos modos de funcionamento do novo mundo. Isso Ferenczi nomeou *não-acolhimento* — uma forma de não reconhecer a vulnerabilidade infantil. E, como veremos a seguir, isso se liga à teoria do trauma em Ferenczi.

---

[567] GONDAR, J. Em pedaços: a fragmentação na obra de Sándor Ferenczi. Ágora: Estudos Em Teoria Psicanalítica, Rio de Janeiro, v. 24, n. 1, p. 47-52, 2021. p. 48.

[568] FERENCZI, 1924/2011, p. 352.

[569] *Idem.*

[570] REIS; MENDONÇA, 2018.

3.3 Desalento: o nome do trauma desestruturante

Se a Viena de Freud teve como marca o colorido do barulho das histéricas, que trazia em seu cerne um conflito psíquico,[571] a Budapeste de Ferenczi se viu entremeada pelo cinzento silêncio dos traumatizados. Diferentemente daquele, este trazia em seu cerne a dor. Assim eram a clínica do pai da psicanálise e a de seu maior fiel discípulo. Enquanto no Danúbio freudiano era a criança do desejo — *sua majestade, o bebê* — que prevalecia, no Danúbio ferencziano a história era outra, visto ter como protagonista a criança mal-acolhida e, por isso, traumatizada. Foi essa outra história que me levou aos escritos de Ferenczi, uma história que possui a particularidade de colocar em evidência uma espécie de trauma propiciado pelos fatores externos. Assim, de mãos dadas com Ferenczi, acompanhando seu percurso sobre essa espécie de trauma, adentremos esse território, cujo solo árido rouba todo o colorido vital.

Foi escutando seus pacientes considerados como casos "não analisáveis" ou "casos difíceis", cuja desestruturação psíquica era o que se evidenciava, que o psicanalista húngaro pôde afirmar de forma contundente a existência de um trauma desestruturante — uma espécie de trauma em que o ambiente participa de forma direta — e formulou uma teoria própria, em que encontramos uma composição das duas teorias do trauma elaboradas por Freud — o trauma real[572] e o trauma como excesso pulsional[573] —, cujos elementos foram redimensionados. Assim, é preciso que vejamos mais de perto o que Ferenczi apresentou como *trauma desestruturante*. Porém, antes de prosseguirmos, dois aspectos merecem ser sublinhados.

O primeiro é que o trauma possui um caráter de transbordamento. Ou seja, o psiquismo, que tem como função absorver as excitações pela criação de sentidos, diante de um súbito excesso daquelas que o invadem, fica impossibilitado de cumprir sua função de imediato, justamente porque excedeu sua capacidade de absorção. Dessa forma, uma compulsão à repetição é acionada pela exigência de um novo trabalho psíquico para

---

[571] Se na primeira teoria da pulsão o conflito referido era entre a pulsão de autoconservação e a pulsão sexual, a partir da segunda teoria da pulsão o conflito passa a ser entre a pulsão de morte e a pulsão de vida.

[572] FREUD, S. Extratos dos documentos dirigidos a Fliess (1892). *In:* FREUD, S. *Edição Standard Brasileira das Obras Psicológicas Completas de Sigmund Freud.* 3. ed. Rio de Janeiro: Imago, 1990. v. 1. p. 217-331.

[573] FREUD, 1920/2020.

NEM SEMPRE O DANÚBIO É AZUL: QUAL DESTINO PARA O INFANTIL
NO TEMPO DAS FUNÇÕES PARENTAIS TERCEIRIZADAS?

que o psiquismo possa assimilar o excesso pela ligação da excitação a uma representação.[574]

O outro aspecto a ser sublinhado é que não é sem perdas que um psiquismo se organiza. As experiências traumáticas provocam modificações no psiquismo, uma vez que desorganizam uma organização já estabelecida, porém propiciam uma reorganização, contribuindo para a estruturação do psiquismo. Portanto, elas não são apenas inevitáveis, são fundamentais à estruturação psíquica.[575] Entretanto, existem traumas que não são absorvidos pelo aparelho psíquico. Dito de outra maneira, o aparelho psíquico não tem condições de metabolizar a situação traumática, não sendo possível a reorganização. Esse tipo de trauma Ferenczi nomeou *desestruturante*, visto que "ele permanece incomunicável, irrepresentável e encapsulado no psiquismo".[576]

Trauma. Esse foi o tema mais caro a Ferenczi, razão pela qual não cedeu ao pedido do mestre Freud de que reconsiderasse suas posições e que não publicasse o que havia apresentado no Congresso de Wiesbaden em 1932 — *Confusão de língua entre os adultos e a criança*. Ele também não esmoreceu diante das críticas que sofreu e do distanciamento da comunidade psicanalítica em relação a ele. Nesse escrito, publicado no ano seguinte de sua apresentação, ele deixou muito claro seu posicionamento quanto à temática:

> [...] nunca será demais insistir sobre a importância do traumatismo e, em especial, do traumatismo sexual como fator patogênico. [...] A objeção, a saber, que se trataria de fantasias da própria criança, ou seja, mentiras histéricas, perde lamentavelmente sua força, em consequência do número considerável de pacientes, em análise, que confessam ter mantido relações sexuais com crianças.[577]

A leitura de seus escritos facilmente causa a impressão de que sua preocupação era voltada para os seus pacientes, e não para o reconhecimento que poderia obter da comunidade psicanalítica se ele andasse nos trilhos. Talvez por isso sejam escritos que trazem a marca de uma presença afetiva. Ouso dizer que Ferenczi foi aquele que escreveu sua obra com o

---

[574] *Idem.*

[575] PINHEIRO, 1995.

[576] GONDAR, J. O desmentido e a zona cinzenta. *In:* REIS, E. S.; GONDAR, J. *Com Ferenczi:* clínica, subjetivação, política. Rio de Janeiro: 7 Letras, 2017b, p. 89-100. p. 91.

[577] FERENCZI, 1933/2011, p. 116.

corpo. Sua escrita é visceral, possivelmente por ter se dedicado a cuidar daqueles para quem um dia a realidade se apresentou nua e crua, sem contornos. Estou me referindo ao indivíduo que em sua tenra infância teve a vida perturbada por um fator externo, pelo seu ambiente. Mais do que isso, ele não teve quem o acolhesse; quem embalasse seu corpo e lhe desse a mão. Na ausência desse acolhimento — uma forma de o outro negar a insuportabilidade da dor sentida pela criança — é o *desalento* que está em jogo.

Esse não foi um conceito criado por Ferenczi. Idealizado por Birman,[578] o desalento se diferencia do desamparo, já que neste há a intermediação do outro. Foi isso que Freud transmitiu no seu escrito *Projeto para uma psicologia científica*.[579] Tomado pela dor primordial provocada pelo acúmulo dos estímulos e das excitações, que atravessa seu corpo, o filhote do homem grita. É porque o outro escuta o grito como signo do estado vulnerável que aquele se encontra, é porque ele reconhece o estado infantil que lhe é possível escutar o que ainda não foi dito. Ou seja, o outro dá ao grito um estatuto de mensagem, propiciando que a ação de descarga ou expulsão adquira a função de comunicação, de apelo ao outro. Assim, o grito do bebê é a fonte primordial de todos os motivos morais.[580]

Vimos no capítulo anterior que o outro é constitutivo da subjetividade. Isso significa que, para uma subjetividade se constituir, é necessária a presença de um "polo de poder e alteridade",[581] que, como referência, possibilita a organização daquela. Segundo Birman, a ausência desse polo é o que vai caracterizar o desalento psíquico, fazendo com que o mal-estar seja da ordem do traumático. Voltarei a esse ponto no capítulo seguinte. Por enquanto, minha intenção é fazer uma correlação do trauma desestruturante com o desalento psíquico. Posto isso, retornemos a Ferenczi.

Confusão de língua entre os adultos e a criança[582] é um escrito em que Ferenczi propôs uma história para pensarmos o trauma desestruturante. A história contada por ele parece ser simples. Mas não é, em razão de apresentar uma trama cujos personagens — uma criança e dois adultos —, além de se encontrarem em posições de poder diferenciadas, possuem linguagens distintas — tudo isso em um contexto de uma violência da qual

---

[578] BIRMAN, 2006.
[579] FREUD, 1895/1990.
[580] *Idem.*
[581] BIRMAN, 2006, p. 208.
[582] FERENCZI, 1933/2011.

a criança é vítima. Embora a história contada por Ferenczi seja centrada no abuso sexual praticado contra a criança, ele apresentou outras duas modalidades de situações traumáticas que são provocadas pela mesma confusão que intitula seu escrito. Trata-se das *medidas punitivas insuportáveis* e do *terrorismo do sofrimento*.[583] Ferenczi está aludindo à realidade material, e não à realidade psíquica. Portanto, ele não está se referindo a uma cena fantasiada, e sim a uma experiência que de fato ocorreu. Ele está se referindo ao trauma real, que, em se tratando do abuso sexual, Freud abandonou ao retirar a sedução do registro do acontecimento para alocá-la no registro da fantasia do sujeito,[584] realizando, assim, "uma verdadeira operação de *salvação* da figura do pai".[585, 586]

Vale destacar que, se Ferenczi escolheu o abuso sexual praticado contra a criança como o paradigma para explicar o trauma desestruturante, é porque este não é um acontecimento qualquer, "não é uma proibição qualquer, é quase equivalente ao tabu do incesto",[587] já que o adulto é aquele que transmite "toda sorte de interditos, regras e tabus impostos pela sociedade",[588] sendo sua função fazer respeitá-las. Porém, não é a este o adulto a que Ferenczi se referiu, mas àquele que quebra essas regras.

> [...], na maior parte do tempo, o adulto que interessa a Ferenczi é aquele que vem perturbar a criança, seja por seu caráter imprevisível, que a criança não controla; seja porque o adulto é um mentiroso que nega a verdade do vivido da criança; seja ainda porque o adulto possui uma linguagem da paixão que irá invadir a linguagem da ternura, própria da criança. O adulto assim mostrado por Ferenczi ao longo dos seus textos é, sobretudo, alguém que não tem tato na relação com a criança, um adulto pouco cuidadoso, incapaz de ajudar a criança na sua relação consigo mesma.[589]

---

[583] *Idem*, p. 119.

[584] FREUD, 1892/1990.

[585] BIRMAN, 2006, p. 150, grifo do autor.

[586] Masson, em seu livro *Atentado à verdade: a supressão da teoria da sedução por Freud* (1984), afirmou que faltou coragem a Freud para sustentar a teoria da sedução real. Sustentá-la seria pôr em xeque uma das bases do projeto da modernidade — a família burguesa —, o que poderia levá-lo a um isolamento intelectual. Atribuir o abuso sexual praticado contra a criança à fantasia seria "reconfortante para a sociedade, pois a interpretação de Freud – de que a violência sexual que afetava tanto as vidas das suas pacientes era apenas fantasia – não representava nenhuma ameaça à ordem social existente". MASSON, 1984, p. XXI-XXII.

[587] PINHEIRO, 1995, p. 79.

[588] *Ibidem*, p. 80.

[589] *Ibidem*, p. 37.

Não é preciso ser psicanalista para saber que a criança possui fantasias lúdicas em relação ao adulto por quem ela nutre um amor. Ela brinca de ser namorada do membro familiar, ela brinca de cuidar dele como se fosse sua mãe. Ela também possui fantasias lúdicas em relação às coisas do mundo. Se em um faz de conta ela faz da caixinha de fósforo um trenzinho percorrendo o mundo que se localiza debaixo da mesa de jantar, ela faz de si mesma um avião: abre seus braços, vibra os lábios e se põe a "voar".

Essas fantasias trazem em seu bojo a busca pela restauração de "um estado no qual o sujeito [mantém] pulsante a sua onipotência – entendida como o sentimento de que o mundo é, também e, sobretudo, uma criação sua, e não uma mera imposição externa frustradora".[590] São fantasias que embalam o brincar da criança e são permeadas pela sexualidade infantil, fazendo-se presentes por meio de uma linguagem nomeada por Ferenczi *linguagem da ternura*: uma linguagem que abriga "a força expansiva do gesto criador",[591] que, originando-se da onipotência alucinatória mágica, estende-se à onipotência com a ajuda dos gestos mágicos, e desta, aos pensamentos e às palavras mágicas. Essa palavra traria consigo um potencial evocativo, daí ela ser mágica. Ela, a palavra, traz consigo o brincar, o jogo amoroso com o outro, em que a experiência é da ordem de uma satisfação lúdica da ternura, uma vez que ele possibilita a satisfação da onipotência criadora da criança.

> A linguagem da ternura é, assim, antes de qualquer coisa, um convite à relação de cuidado; para que dois sujeitos efetivamente se falem é preciso conceber que, entre eles, já está estabelecida uma circulação afetiva que favorecerá com que a criança avance da posição de dependência e passividade ("amor objetal passivo") para o relacionamento intersubjetivo com os objetos de sua escolha.[592]

Assim, é com a linguagem da ternura que a criança vai expressar seus desejos e suas demandas; é com um código próprio de significações que ela vai interpretar o que vem do adulto que cuida dela e de seu entorno — um código que ela acredita que todos possuem. Dito de outra maneira, ela acredita que a sua linguagem é a linguagem de todos. Ela espera que quem cuida dela e o seu entorno se dirigirão a ela falando a sua língua.

---

[590] KUPERMANN, 2019, p. 72.

[591] *Idem.*

[592] *Idem.*

Porém, quando o adulto não reconhece a linguagem da ternura, quando ele não reconhece o universo lúdico da criança, quando ele acredita que a criança possui o mesmo código de significações dele, ou seja, quando ele toma a criança como um igual, a criança começa a atravessar um campo minado devido à linguagem dirigida a ela. Essa linguagem, Ferenczi nomeou *linguagem da paixão*: uma linguagem marcada pelo desmesurado, pelo desmedido, por aquilo que leva à perda dos limites.[593] É com essa linguagem que o adulto, funcionando nesse registro, deixa-se dominar pela fúria, pela violência de seus desejos, submetendo-os à criança. No que concerne ao abuso sexual contra a criança, o adulto agressor não conserva o jogo entre ele e a criança "no nível da ternura".[594] Conforme afirmou Kupermann:

> [...] a sexualidade infantil não é simétrica à do adulto, entendendo-se por sexualidade a modalidade de relação de objeto estabelecida a cada momento da constituição psíquica infantil e do desenvolvimento do sentido de realidade. Assim, antes de poder experimentar o amor objetal a criança estaria submetida ao "amor objetal passivo" e à dependência da "ternura materna".[595]

Na história contada por Ferenczi, o adulto não reconhece a "dissimetria estrutural" apontada por Kupermann. Como consequência, as línguas se confundem e a sedução lúdica da criança é tomada como sendo da ordem de uma sexualidade genitalizada, e o abuso sexual contra a criança é efetivado.

Não resta dúvida de que a confusão de línguas é produtora de um trauma. Ela não se restringe ao *abuso sexual* praticado contra a criança. É também com um espírito em que a perda da razão impera, com um espírito furioso, "rugindo de cólera", que o adulto, não reconhecendo a linguagem da ternura, pune a criança quando ela se comporta de forma inadequada aos olhos dele.[596] Ferenczi estava se referindo às *punições passionais*. Pausa para uma ilustração:

Uma jovem mulher relata que, por volta de seus 5 anos de idade, chamou a mãe daquela com quem brincava de vagabunda. Sua companheira de brincar, por ser uma criança mais velha, compreendia o significado da

---

[593] PINHEIRO, 1995.

[594] FERENCZI, 1933/2011, p. 116.

[595] KUPERMANN, 2019, p. 70.

[596] FERENCZI, 1933/2011.

palavra, enquanto a mais nova, sem essa compreensão, parecia repetir o que, provavelmente, escutara das conversas entre os adultos. Para ela, chata, boba, feia e vagabunda pareciam significar a mesma coisa. Sentindo-se ofendida, a criança mais velha se queixou com a mãe da mais nova. A mãe, tomada pela fúria, enfia pimentas malaguetas na boca de sua filha.

Não há dúvida de que o ardor sentido em sua boca se limitou a uma experiência por demais desagradável. Mas o impacto da fúria de sua mãe, materializada na entonação da voz, na expressão de seu rosto e na força usada para abrir a boca da criança, constituiu-se como um trauma. Além do abuso sexual e das punições passionais, Ferenczi se referiu também a outro modo "de se prender uma criança",[597] que ele denominou de *terrorismo do sofrimento*.

Nesse há uma inversão de papéis, já que a criança pequena passa a cuidar de sua mãe. Ou seja, passa a cuidar daquele que deveria cuidar dela. Sem levar em conta os interesses da criança e o quanto esta se sente afetada, a mãe encarrega a criança de escutar o seu sofrimento. Mais do que isso, a criança é encarregada de "resolver toda espécie de conflitos familiares, [carregando] sobre seus frágeis ombros o fardo de todos os outros membros da família".[598] A princípio, podemos pensar que a criança aceita esse encargo por obediência, o que faz até sentido. Porém, existe outra razão maior e muito mais importante para a criança: se ela tem algum desejo, o seu desejo é de "poder desfrutar de novo a paz desaparecida e a ternura que daí decorre".[599]

Evidentemente que essas são experiências que se marcam pela violência — real e simbólica. Isso acontece já que a criança é tomada como objeto da violência dos desejos e da fúria do adulto agressor. Enquanto sujeito, ela não é reconhecida, visto que o outro impõe sobre ela um código de significações que lhe é inacessível. Essa imposição, de um amor ou de um ódio apaixonado, materializada pelo abuso sexual ou formas de tratamento sádicas e cruéis a que a criança é submetida, é o que leva o psiquismo infantil a sofrer um traumatismo desestruturante.[600]

Diante da desconhecida linguagem da paixão, a criança se surpreende. Lembremos que o fator central do trauma é o efeito surpresa,[601]

---

[597] *Idem*, p. 120.

[598] *Idem*.

[599] *Idem*.

[600] REIS, 1991.

[601] FREUD, 1920/2020.

que diz respeito não somente ao desconhecido, mas ao incompreensível também. Se parece lógico que, diante da confusão de línguas, a reação da criança seja da ordem da recusa, do ódio ou de qualquer movimento que demonstre uma resistência, acompanhando o pensamento de Ferenczi vemos que a coisa não é bem assim. Ela é acometida por um medo intenso. Física e moralmente indefesa, ela se sente impossibilitada de reagir. Ela paralisa e emudece diante da força e da autoridade esmagadora do adulto. A surpresa é tão grande que ela não reage nem mesmo em pensamento, escreveu Ferenczi.[602] Portanto, é por conta de seu medo, quando este atinge o ápice, que a criança acaba por esquecer de si mesma. Ela se abandona. Sua vida passa a girar em torno de seu agressor. Nasce aqui uma obediência que é da ordem da servidão. Levada a adivinhar os menores desejos dele, de forma automática ela tenta atendê-los. Essa forma de ser da criança estaria relacionada com o fato de ela se identificar com o seu agressor.

É preciso destrinchar o que Ferenczi estava oferecendo, pois aqui ele deu as pedras do caminho que levam ao trauma desestruturante — um caminho tortuoso, mas para o qual, como veremos mais adiante, a criança encontra uma saída. Não está em jogo a questão se é ou não uma boa saída. Quando se trata da sobrevivência física e psíquica, o que importa é encontrá-la. Retornando à identificação com o agressor, vemos que esta é o efeito mais imediato do ato violento perpetrado contra a criança em razão de o adulto ser acometido pelo sentimento de culpa. Aqui é preciso cuidado, pois em Ferenczi a criança se identifica com o sentimento de culpa do agressor, e não com a pessoa dele, como Anna Freud propôs: "ao personificar o agressor, ao assumir seus atributos ou imitar sua agressão, a criança transforma- se de pessoa ameaçada na pessoa que ameaça".[603] Para Ferenczi, a criança incorpora a culpa de seu agressor. E é porque ela toma para si a culpa que ela se torna obediente e submissa aos seus caprichos.

Vale dizer que, em uma tentativa de se livrar desse sentimento, o adulto agressor se agarra à ideia de que, em se tratando de uma criança, rapidamente ela esquecerá o episódio. Além disso, quando se trata de um abuso sexual, não é nem um pouco raro o adulto agressor apegar-se a uma rígida moral como forma de "salvar a alma da criança".[604] Ora, a culpa sentida pelo adulto indica a prática de algo proibido que diz respeito ao

---

[602] FERENCZI, 1933/2011.

[603] FREUD, A. (1936). *O ego e os mecanismos de defesa*. Rio de Janeiro: Imago, 1977, p. 96.

[604] FERENCZI, 1933/2011, p. 117.

"ato sexual com uma criança 'inocente' que não pode compreender o que aconteceu e que não dispõe ainda dessa proibição em sua bagagem".[605] Diante do estado culposo do agressor, a criança é tomada por uma enorme confusão — *O que aconteceu? Fiz alguma coisa de errado? Mas o que eu fiz de errado? Quem é o culpado? Quem errou?* Ela se sente confusa em relação aos seus próprios sentidos. Ou seja, por ser incompreensível para ela o estado em que o adulto agressor se encontra, a culpa dele se torna um enigma para ela. Diante disso, a criança busca outro adulto de sua confiança com a intenção de que ele possa dar um sentido para o que aconteceu. Ela busca um testemunho para o que lhe ocorreu. Porém, o adulto a quem ela relata o acontecido não suporta escutar o que é relatado e, dessa forma, a desmente,[606] não a acolhendo em seu sofrimento; ele não o reconhece.

Antes de prosseguir é importante a abertura de um parêntese. *Desmentido* é um dos nomes que se usa quando se quer fazer referência ao conceito freudiano *Verleugnung*, embora os termos *renegação, recusa, rejeição* ou ainda *repúdio* também sejam usados para traduzir tal vocábulo.[607] Segundo nota do editor da edição brasileira das *Obras Incompletas de Sigmund Freud*, o termo *Verleugnung* é normalmente traduzido para o português por *desmentido*, em função da proximidade com os termos alemães *lüge* (mentira) e *ableugnem* (desautorizar). Embora os vocábulos remetam à negação, não se trata de uma negação qualquer, mas de uma específica, próxima de desmentir e renegar.

Em seu *Dicionário comentado do alemão de Freud*, Hanns nos dá grandes esclarecimentos. Segundo ele, o termo *Verleugnen* "mantém certa ambiguidade quanto à verdade e mentira".[608] Há uma negação por parte do sujeito de algo que se impõe à sua percepção. Por não suportar, ele nega. Entretanto, escreve o autor, "esse material permanece dialetizando com a tentativa do sujeito de não 'vê-lo'. Não se trata de uma negação que encontre resolução definitiva, pois o material negado permanece presente, exigindo esforço para manter a negação".[609] O sujeito mantém, ao mesmo tempo, tanto a (re)negação (*Verleugnung*) quanto a asserção (*Behauptung*).[610]

---

[605] PINHEIRO, 1995, p. 79.

[606] FERENCZI, 1933/2011.

[607] HANNS, L. *Dicionário comentado do alemão de Freud*. Rio de Janeiro: Imago, 1996; ROUDINESCO, 1998; LAPLANCHE.; PONTALIS, J. B. *Vocabulário da psicanálise* (1982). São Paulo: Martins Fontes, 2016.

[608] HANNS, 1996, p. 310.

[609] *Ibidem*, p. 311.

[610] *Idem*.

NEM SEMPRE O DANÚBIO É AZUL: QUAL DESTINO PARA O INFANTIL
NO TEMPO DAS FUNÇÕES PARENTAIS TERCEIRIZADAS?

Se em 1923, mais especificamente no escrito *A organização genital infantil: uma interpolação na teoria da sexualidade*, Freud, dissertando sobre as primeiras impressões do menino diante da visão da ausência de pênis na menina, mencionou a noção de recusa à percepção de uma realidade — "ele ainda é pequeno, mas ainda irá crescer",[611] logo em seguida, demonstrando que as crianças a princípio recusam ou negam essa falta, ele aproximou a recusa com o processo da psicose, já que o primeiro momento desta se dá na recusa em relação à realidade exterior. Ele esclareceu que se esse processo de recusa não parece deter um perigo para a vida psíquica da criança, no adulto "poderia iniciar uma psicose".[612]

Porém, foi a partir de seu escrito *Fetichismo*[613] que ele definiu a noção de *recusa* (*Verleugnung*) como sendo o mecanismo de defesa da perversão. Trata-se aqui da recusa do sujeito em reconhecer a realidade de uma percepção. Não de uma percepção qualquer, mas a da ausência do pênis na mulher. O grande achado de Freud para a compreensão da perversão foi o de perceber a existência de uma especificidade nessa forma de negação. Ela diz respeito à coexistência de duas realidades inconciliáveis: a recusa e o reconhecimento da ausência de pênis na mulher. Portanto, lançando mão desse mecanismo, *Verleugnung*, o sujeito perverso realiza uma dupla operação — reconhecimento e recusa —, o que levou o psicanalista francês Guy Rosolato, em 1967, a propor traduzir *Verleugnung* por *desmentido*.[614]

Mas, afinal, qual é a razão de abrir um parêntese trazendo o conceito de *Verleugnung* em Freud e por que em Ferenczi o termo desmentido — ou, como usam alguns autores contemporâneos, desautorização e descrédito — foi privilegiado em prol de recusa, por exemplo? Ferenczi tomou o desmentido não como um mecanismo de defesa como Freud o tomou em relação à castração. O que Freud nos descreveu é a resposta à castração do sujeito perverso. Desse modo, ele fez uma leitura intrapsíquica. Ferenczi não. Por ele ter se voltado mais para a relação intersubjetiva, a leitura que ele fez foi da ordem do relacional. Assim, no desmentido ferencziano não é o sujeito quem desmente a percepção da realidade, e sim o outro que, tomado pelo horror provocado pelo relato da criança,

---

[611] FREUD, S. A organização genital infantil: Uma interpolação na teoria da sexualidade (1923b). *In:* FREUD, S. *Edição Obras Incompletas de Sigmund Freud.* Belo Horizonte: Autêntica, 2018, p. 237-245. p. 240.

[612] *Idem*, 1925a/2020, p. 265.

[613] *Idem*. Fetichismo (1927). *In:* FREUD, S. *Edição Standard Brasileira das Obras Psicológicas Completas de Sigmund Freud.* 3. ed. Rio de Janeiro: Imago, 1987. v. 21, p. 151-160.

[614] ROUDINESCO, 1998.

desmente-a em sua percepção. Como afirmou Kupermann, "o adulto eleito para ser o destinatário do testemunho da criança violada realiza a *Verleugnung* deste mesmo testemunho",[615] porém não necessariamente como um ato consciente ou impulsionado pela perversão. É preciso ter em mente que, algumas vezes, o desmentido ocorre como "uma defesa pelo fato de sermos remetidos à posição de testemunha de uma abjeção que evidencia o ponto a que pode chegar a crueldade quando se reduz o outro à condição de objeto".[616] Fecho o parêntese.

O que está em pauta no desmentido em relação à criança é a ausência de reconhecimento — primeiro o da linguagem da criança pelo adulto agressor e depois o de sua percepção pelo adulto que a desmente. Esse não reconhecimento aponta para o fato de que "o que se desmente não é o evento, mas o sujeito".[617] Esse é o ponto em que se instaura o trauma desestruturante. Sobre isso Ferenczi afirmou:

> O pior realmente é a negação,[618] a afirmação de que não aconteceu nada, de que não houve sofrimento ou até mesmo ser espancado e repreendido quando se manifesta a paralisia traumática do pensamento ou dos movimentos; é isso, sobretudo, o que torna o traumatismo patogênico.[619]

Podemos extrair das palavras do autor que, não ocorrendo o desmentido, a violência contra a criança se constituiria como um trauma, porém um trauma que se incorporaria a outras tantas experiências e faria parte da estruturação psíquica. A não ocorrência do desmentido pressupõe a presença do outro como um mediador. E é essa mediação que permite à criança produzir sentidos para o ato violento que sofreu. Trata-se, assim, de um acolhimento do outro à criança que lhe proporciona a produção de sentidos. Quero dizer que a violência em si — seja da ordem que for — dirigida à criança gera uma situação traumática. A mediação do outro possibilita a representação do quantum de excitação e, dessa forma, a situação traumática pode ser elaborada.

---

[615] KUPERMANN, 2019, p. 61.

[616] *Ibidem*, p. 67.

[617] GONDAR, 2017g, p. 211.

[618] É importante sublinhar que no original alemão está *Verleugnung*, que foi erroneamente traduzido como negação.

[619] FERENCZI, S. Análises de crianças com adultos (1931). *In:* FERENCZI, S. *Obras Completas Sándor Ferenczi.* São Paulo: Martins Fontes, 2011. v. 4, p. 79-95. p. 91.

No trauma desestruturante não há a mediação do outro. O que há é o seu desmentido. Isso pressupõe que o outro, ao desmentir a situação traumática vivida pela criança, produz outra situação traumática, produz um trauma a partir de outro trauma. E a criança fica entregue ao desalento psíquico, já que ela não pode contar com a mediação do outro. Aquele que a desmente parece estar surdo ao apelo da criança. Dessa forma, só resta a ela agir tal como a expressão popular *salve-se quem puder*. Toda essa conjuntura me levou a pensar na existência de uma correlação entre o trauma desestruturante pensado por Ferenczi e o desalento pensado por Birman. Parece-me que o desalento psíquico está associado não apenas à ausência de mediação, mas à ausência de reconhecimento da vulnerabilidade, no caso, da criança — ausência de reconhecimento que se materializa pelo desmentido e pelo mau acolhimento.

Ferenczi assinalou que tanto o adulto agressor quanto o adulto que faz o desmentido não são pessoas quaisquer na vida da criança. São pessoas próximas, familiares, uma vez que são encarregadas de cuidar dela e protegê-la. Portanto, são pessoas em quem ela confia. Assim, é com a certeza de que ela será acolhida pelo adulto, ou seja, de que ele dará um sentido para o que ocorreu, que ela vai em busca dele. Porém, não é isso o que ela encontra. Ela encontra o silêncio ou o desmerecimento ou a punição. Ela se depara com uma situação muito diferente daquela que imaginou encontrar. Não é sem surpresa que ela se depara com o desmentido, que vem a ser somado à surpresa anterior diante do sentimento de culpa do adulto agressor. Essa surpresa é também a surpresa diante da linguagem da paixão.[620]

Quem agiu errado? Ela ou o adulto agressor? Vale assinalar que certo e errado são significantes que povoam a mente do sujeito. Enquanto o "certo" está do lado do "inocente", o "errado" está do lado do "culpado". É essa confusão que habita a criança: ora se sente certa/inocente, ora se sente errada/culpada, em razão da perda de referência e da ausência de representação da violência que sofreu, já que o adulto que a desmentiu impossibilita a construção de um sentido. *Em quem confiar? Nela mesma ou no adulto agressor?* O desmentido do outro "não é apenas uma questão de palavra: são os afetos de um sujeito, o seu sofrimento, e ele próprio enquanto sujeito que está sendo desmentido".[621] A criança coloca em

---

[620] PINHEIRO, 1995.

[621] GONDAR, 2017b, p. 91.

dúvida sua percepção da realidade, suas impressões de si e do mundo. Ela passa a não confiar nela mesma e, ao mesmo tempo, a desconfiar de todos. Ela se sente perdida.

É porque as coisas se passam desse jeito que as relações estabelecidas por esses sujeitos que sofreram violências física e psíquica são atravessadas por questões como a confiança, a justiça, a verdade e a mentira. É por isso, também, que em suas relações o sujeito parece não se entregar. Com um pé na frente e outro atrás, ele parece ser movido pela desconfiança de que a qualquer momento pode ser abatido. O ditado popular *gato escaldado tem medo de água fria*, talvez o defina bem. Em seu diário, Ferenczi fez a seguinte anotação:

> O protótipo de toda a confusão é estar "perdido" quanto à confiabilidade de uma pessoa ou de uma situação. Estar perdido é ter-se enganado; alguém por sua atitude ou suas palavras, faz "cintilar" uma certa relação afetiva; o momento do desvario intervém quando se vai ao encontro de uma situação com uma certa representação antecipada e, no lugar disso, encontra-se uma outra coisa, frequentemente o oposto; portanto: ser surpreendido por alguma coisa. A confusão corresponde ao momento situado entre a surpresa e a nova adaptação.[622]

Mas como se adaptar a essa nova situação se tudo na criança parece se encontrar suspenso? O desmentido obstrui a trajetória do processo de introjeção. Como esclarece Pinheiro:

> A criança só pode ter uma palavra própria quando intermediada pela relação com o adulto. Num primeiro tempo ela toma emprestadas as palavras ao adulto e simultaneamente é a este que ela dirigirá sua palavra para obter uma confirmação. Este vaivém é condição imprescindível para que a criança conquiste sua própria palavra. É, portanto, por intermédio do adulto (suporte da introjeção) que a fala da criança pode ou não ter sua existência autorizada.[623]

Assim, o desmentido abala suas representações anteriores, representações estas que servem de base para a estruturação do psiquismo. Conforme Gondar, "é o próprio sujeito, portanto, que está sendo desau-

---

[622] FERENCZI, 1932/1990, p. 84.

[623] PINHEIRO, 1995, p. 74.

torizado a existir enquanto tal".[624] *Salve- se quem puder* é a sua condição. É porque a criança se encontra nessa condição que ela se adapta a essa nova situação, identificando-se com o agressor.

É importante destacar que, sendo a criança a vítima e, portanto, sendo inocente, ao incorporar a culpa de seu agressor, ela se torna ao mesmo tempo inocente e culpada. Ela se torna clivada. Assim, não é por acaso que o sujeito — criança ou adulto — se sente como alguém justo, generoso, confiável e cuidadoso com o outro e, ao mesmo tempo, sente- -se como uma pessoa má, ingrata e desmerecedora dos prazeres da vida. Ora, ao incorporar a culpa, ao proteger seu agressor, ela se pune. Se em um primeiro tempo o adulto foi o seu agressor, depois do desmentido ela passa a ser seu próprio agressor. Com isso estou apontando que, ao se identificar com o agressor, sua agressão não é dirigida para um terceiro, mas para ela mesma como uma forma de se punir. Mais que incorporar a culpa, ela incorpora a linguagem da paixão, ela incorpora a violência que foi dirigida a ela. A pergunta que cabe fazer agora é: *Por que o sujeito faz essa escolha?* Antes dessa pergunta, outra se impõe: *Teria o sujeito outra escolha a fazer?*

Parece-me que não se trata bem de uma escolha, e sim de uma estratégia de sobrevivência. É preciso levar em conta que a criança se encontra em um tempo em que ela ainda depende do adulto para sobre- viver física e psiquicamente. E é porque ela se encontra nesse estado de dependência que ela o idealiza. Incorporar a culpa de algo que ela nem conhece — de algo sobre o qual ela não percebeu nenhum mal, diga-se de passagem —, proteger o outro é, na verdade, proteger-se. Não incorporar a culpa do agressor é se deparar com o pior daquele de quem ela precisa para sobreviver.

Lembremos que, psiquicamente, a criança está *em* constituição, razão pela qual é preciso manter o objeto de modo idealizado. Renun- ciar a isso nesse momento é ter que renunciar àquele que garante sua sobrevivência. Uma passagem do escrito freudiano *Inibição, sintoma e angústia*[625] ajuda a compreender isso melhor. Nela, Freud afirmou que, quando a criança pequena, por meio de suas experiências, constata que um objeto externo perceptível é capaz de pôr fim à situação perigosa,

---

[624] GONDAR, 2017b, p. 93.

[625] FREUD, 1926/1988.

que diz respeito à invasão de excitações, o perigo deixa de ser a situação econômica e passa a ser a perda do objeto.

Quando exercia a função de supervisora do estágio clínico infantil de uma determinada instituição de ensino superior, era frequente o contato de forma indireta com as histórias de crianças que viviam em abrigos. Todas elas estavam abrigadas pela mesma razão: seus pais haviam perdido a guarda legal de seus filhos e, na ausência de um parente próximo, foram acolhidas institucionalmente. Muitas delas tinham seus corpos marcados pelos atos de violência: espancamento, queimadura, abuso sexual e torturas. Chamava nossa atenção — minha e dos meus supervisionandos — o fato de elas sentirem falta dos pais. As marcas em seus corpos — algumas ainda em processo de cicatrização — pareciam não ser o bastante para que a criança deixasse cair o objeto idealizado. Manter o objeto idealizado é para a criança uma questão de sobrevivência.

A possibilidade da perda do objeto mergulha a criança em um desespero. Aos olhos dela, o que se encontra em seu horizonte com a perda do objeto é a morte física e psíquica. Para não correr o risco de aniquilamento, de despedaçamento psíquico, ela "encontra a solução de transplantar o sentimento de culpa do agressor para si própria, suportar a injustiça do desmentido e com isso recuperar o estado de ternura anterior ao trauma",[626] mas não sem se clivar, destruindo uma parte de si.

3.4 Des(acontecimento): a dor que habita o bebê sábio

Vimos que não é possível pensar o trauma desestruturante sem articulá-lo com o desmentido. Vimos, também, que o ato violento em si não é o responsável pela ocorrência dessa espécie de trauma. É preciso que haja uma conjunção entre ele e o desmentido.[627] Essa conjunção não somente põe em destaque o trauma produtor de sequelas como evidencia o que não ocorreu na experiência com o objeto, sendo isso o que mais afeta a criança, mais que o próprio ato violento.[628]

À primeira vista, isso pode causar certo estranhamento, afinal, a criança sofreu um ataque violento. Acompanhando o pensamento de Ferenczi, é possível compreender que o desmentido se configura como sendo o ato mais violento sobre a criança. A razão é que ele significa a

---

[626] PINHEIRO, 1995, p. 82.

[627] GONDAR, 2017g.

[628] CABRÉ, L. M. El diario clínico de Ferenczi. *In:* CABRÉ, L. M. (org.). *Autenticidad y reciprocidad:* um diálogo com Ferenczi. Buenos Aires: Biebel, 2017. p. 23-32.

ausência de reconhecimento, por parte do outro, da percepção da criança em relação à realidade, o que coloca sua lucidez em xeque. Significa a ausência de reconhecimento daquela enquanto sujeito; enfim, significa a ausência de acolhimento ao seu apelo. Já me antecipando, esse é o ponto em que quero chegar: o não acolhimento é uma forma de desmentido praticado pelo outro, já que este não reconhece o estado de vulnerabilidade do sujeito em questão.

Examinando a dinâmica do desmentido de forma mais global, sua equação parece ser simples. É quando a examinamos pelo viés da criança que encontramos sua complexidade. Esta diz respeito à vivência da criança e suas reações diante não apenas do ato violento em si, mas fundamentalmente diante do poder exercido pelos adultos — aquele que a fere e aquele que a desmente; um poder que se pauta na humilhação, na desvalorização, no desrespeito ao sujeito, em função de não o reconhecer como tal. Não resta dúvida de que a ausência desse reconhecimento, cujo desdobramento é não reconhecer a vulnerabilidade do sujeito, dá-se devido à ausência de reconhecimento daqueles em relação à sua própria vulnerabilidade.

Para fazer valer seus poderes, os adultos em questão escamoteiam suas próprias vulnerabilidades por meio da criança, seja não reconhecendo sua linguagem e, portanto, submetendo-a à linguagem da paixão, seja desmentindo sua percepção da realidade, desmentindo-a enquanto sujeito. Mas e a criança, como ela reage ao trauma na leitura de Ferenczi, e quais são os seus efeitos sobre a subjetividade infantil?

Em uma das anotações que compõem o seu diário, Ferenczi descreveu o estado da criança após o acontecimento traumático. Lançando mão de um exemplo em que uma criança indefesa é maltratada pela fome — aqui podemos pensar na fome de amor também —, ele descreveu o que se passa com ela, física e psiquicamente, quando o seu sofrimento é intenso, ultrapassando a força de sua compreensão. A criança é levada ao que o senso comum chama de *fora de si*. Porém, esse *ausentar-se* não significa um *não-estar*. Trata-se de um *não-estar-lá*. Cabe perguntar: mas onde estaria? Escutando seus pacientes traumatizados, Ferenczi conclui:

> [...] eles partiram para longe do universo, voam com uma rapidez enorme entre os astros, sentem-se tão delgados que passam, sem encontrar obstáculos, através das substâncias mais densas; lá onde estão não existe tempo; passado, presente e futuro estão presentes para eles ao mesmo tempo,

> numa palavra, têm a impressão de ter superado o espaço
> e o tempo. Vista dessa gigantesca e vasta perspectiva, a
> importância do próprio sofrimento desaparece [...].[629]

Em seu escrito *Reflexões sobre o trauma*,[630] ele se propõe à mesma causa. Sua descrição é tão minuciosa que parece ser impossível o leitor não ser tocado pelo conteúdo. A leitura de seus escritos fornece a compreensão de que o acontecimento traumático é da ordem do terror,[631] até porque o ato violento ocorre sem pedir licença; ele chega quando menos se espera, levando a impressão traumática a penetrar no psiquismo e a permanecer ali fixada. Sobre isso, Ferenczi sublinhou que "o efeito do terror é consideravelmente aumentado nesse estado. Fica-se reduzido, de certo modo, ao nível de um animal medroso e pouco inteligente".[632]

Esse estado associado ao terror, que ele definiu como *comoção psíquica*, "é uma reação a uma excitação externa ou interna num modo mais autoplástico (que modifica o eu) do que aloplástico (que modifica a excitação)".[633] Resultante de um choque, cuja vivência é a de uma destruição psíquica, de um "desmoronamento dos suportes que estão na base da organização ainda precária do sujeito",[634] a comoção psíquica ocorre subitamente, causando "um *grande desprazer que não pode ser superado*".[635] "*Como superar esse desprazer?*" é a pergunta lançada pelo autor para esclarecer a condição insuperável do intenso desprazer.

Em se tratando da comoção psíquica, a reação é débil, visto não produzir representações que permitam ao sujeito suportar esse desprazer, seja de não o sentir como tal ou de senti-lo menos. Essa ausência de produção ocorre em função de a comoção repentina, ao agir como um anestésico que suspende toda espécie de atividade psíquica, instaurar um estado de passividade que impede o sujeito de realizar todo e qualquer movimento de resistência. Essa paralisia total, que inclui a suspensão da percepção, conjuntamente com a do pensamento, além de trazer como consequência a desproteção do eu — não há defesa possível se a

---

[629] FERENCZI, 1932/1990, p. 65.

[630] *Idem*, 1934/2011.

[631] Talvez essa seja a razão de ele nomear uma das modalidades de trauma de terrorismo do sofrimento. FERENCZI, 1933/2011.

[632] FERENCZI, 1932/1990, p. 80.

[633] *Ibidem*, p. 227.

[634] PINHEIRO, 1995, p. 90.

[635] FERENCZI, 1934/2011, p. 126, grifo do autor.

NEM SEMPRE O DANÚBIO É AZUL: QUAL DESTINO PARA O INFANTIL
NO TEMPO DAS FUNÇÕES PARENTAIS TERCEIRIZADAS?

impressão não é percebida — gera outras duas consequências: a de que toda impressão mecânica e psíquica é aceita sem resistência e a de que as origens da comoção não são acessíveis pela memória, em razão de ela, a comoção, não se inscrever psiquicamente: "nenhum traço mnêmico subsistirá dessas impressões, mesmo no inconsciente".[636]

De acordo com o psicanalista húngaro, o que está em jogo aqui é a aniquilação do eu, juntamente à aniquilação da capacidade de resistir, agir e pensar diante de uma experiência dessa ordem.[637] Na ausência de defesas e de qualquer possibilidade de se proteger do perigo, diante da incapacidade de se adaptar à situação de extrema intensidade e da ausência de acolhimento por parte do outro,[638] o terror vivenciado pelo sujeito ganha corpo, e uma válvula de escape é exigida. Na condição em que a criança se encontra, de *salve-se quem puder*, a autodestruição se impõe como uma estratégia radical de sobrevivência psíquica, anulando o estado agonizante do traumático.

Estou me referindo ao que Ferenczi nomeou "*autoclivagem narcísica*":[639] o eu se fragmenta, se cliva, dispersando a pressão que até então era experenciada. Isso significa que, por meio dessa estratégia de sobrevivência, o eu perde sua própria forma, aceitando, sem nenhuma resistência, "uma forma outorgada, 'à maneira de um saco de farinha'",[640] em nome de apaziguar a dor do trauma. Nas palavras do autor:

> No decorrer de uma tortura psíquica ou corporal, consumimos a força de suportar o sofrimento na esperança de que, mais cedo ou mais tarde, isso vai mudar. Mantém-se, pois, a unidade da personalidade [do eu]. Mas, se a quantidade e a natureza do sofrimento ultrapassam a força de integração da pessoa, então ocorre a rendição, deixamos de suportar, não vale mais a pena reunir essas coisas dolorosas numa unidade, nos fragmentamos em pedaços. Eu não sofro mais, deixo até de existir, pelo menos como Ego global. Os fragmentos isolados podem sofrer, cada um por si.[641]

---

[636] *Ibidem*, p. 130.

[637] *Idem*.

[638] Ferenczi (1934/2011, p. 127) se referiu a essa ausência de acolhimento de uma forma — "o salvamento não chega e até mesmo a esperança de salvamento parece excluída" —, o que confirma meu pensamento sobre a condição da criança tal qual a expressão *salve-se quem puder*.

[639] FERENCZI, 1931/2011, p. 88.

[640] FERENCZI, 1934/2011, p. 125.

[641] *Idem*, 1932/1990, p. 214.

Ferenczi ressaltou que o que é da ordem da insuportabilidade é se ver esmagado "por uma força que nos domina, é começar inclusive a sentir esse esmagamento, quando a extrema tensão de nossas forças físicas e mentais parece irrisoriamente débil em comparação com a violência da agressão".[642] A autodestruição é mais suportável que a aproximação do aniquilamento violento vindo de fora. Essa ameaça exterior, inesperada, cujo sentido não se capta, é insuportável. É preciso que não esqueçamos que o imprevisto é que é traumático. Como escreve Knobloch:

> [...] a surpresa, o inesperado consiste em não reconhecer o objeto mediador (o outro). Podemos imaginar que perdê-lo equivale ao risco de estilhaçamento psíquico. Neste instante da surpresa, em frações de segundo, é o risco da morte psíquica que irrompe para o sujeito. [...]. Ele precisa, então, a qualquer preço, garantir o lugar desse objeto mediador. A solução será dada pela auto clivagem, o que lhe permitirá recuperar o estado anterior ao trauma.[643]

Vale assinalar que, em função de o eu ser ainda fracamente desenvolvido, uma reação do tipo aloplástica não lhe é possível diante do brusco desprazer causado pela conjunção da linguagem da paixão e do desmentido. Assim, o pavor que toma a criança diante da fúria dos adultos a leva à reação autoplástica. Com isso, uma parte do eu "é posta 'fora de si' [por efeito da clivagem]. O lugar que ficou vazio será ocupado pelo agressor [por efeito da identificação]".[644] Essa elaboração levou Ferenczi a afirmar que, a partir da clivagem, a subjetividade se faz "unicamente de id e superego".[645] O efeito dessa operação é a incapacidade "de afirmar-se em caso de desprazer; do mesmo modo que uma criança, que não chegou ainda ao seu pleno desenvolvimento, é incapaz de suportar a solidão, se lhe falta a proteção materna e considerável ternura".[646]

Pinheiro[647] lembra que se percorrermos as obras dos diversos psicanalistas, principalmente as dos pioneiros, não será difícil encontrar o termo *clivagem* com funções e natureza diferenciadas, embora todas significando cisões no aparelho psíquico. Mesmo que a sua concepção se

---

[642] *Ibidem*, p. 214.

[643] KNOBLOCH, F. *O tempo do traumático*. São Paulo: FAPESP, 1998. p. 64.

[644] FERENCZI, 1932/1990, p. 259.

[645] *Ibidem*, p. 118.

[646] *Idem*.

[647] PINHEIRO, 1995.

faça de acordo com a metapsicologia de cada paradigma, todos concordam que a existência de uma divisão em tal aparelho é fruto de uma clivagem. É por conta de uma clivagem, por exemplo, que os sistemas ICS e PCS/CS sofrem uma separação. Embora a princípio Ferenczi tenha tomado o termo *clivagem* pensando na metapsicologia da estruturação egoica e associado ao trauma estruturante, mais tarde ele o associou ao trauma desestruturante, visto que o vinculou à fragmentação egoica como defesa diante de um sofrimento extremo.

Neste momento, penso ser importante traçar uma diferenciação do conceito de *clivagem* tal como foi utilizado por Ferenczi e por Freud. Para Ferenczi, trata-se de um mecanismo que está relacionado a uma vivência de uma "dor sem conteúdo de representação",[648] significando uma defesa contra a ameaça de aniquilação, e não uma defesa contra a ameaça de castração, conforme Freud esclareceu em seus escritos *Divisão do ego*[649] e *Esboço de psicanálise*.[650] Nesses escritos, o criador da psicanálise afirmou que a cisão do eu está referida à castração. Trata-se de um eu dividido entre duas ideias representativas opostas: à aceitação e à negação da realidade. Não é a isso que Ferenczi está se referindo. A clivagem a que Ferenczi aludiu tem como objetivo proteger o eu de um colapso total, apaziguando a vivência traumática, cuja dor é da ordem do insuportável. Assim, como operador subjetivo privilegiado para lidar com a experiência catastrófica, a clivagem incide sobre o próprio eu. Segundo Reis:

> O recurso à clivagem implica em uma ruptura na superfície do eu, trazendo a mobilização e imobilização de intensas forças defensivas, cujo objetivo é manter separados aspectos do eu, memórias de vivências, enfim, conteúdos psíquicos carregados de um excesso de excitação não passível de derivação. Colocando a questão em termos pulsionais, a clivagem envolve uma desintrincação pulsional, já que resulta em uma ação fragmentadora que não se desdobra em ligações nem em formações substitutivas pelas vias associativas. Manifesta-se então, como repetição inexorável, pois não há uma situação de conflito psíquico ligado à censura e todas as possibilidades de soluções de compromisso.[651]

---

[648] FERENCZI, 1932/1990, p. 64.

[649] FREUD, S. A divisão do ego no processo de defesa (1938). *In:* FREUD, S. *Edição Standard Brasileira das Obras Psicológicas Completas de Sigmund Freud.* Rio de Janeiro: Imago, 1988. v. 23. p. 309-312.

[650] *Idem.* Esboço de psicanálise (1939). *In:* FREUD, S. *Edição Standard Brasileira das Obras Psicológicas Completas de Sigmund Freud.* Rio de Janeiro: Imago, 1988. v. 23. p. 169-237.

[651] REIS, 2017c, p. 104.

Diante da impossibilidade de dominar o excesso de excitação, quer venha de fora ou de dentro, e sob a ameaça de colapso, o eu se fragmenta para suportar o quantum de excitação sem sucumbir. Ao lançar mão dessa estratégia de sobrevivência, o eu se divide "numa parte sensível, brutalmente destruída, e uma outra que, de certo modo, sabe tudo, mas nada sente".[652] Temos, então, uma parte do eu que guarda a sensibilidade e se mantém na ternura, o que nos leva a pensar que, mesmo destruída, guarda a vida, embora pareça "morta", e outra parte que detém uma sabedoria, mas que, entretanto, é uma parte anestesiada. Essa parte, que se tornou adulta, é encarregada de proteger a parte ferida. Em estado de alerta para não ser mais surpreendida, "ela fica incumbida também de impedir novos assassinatos ao nível do ego".[653] Ou seja, encontramos dois seres habitando o mesmo corpo.

Embora a autoclivagem narcísica se apresente como uma solução para a sobrevivência psíquica, trata-se de uma solução fracassada, visto que "não elimina o ocorrido e, tampouco, a iminência de desmoronamento psíquico, o que significa que a vivência traumática deixa um lastro, ou seja, marcas não simbolizadas no psiquismo".[654] Pretendendo um apaziguamento perante o desespero existencial, o que ocorre é uma suspensão de si. Ou seja, por meio de um esforço para conter a dor sem possibilidade de representação, a criança amadurece precocemente à custa de uma anestesia da afetividade.[655] Eis o processo que constitui o *bebê sábio*[656] — uma fantasia que, diferentemente da *"sua majestade, o bebê"*,[657] traz em seu bojo uma experiência catastrófica nos primórdios da vida. Se essa é uma estratégia de sobrevivência para a vivência de um drama subjetivo, com certeza ela promove a perda do colorido vital.

> A consequência, para o sujeito, dessa aquisição precoce de um saber e de uma maturidade própria dos adultos é um comprometimento da capacidade de afetar e ser afetado pelo outro, que se faz acompanhar de uma dificuldade de

---

[652] FERENCZI, 1931/2011, p. 88.

[653] PINHEIRO, 1995, p. 96.

[654] HERZOG; MELLO, 2009, p. 72.

[655] *Ibidem*, 2012.

[656] FERENCZI, S. O sonho do bebê sábio (1923). *In:* FERENCZI, S. *Obras Completas Sándor Ferenczi*. São Paulo: Martins Fontes, 2011. v. 3. p. 223-224.

[657] FREUD, 1914/2004.

expressar afetos de amor e de ódio e de uma diminuição da
potência para se afirmar de modo singular.[658]

Foi em 1923 que Ferenczi apresentou a figura do bebê sábio. Em seu breve escrito O sonho do bebê sábio, o autor destacou que, não raro, os pacientes relatam sonhos cujo protagonista é um bebê que fala, escreve com desembaraço, faz discursos, dá explicações científicas, enfim, a cena onírica apresenta uma criatura que possui um saber que é típico do mundo dos adultos. Assim, o que estava em pauta na interpretação do psicanalista húngaro de seus pacientes era o desejo infantil "de suplantar os 'grandes' em sabedoria e em conhecimento".[659]

A partir de sua teoria do trauma, ele passou a escutar o sonho do bebê sábio articulado com a autoclivagem narcísica. Os sonhos de seus pacientes traumatizados traziam como cena "uma pessoa à parte, que tinha como tarefa levar rapidamente socorro a uma criança mortalmente ferida",[660] ou imagens em que o órgão do pensamento — a cabeça —, apresentando-se separada do restante do corpo, caminha com seus próprios pés. Enfim, sonhos e fantasias que, ao propiciar a emergência de percepções autossimbólicas de si, expressam a resistência passiva do sujeito diante do ambiente agressor, da mesma forma que representam o processo da autoclivagem como um desdobramento do desmentido realizado pelo outro.[661]

Com essa formulação, Ferenczi novamente implicou o ambiente. Isso quer dizer que a sua leitura sobre esse processo da autoclivagem foi da ordem do relacional, tal como a leitura que ele fez sobre o desmentido. Esse aspecto foi bem evidenciado quando ele indicou que o abandono do ambiente em relação à criança tem por efeito uma clivagem psíquica. O fragmento que se desprende do próprio sujeito assume a forma de uma instância autoperceptiva no sentido de querer acudir em ajuda. Trata-se de um cuidado que apresenta um aspecto maternal em relação às pessoas, principalmente às mais vulneráveis; um cuidado que se materializa pela transmissão de seus conhecimentos, o que acaba por se tornar o "psiquiatra da família" e, desse modo, acaba por exercer a função de mediador por meio de sua sabedoria.

---

[658] KUPERMANN, 2006, p. 25.

[659] FERENCZI, 1923/2011, p. 223.

[660] Idem, 1931/2011, p. 88.

[661] Idem.

Mas como essa criança se torna sábia? E de que sabedoria se trata? A experiência de violência a que a criança foi submetida somada ao desmentido do outro é o que a leva a amadurecer bem rápido e a adquirir uma sabedoria. Isso se dá em função do choque, da aflição extrema e da angústia da morte promoverem o surgimento de disposições que, até então, encontravam-se latentes, aguardando pelas suas maturações. Devido à ausência de mediação por parte do outro, ela precisou fazer um grande esforço para superar a dor e a angústia provenientes do trauma.

A pressão da urgência traumática faz com que a criança subitamente manifeste suas emoções, tal como um adulto maduro. A parte que se tornou adulta é caracterizada pela sabedoria, uma sabedoria que permite estar simultaneamente dentro e fora: "tantas medidas a tomar, tantas coisas para supervisionar, [essa parte do eu] é como uma máquina que, para funcionar direito, deve estar longe das emoções".[662] De forma poética, Ferenczi escreveu: "pensa-se nos frutos que ficam maduros e saborosos depressa demais, quando o bico de um pássaro os fere, e na maturidade apressada de um fruto bichado"[663] para dizer sobre a *progressão traumática* patológica como fuga do sofrimento. Diferentemente da regressão, o que se destaca na prematuração traumática é uma fuga para a frente.

O que está em pauta aqui, mais que a fuga do sofrimento, é a negação do trauma. A parte "adulta" do eu desempenha os cuidados materno e paterno para com a parte destruída, anulando, assim, o abandono que sofreu e seu efeito. Essa anulação aponta para a existência de uma regressão à "uma beatitude pré-traumática"[664] por meio da qual tenta tornar o choque inexistente. Com isso, Ferenczi estava transmitindo que diante do choque ou do pavor, haverá sempre um anúncio de clivagem. Há uma regressão para o estado anterior ao trauma na tentativa de apagar o choque, ou seja, torná-lo inexistente.

Aqui faz-se necessário destacar outro radical mecanismo de defesa usado pelo sujeito. Podemos compreender a anulação do abandono como sendo uma forma de o sujeito negar o trauma sofrido. Essa negação Ferenczi nomeou *alucinação negativa*, por meio da qual o sujeito deixa de ver o que existe. O sujeito não apenas nega o acontecimento do trauma como faz

---

[662] PINHEIRO, 1995, p. 96.

[663] FERENCZI, 1933/2011, p. 119.

[664] *Ibidem*, p. 119.

dele uma vitória. Examinando bem de perto a estratégia infantil, não é difícil de compreender.

> [...] para o sujeito que teve que esbarrar na morte e que viveu a agonia do coma psíquico, o fato de ter conseguido ultrapassar esta penosa situação é uma epopeia que merece ser comemorada. Recuperar a vida é uma saída feliz, manter este prazer lhe permite espantar os eventuais resíduos das lembranças daquele desprazer insuportável que foi a experiência do trauma. Nada é tão espetacular ou eficiente do que negar o trauma e o sofrimento e transformá-lo no prazer de uma vitória.[665]

A significação disso é que essa estratégia leva o sujeito a sentir o despedaçamento do eu não como uma perda de si mesmo, mas como conquista de si mesmo, "expressão de onipotência, como se o sujeito nunca tivesse experimentado o sentimento de perda de si ou o ter sido abandonado".[666] Desse modo, quando o sujeito nega o acontecimento do trauma, ele faz do acontecimento um des(acontecimento). Isto é, o sujeito encapsula o acontecimento do trauma, da mesma forma que, pela autoclivagem narcísica, encapsula uma parte de seu eu. Assim, parte do eu e o acontecimento do trauma permanecem juntos. Mais do que isso, encontram-se vivos. É essa parte que guarda as sensações vivenciadas no momento da comoção psíquica. Quanto à outra parte do eu, a que tem contato com o mundo externo, ela fica encarregada de se preservar de outras invasões. Enfim, nessa subjetividade clivada encontramos uma parte sábia, culpada e anestesiada; uma parte sem corpo e, por isso, mortificada. A outra parte, a que foi ferida e que contém a dor do trauma, é a que se manteve na ternura, e por isso é sensível. É dessa parte que é possível dar vida à vida e fazê-la desabrochar. Mas para isso é preciso reconhecer a sua dor, resgatá-la e acolhê-la.

É importante assinalar que, mesmo se tratando de uma ação autodestrutiva e pelo fato de essa operação psíquica não se fazer sem grandes consequências, há na clivagem narcísica uma positividade. Mais que uma ação mortífera, ela revela um propósito na direção da vida, já que seu intuito maior é a sobrevivência global do psiquismo.[667] Trata-se, portanto, de um

---

[665] PINHEIRO, 1995, p. 94.

[666] *Idem.*

[667] FORTES, I.; OLIVEIRA, M.; WINOGRAD, M. *A pulsão de morte contra a pulsão de morte*: a negatividade necessária. *Psicologia Clínica*, Rio de Janeiro, v. 28, n. 2, p. 69-88, 2016.

paradoxo, pois é a morte em favor da vida ou, como afirmou Zaltzman,[668] trata-se de um protesto vital da pulsão de morte cuja tentativa é abrir saídas quando tudo parece desabar sobre o sujeito: "às vezes é preciso se proteger da vida, reduzindo-a ao máximo para garantir sua persistência".[669] Ante essas formulações, vemos que o sujeito infantil, ao lançar mão de uma ação autodestrutiva à custa de uma fragmentação subjetiva pela qual uma parte de si é sacrificada, cria uma estratégia para que o estado de ternura possa ser reencontrado, retomando a própria vida quando esta parecia estar escorrendo pelos dedos. Dito de outro modo, sua ação autodestrutiva é em favor da sobrevivência psíquica, em favor da vida.

3.5 "Nunca ninguém olhou para as minhas perebas"[670]

Após a exposição sobre o trauma desestruturante elaborado por Ferenczi, é preciso retornar à criança mal-acolhida, aquela que, desinvestida de sua existência, fica exposta aos atentados físicos e psíquicos, já que a ausência de um mediador a priva de um escudo que a defenda deles. É preciso retornar para que seja possível desenvolver a ideia de que o não acolhimento é uma forma de desmentido praticado pelo outro.

Na companhia de Ferenczi, abordei conceitos fundamentais que apontaram para a participação direta do ambiente na produção do trauma. Isso equivale a dizer que ele está implicado no modo de ação psíquica do trauma em função de seus comportamentos em relação à criança. Como o autor afirmou: "[os adultos] dão, em geral, e num elevado grau, prova de incompreensão aparente. A criança é punida, o que, entre outras coisas, age também sobre a criança pela enorme injustiça que representa".[671]

Katonadolog — numa tradução livre, "um soldado não chora"[672] — é uma expressão húngara que Ferenczi tomou de empréstimo para metaforizar o grau de exigência que o adulto impõe à criança: uma posição ou uma força que ela ainda não é capaz. Podemos extrair disso que esses adultos não levam em conta a vulnerabilidade infantil. Não há um

---

[668] ZALTZMAN, N. *A pulsão anarquista*. São Paulo: Escuta, 1994.

[669] FORTES, 2016, p. 85

[670] Trata-se de um fragmento de uma entrevista clínica que foi exposta no texto *"Nas cinzas da catástrofe, a criança surge"*, escrito em parceria com a psicanalista Eliana Schueler Reis e que se encontra publicado no livro *Trauma e Ternura: a ética em Sándor Ferenczi*, organizado por Auterives Maciel Jr.

[671] FERENCZI, 1934/2011, p. 127.

[672] *Idem.*

reconhecimento da parte deles. Sendo o reconhecimento o avesso do desmentido, não ser reconhecido na condição de sujeito pode produzir efeitos traumáticos, uma vez que as percepções e os afetos do sujeito não são validados. Mais do que causar estragos subjetivos, o reconhecimento recusado é uma violação à integridade do ser humano. Portanto, o desmentido não ocorre primeiro em relação ao sofrimento da criança: antes disso, a condição vulnerável da criança já foi desmentida por não ter sido reconhecida. Na ausência do reconhecimento, a criança se encontra desprotegida em relação aos atos de violência física e psíquica — uma porta escancarada para que seja traumatizada.[673]

A ideia de o desmentido ser pensado como ausência de reconhecimento logo me trouxe à mente as primeiras linhas do escrito ferencziano que aborda a problemática da adaptação da família à criança.[674] Ferenczi chamou a atenção para o fato de que geralmente o mundo dos adultos se volta apenas para a adaptação da criança à família, esquecendo-se de que o primeiro passo em relação à adaptação teria que ser dado por eles, ou seja, os adultos se adaptarem à criança. Para que haja essa inversão, é preciso que se compreenda aquele que acabou de chegar. A chegada ao mundo se dá por uma catástrofe, que, por ser uma perturbação extemporânea e violenta, produz uma ruptura de um ritmo instalado, cria uma fenda no que já estava organizado.[675] Daí Ferenczi ter ressaltado a adaptação da família à criança movida por uma compreensão.

Compreender o filhote humano diz respeito não somente a compreender suas necessidades, mas compreender o seu tempo, tão diferente do nosso; compreender o seu ritmo, tão oposto do nosso; e, principalmente, compreender sua fragilidade. Ou seja, é fundamental que se compreenda de forma absoluta esse ser estrangeiro, que, com a sua chegada, desorganiza o ambiente. Talvez seja por isso que os adultos queiram que o bebê se adapte ao mundo deles imediatamente; afinal, o nascimento não é um acontecimento catastrófico apenas para o filhote humano — a catástrofe atinge todos, ele e a família.

A compreensão do adulto em relação à criança, propiciadora de sua adaptação a ela, tem para mim o sentido de reconhecê-la enquanto sujeito e, por isso, de acolhê-la em sua condição de vulnerabilidade. Trata-se,

---

[673] GONDAR, 2017g.

[674] FERENCZI, 1928a/2011.

[675] REIS; MENDONÇA, 2018.

assim, de um ato ético do ambiente que se sustenta em um modo-de-ser que permitirá a criação de relação entre sujeito-sujeito, e não de sujeito--objeto, estabelecida pela dominação. Posto isso, pergunto: Não seria a *não adaptação da família à criança* um *não reconhecimento* da vulnerabilidade infantil? E o que seria adaptar-se à criança? Não seria acolhê-la?

Minha suposição é a de que a *não adaptação do meio à criança* está de mãos dadas com o *não acolhimento*, uma vez que o meio impõe a ela um tempo e um ritmo que não são o dela, mas o dele. Nesse sentido, a ausência de acolhimento é uma forma de desmentido praticado pelo outro, já que não há um reconhecimento da condição vulnerável da criança. Assim, exige-se da criança uma performance de superação da diferença e uma adequação imediata ao funcionamento do novo mundo, o que faz com que a experiência catastrófica se fixe como traumática. Portanto, é pelo acolhimento que ocorre, pela adaptação do ambiente à estranheza infantil que as experiências disruptivas de ordem catastróficas não se instalam como memória traumática. Essa adaptação propicia a existência de um campo de afetação entre o bebê e o ambiente, criando uma rede composta pelo intrincamento entre a intensidade do corpo do bebê e as variações do ambiente — base para o psiquismo infantil.

Entretanto, atualmente a percepção tem sido outra. Seja na clínica, seja nas diversas instituições que se utilizam do método psicanalítico, promovendo uma psicanálise aplicada, uma clínica em extensão[676] ou uma psicanálise extramuros,[677] que nos deparamos cada vez mais com um *além* — se este se impõe às práticas clínicas realizadas por nós é porque se impõe, na mesma medida, aos sujeitos que delas precisam. Isso significa que, não tem sido nada raro nos depararmos com indivíduos desprovidos de uma rede subjetiva de suporte sensorial e afetivo. Com isso, tem sido fundamental mais disponibilidade nossa junto às pessoas que nos buscam, visto que frequentemente o trabalho tem sido o de reconstituir a tessitura da rede, já que ela tem apresentado rasgos devido à precariedade da intrincação entre a intensidade do corpo do bebê e quem cuida dele. Essa precariedade dificulta que as excitações pulsionais possam ter outro destino que não seja o da descarga direta, cuja manifestação podemos encontrar sob a forma de ações destrutivas, seja contra o outro, seja contra o próprio indivíduo. Não é difícil perceber que a existência da precarie-

---

[676] HERRMANN, F. *Introdução à teoria dos campos*. São Paulo: Casa do Psicólogo, 2001.

[677] LAPLANCHE, 1987.

dade se dá pela falha do ambiente em não reconhecer a vulnerabilidade infantil ou, dito de outro modo, em desmentir o estado vulnerável da criança colocando-a em uma condição de desalentada, já que a mediação do outro se faz ausente.

Um momento de pausa para ilustrar o que está sendo exposto. Trata-se de um fragmento de uma entrevista clínica em que o adolescente parece mostrar essa precariedade lançando mão de seu corpo para dar vazão ao seu excesso pulsional.

Por meio de um trabalho realizado em uma instituição que conta com uma infraestrutura muito bem-organizada, recebo um rapaz para as entrevistas preliminares. Ele chega para o encontro falando muito e com uma intensa agitação corpórea, deixando às claras sua angústia. Enquanto ele falava, meu olhar se voltava para toda aquela movimentação. Era esta movimentação que eu escutava. Eu já não ouvia mais os seus relatos, quando o meu olhar se voltou para as pernas dele: cheias de cicatrizes. Uma ferida aberta e bastante infeccionada parecia insistir. Eu o interrompo dizendo que sua perna está machucada. Passando a mão por cima da ferida com certo descaso, ele diz: "Ah, isso é sangue ruim. Desde pequeno tenho estas perebas". Volta a contar seus casos com a mesma agitação. A ferida parecia não lhe doer. Novamente, a fala dele é interrompida para lhe ser dito que teria tempo para falar, mas que antes era preciso cuidar daquela perna. O responsável pela enfermagem é chamado para providenciar os cuidados necessários com aquele ferimento, enquanto eu aguardo na sala de atendimentos. Logo depois, o rapaz retorna. Com curativo na perna, sem aquela agitação e com uma fala mais pausada me diz: "Nunca ninguém olhou para as minhas perebas". Fim da ilustração.

Trazendo de volta a pequena Joana que apresentei anteriormente, vemos que as experiências são distintas, porém há um denominador comum entre elas: são experiências cuja vivência da dor se marca pela ausência do olhar do outro, ou seja, a ausência de um reconhecimento por parte do outro e, sendo assim, a ausência de um acolhimento da dor pelo qual ela seria apaziguada.

Nunca ninguém olhou para as minhas perebas são as palavras do adolescente por meio das quais ele expressa a ausência de um olhar para a ferida que seu ser — seu corpo — carregava; uma ferida que purgava e cuja dor o deixava anestesiado em relação à vida. Da mesma forma que ele não a sentia, ele não sentia a vida. O seu descaso parecia apontar não somente para a ausência de um reconhecimento de sua própria existência, mas para a ausência do mesmo reconhecimento por parte de seus pais. Para sua surpresa, a analista a reconheceu. Ela reconheceu o que os seus pais e ele próprio não reconheciam, ou seja, a sua dor de existir. Foi por se deixar ser afetada que foi possível a analista reconhecer e acolher a dor daquele que se tornara anestesiado, submetido ao desmentido realizado pelos seus pais.

O que se destaca nesse fragmento clínico é a figura do desmentido ligada diretamente ao que se passa no corpo do rapaz. Vimos que aquele diz respeito à vivência da criança quando vê seu sofrimento ser ignorado e negado pelo outro a quem ela recorre por acreditar que pode contar com ele. Esse outro, que por alguma razão não se implica e não acolhe a criança, desmente não só o sofrimento, mas a própria existência da criança, que passa a duvidar de suas percepções. O não olhar dos pais e cuidadores cria um vácuo de sentido, e aquele corpo que se expressa por uma ferida paira isolado. Voltando a Ferenczi e à problemática do trauma causador da clivagem, vemos a negação do sofrimento da criança. Aquilo que a criança diz ou mostra com o seu corpo não é acolhido como comunicação. Podem ser dispensados cuidados a ela, mas sua dor fica no campo do desmentido.[678]

Atualmente temos nos deparado com modalidades de sofrimento que, acompanhadas por um estado de anestesiamento, parecem naturalizar aquilo que não deveria ser naturalizado. *"Ah, isso é sangue ruim. Desde pequeno tenho estas perebas"*, diz o rapaz naturalizando suas feridas e sua dor. Nada disso parece ser uma novidade no campo das subjetividades, nem no campo da coletividade. O mal, materializado por ações destrutivas — seja contra o outro, seja contra o próprio sujeito — foi naturalizado. E isso não está desarticulado com as transformações que ocorreram na esfera sociopolítico-econômica do mundo a partir da segunda metade do século passado.

---

[678] MENDONÇA; REIS, 2018.

4

CONTEMPORANEIDADE: TEMPO DOS BEBÊS SÁBIOS?

4.1 Considerações iniciais

Como apontei no decorrer deste estudo, que busca qual é o destino reservado ao infantil no tempo das funções parentais terceirizadas, as transformações sociopolítico-econômicas ocorridas a partir de meados do século passado fizeram com que o mundo ocidental sofresse uma reviravolta. O mundo tornou-se globalizado — suas fronteiras foram diluídas e um fluxo contínuo e rápido de dados, sons e imagens que cruzam o planeta sem controle e sem limite transformou a vida nele, para o bem e para o mal. O modo de ser do homem, de pensar e de viver a vida, acompanharam essa reviravolta. Mudaram os hábitos, os costumes e os valores. O homem não é o mesmo de outrora, e nem poderia ser. Seu funcionamento subjetivo é outro, assim como seu modo de sofrimento psíquico.

Sem negar a positividade que muitas das transformações sociopolítico-econômicas trouxeram ao mundo, em seu conjunto, elas afetaram a criança, já que provocaram modificações cruciais nas relações familiares e no modo como as crianças passaram a ser vistas e cuidadas. Ou seja, houve uma torção no investimento libidinal dos pais em relação aos seus filhos, uma mudança significativa porque tais transformações provocaram uma espécie de terceirização das funções parentais. Assim, o que antes era da responsabilidade da família passou a ser delegado para terceiros. Instituições foram criadas com a tarefa de realizar o processo de socialização primária da criança, trazendo novas questões para o campo da subjetividade, já que se criou um processo de institucionalização das figuras parentais junto à criação de atenções especializadas e prestações de serviços destinados à criança.

Vimos que, ao longo da história da civilização ocidental, incluindo os dias atuais, a maneira de estabelecer os laços familiares passa por transformações, resultando em diferentes desenhos da esfera familiar. Isso equivale a dizer que a cada época são realizados deslocamentos e remanejamentos de lugares e papéis que provocam profunda mudança estrutural na família e prenunciam não uma desordem da família, mas a constituição de outra ordem familiar. Assim, se o mundo antigo e o medieval criaram a família extensa e o mundo moderno criou a família nuclear, o mundo contemporâneo criou a família tentacular,[679] cada qual tendo como base a conjuntura histórica de sua época. Trata-se, então, de uma engrenagem que precisa ser levada em conta.

Alguns conservadores e nostálgicos da ordem patriarcal insistem em afirmar que as novas formas de convívio, próprias da família contemporânea, e as mulheres, por renunciarem ao posto de "rainha do lar", são as responsáveis pela dissolução da família patriarcal, pelas modalidades do mal-estar na atualidade ou pelo quadro de precarização social que vivemos atualmente, sobretudo no que diz respeito ao comportamento de crianças e adolescentes. Essa posição dos conservadores não considera o aspecto mais importante na constituição de uma família, sendo uma posição que tem em mente não as funções parentais, mas as figuras parentais.

Sabemos pelos neuróticos o quanto a família dos tempos modernos, com seus papéis parentais tão rigidamente definidos, foi a família da fixação da mãe aos filhos e, logo, dos filhos ao amor materno, trazendo como consequência o sofrimento das histéricas e dos neuróticos obsessivos. Essa fixação não surgiu do nada. Apoiada em poderosas impressões infantis, ela surge também como consequência de uma cultura regida pela moral sexual civilizada, em que a mulher, tendo como único destino a maternidade, transferia para o filho sua necessidade de amor.[680]

Independentemente das novas configurações familiares que compõem a sociedade contemporânea, o mais importante é como os laços familiares são construídos e o modo como se assume, ou não, a responsabilidade pelos cuidados da criança, pois são esses laços e esses cuidados que constituirão a subjetividade. Aos meus olhos, esse foi o aspecto mais relevante transmitido pela família tentacular. Ela destacou a função em relação à figura parental. A construção de um laço, que propicia a constituição subjetiva, não necessariamente precisa ser desempenhada por

---

[679] KEHL, M. R. Em defesa da família tentacular. *Fronteiras*, São Paulo, dez. 2013. Disponível em: http://www.fronteiras.com/artigos/maria-rita-kehl-em-defesa-da-familia-tentacular. Acesso em: 3 dez. 2024.
[680] FREUD, 1908a/2020.

aqueles que, na estrutura de parentesco, correspondem ao pai e à mãe. O que importa é alguém se encarregar amorosamente da criança, é alguém exercer as funções parentais — materna e paterna.[681]

Essa compreensão indica que o acolhimento é fundamental no processo de subjetivação. Porém, no mundo atual os cuidados infantis foram terceirizados. O problema da terceirização é que as funções perdem o caráter de função, tornando-se prestação de serviços. O que quero destacar é que, se na modernidade quem embalava "*Mateus*" era quem o tinha parido (a mulher), na contemporaneidade cabe perguntar: "*Quem embala Mateus?*". Na atualidade, o pequeno tem sido embalado pelas instituições, pelos especialistas, pelos anônimos, pelas telas e pelos objetos inventados a cada dia pela tecnologia avançada. A essa pergunta acrescenta-se outra: "*Quem tem o saber sobre Mateus?*". Já vimos que o outro materno, por meio de seu saber inconsciente, transmite ao bebê o que se passa com ele e com o seu corpo, permitindo que ele tome o saber do outro materno como seu. Na atualidade, diante do não saber fazer ou como fazer quando o bebê se encontra chorando, por exemplo, o outro materno costuma apelar para o saber técnico, a fim de que este possa nomear, dar uma significação e fazer cessar aquilo que do bebê escapa ao seu saber.

Diferentemente de épocas anteriores, o apelo do outro materno era remetido a sua própria mãe, às avós e às mulheres mais experientes da família, havendo, assim, uma transmissão geracional relacionada ao cuidado com a criança. Muitas vezes, nesses encontros embalados por lembranças e histórias contadas por essas mulheres, nascia a possibilidade de resgatar o saber apagado ou até mesmo de inventar um. Enfim, a busca não era por um saber técnico, mas por uma experiência em que o afeto circulava. Com ela, o outro materno se alimentava. Alimentado, tinha o que transmitir.

Na atualidade, a família e a infância foram apropriadas por uma rede de saberes, desde os mais tecnológicos aos mais "alternativos", havendo certa destituição do saber das figuras parentais, cuja construção se faz com suas experiências como filhos e com a própria experiência de serem pais. Essa avalanche de conhecimentos e práticas, que se constitui também como um mercado extremamente lucrativo, movido pela ética do consumo, provocou a terceirização das funções parentais.[682]

---

[681] KEHL, 2013.

[682] MENDONÇA; REIS, 2018.

Posto isso, parece que a transmissão geracional se perdeu juntamente às experiências afetivas, uma vez que o mundo em que vivemos é cada vez mais afeito aos "laços" comerciais. Assim, com a perda dessa transmissão, entraram em cena os especialistas (pediatra, professor, psicólogo, fonoaudiólogo, nutricionistas, psicopedagogos e tantos outros) e as prestações de serviços, com o intuito de dar um norte aos pais para que não se sintam à deriva. Cursos de como amamentar, de como lidar com o bebê, de *coaching* materno, consultorias, aplicativos com tutoriais ensinando como ser *"mamãe completa"*,[683] com a participação de vários especialistas da área de saúde e, claro, fazendo parceria com grandes empresas, viraram uma febre, expandindo cada vez mais o mercado infantil. Este captura os futuros pais com a promessa de que, seguindo o passo a passo dos manuais e dos tutoriais, seus bebês serão saudáveis, felizes e não os deixarão se sentindo à deriva.

Como esclarece Iaconelli,[684] o problema não é o especialista atender às demandas dos pais, mas de que lugar ele atende. A sociedade de consumo impulsiona o especialista a vender uma ideia de garantia, predizendo a criação dos filhos e o bem-estar de pais e mães. Claro que há sempre uma boa intenção no discurso do especialista, principalmente para aqueles que o escutam, visto, muitas vezes, que se encontram à deriva. Contudo, por trás desse discurso sedutor há uma lógica da sociedade de consumo. Movido por ela, o especialista "vende resultados de desempenho e faz cara de quem escuta os pais para melhor encaixá-los em algum diagnóstico previamente categorizado. Faz isso prometendo o caminho suave da parentalidade, livre dos desagradáveis odores do inconsciente humano",[685] promovendo a surdez subjetiva.

Entretanto, é bom que se diga que a perda de transmissão geracional não se reduz a pais e filhos. É preciso que a pergunta *"Como os pais acolhem a chegada de seus filhos?"* seja ampliada a *"Como nós, enquanto sociedade, acolhemos a chegada de nossas crianças?"*. Minha suposição é a de que a criança não é bem-recebida. Ou seja, na atualidade, a criança — em sua concepção universal — é mal-acolhida tanto em nível micro quanto macrossocial. Soma-se à minha suposição o que penso ser um agravante: a dificuldade da família, da escola, da sociedade e do Estado em

---

[683] "Mamãe completa" é um curso on-line, criado por vários profissionais de diferentes áreas.

[684] IACONELLI, V. Parentalidade no olho do furacão. *Jornal Folha de São Paulo*, São Paulo, 7 dez. 2021. Cotidiano: B4.

[685] *Idem*, p. B4.

reconhecer isso. Para que reconheçam, é preciso que eles se impliquem. É preciso que as gerações anteriores se perguntem o que transmitiram à criança. É preciso que se responsabilizem pelas suas surdezes e cegueiras em relação ao estado de desalento em que a criança se encontra. Ao não reconhecerem, eles desmentem a precariedade infantil, ou seja, a condição vulnerável da criança. Se é por esse reconhecimento que o ambiente acolhe a criança adaptando-se a ela e, desse modo, assegurando seu impulso de viver, na ausência dele não há acolhimento, consequentemente, a força vital do pequeno ser não se expande, tornando-se ele presa fácil da força desagregadora e destrutiva da pulsão de morte.

Vimos que, para Ferenczi, tanto a pulsão de vida — enquanto tendência erótica e força vital — quanto a pulsão de morte — enquanto tendência ao inorgânico — são integrantes do ser humano. Contudo, suas ações estarão referidas ao outro. Assim, a pulsão de vida só pode cumprir sua função se o outro favorecer sua dinamização. Se não há esse favorecimento, se há uma falha, a força desagregadora e destrutiva da pulsão de morte impera. Ela se torna poderosa. Nesse caso, o movimento é o da descarga materializada por ações destrutivas, seja contra o outro, seja contra o próprio sujeito.

Pois bem, o poder de ação das duas tendências está intimamente relacionado com as primeiras relações da criança com o seu entorno. Assim, é para os efeitos da ausência de acolhimento a que a criança está submetida no início de sua vida, isto é, quando, por alguma razão, o ambiente não pôde se adaptar àquele que subjetivamente está se constituindo e não foi possível criar uma atmosfera que pudesse fazer dela e com ela uma experiência afetiva compartilhada, é para os efeitos dessa ausência, associados à atual conjuntura sociopolítico-econômica, que volto o meu olhar agora.

4.2 O chão sob os nossos pés

Não é possível pensar o sujeito fora do campo histórico-cultural, já que ele não se constitui sem o que lhe é externo. Essa formulação encontramos ao longo da obra freudiana de diversos modos. Porém, o que Freud apresentou no escrito *Psicologia das massas e análise do eu*[686] é, para mim, mais relevante. Esclareceu ele que aparentemente existe uma oposição

---

[686] FREUD, 1921/2020.

entre psicologia individual e psicologia social. Porém, examinada de perto, essa oposição se perde em razão de o sujeito só se constituir a partir do outro e nas múltiplas formas de se relacionar com ele. Nessas relações, o outro se apresenta em várias versões: como modelo, como objeto, como auxiliar e como adversário na vida psíquica do indivíduo.

Freud já havia enunciado essa formulação em seu escrito sobre o narcisismo, ao afirmar que o eu se desenvolve a partir de uma nova ação psíquica.[687] O que ele está enunciando é que a constituição do eu só ocorre com a alteridade, com sua *transmissão*. Por meio desta, por meio de um processo identificatório, o eu emerge como um eu ideal identificado a uma imagem que reflete a subjetividade das figuras parentais, que, por sua vez, reflete a cultura em que todos estão imersos. Essa lógica pode ser pensada com Ferenczi, quando o ambiente se adapta às necessidades e aos desejos da criança, possibilitando, pelo processo de introjeção, um percurso de produção de sentido. E com Lacan, com base no outro, como semelhante e como Outro, uma rede simbólica tecida pelo desejo da mãe, mas não sem a palavra do pai, possibilita a metamorfose do organismo em sujeito de uma existência simbólica. O que está em pauta aqui é a constituição de uma subjetividade que decorre do polo alteritário. Esse polo, transmissor e representante da cultura, constitui-se como mediador entre o mundo e o sujeito, uma vez que, por sua mediação, "a multiplici-dade de coisas e de objetos do mundo se ordena para o sujeito como um conjunto significativo para o seu desejo".[688]

Isso indica que a subjetividade se constitui por atos psíquicos narcí-sicos e alteritários, não sendo possível, assim, separar uma psicologia da outra,[689] já que "ambas supõem os conceitos de alteridade e cultura como operadores fundamentais".[690] Lacan fez também essa relação do sujeito com o que lhe é alteridade, embora o tenha feito com melhor aproximação ao nomear o inconsciente como Outro, enquanto tesouro do significante — material que o sujeito recebe do que lhe é estranho ou externo.[691] Quero destacar que sujeito e Outro se mesclam de certa forma e, assim, podemos dizer que o que é exterior ao sujeito lhe pertence também: "aquilo que nos

---

[687] *Idem*, 1914/2020.

[688] BIRMAN, J. *Psicanálise, ciência e cultura*. Rio de Janeiro: Jorge Zahar, 1994. p. 112.

[689] FREUD, 1921/2020.

[690] BIRMAN, J. *Cartografias do avesso*: escrita, ficção e estéticas de subjetivação em psicanálise. Rio de Janeiro: Civilização Brasileira, 2019. p. 536.

[691] LACAN, 1960/1998.

é mais interior, que nos é mais específico e singular, [...], se funda também naquilo que nos é mais exterior e estranha, de maneira que a dialética regulada pela oposição dentro/fora nos é constitutiva".[692] Pensando com Lacan, o sujeito é, então, efeito desse Outro, já que o significante que o representa para outro significante vem desse campo.

> O grande Outro é o conjunto de significantes que marcam o sujeito em sua história, seu desejo, seus ideais – eles sustentam suas fantasias inconscientes e imaginárias. Eis a alteridade descoberta por Freud, a qual arranca o sujeito do centro do psiquismo, na medida em que o sujeito não é autônomo e determinante, e sim determinado pelo que se desenrola no Outro do inconsciente.[693]

Eis o solo bem sedimentado sobre o qual o sujeito, *até meados do século passado*, caminhava, mesmo com algumas fendas sob seus pés. É porque a alteridade se faz presente que não se é engolido pela fenda.

Anteriormente, destaquei a palavra *transmissão*. Não foi ao acaso. Como também não foi ao acaso que destaquei agora uma marca temporal. Como pensar a transmissão com base na conjuntura sociopolítico-econômica que se instaurou nas últimas décadas do século XX e que se impõe às primeiras décadas do século atual? Como pensar a alteridade? Como pensar a constituição subjetiva nessa mesma conjuntura? Sabemos que seus efeitos têm sido nefastos, afetando tanto o campo do coletivo quanto o campo das individualidades. E vemos que eles incidem com mais força sobre aqueles que são mais vulneráveis. A criança está entre eles, já que houve uma mudança significativa nas funções parentais. Voltarei a isso mais à frente.

Não é possível pensar nas transformações que ocorreram a partir da segunda metade do século XX sem levar em conta o regime econômico que as permeia — um regime econômico capitalista em sua versão globalizada e neoliberal —, visto que provocou efeitos no funcionamento subjetivo e no modo do sofrimento psíquico. O fenômeno da globalização, que se tornou a grande marca do século, pelo menos desde a Guerra Fria, consolidou-se por meio da mundialização integral do capitalismo e fundou uma nova ordem mundial. Entre suas características mais importantes estão o encurtamento das distâncias e a aceleração do tempo, possibilitados

---

[692] BIRMAN, 2019, p. 536.

[693] QUINET, A. *Os outros em Lacan*. Psicanálise passo-a-passo 94. Zahar, 2012. p. 12.

pelo estabelecimento da hipermídia. Esta se caracteriza como uma rede de informações a distância e de fluxo contínuo cujo suporte é a tecnologia avançada que organiza a vida econômica, política, científica e social de acordo com uma ordem mundial. Assim, as comunicações ultrapassam quaisquer limites ou barreiras nacionais dos Estados, criando um fluxo rápido e contínuo de dados, sons e imagens que cruzam o planeta, sem controle e sem limite,[694] como já mencionei.

Junto a isso, o mundo passou a organizar sua atividade econômica de tal forma que a tecnologia avançada substituiu o homem devido ao fato de proporcionar um aumento extraordinário na produção de mercadorias em um mínimo período, gerando, assim, um lucro cada vez maior para um mercado competitivo. No mundo do neoliberalismo, tempo e lucro estão intimamente associados, não sendo difícil constatar que o tempo é o do imediato, o da urgência. Ou seja, perder tempo é deixar de lucrar.

De acordo com Hobsbawm,[695] a reestruturação do capitalismo e o avanço na internacionalização da economia trouxeram não somente a transformação das atividades econômicas e técnicas, mas afetaram também fatores da vida privada, principalmente por conta da aceleração das comunicações e dos transportes. A rapidez, a competição e a obtenção de um lucro cada vez maior são fatores que inevitavelmente atingiram a forma de ser e de pensar do indivíduo. Esses fatores o capturam e o submetem a uma situação de premência, apagamento da alteridade e obtenção de um gozo cada vez maior. Dessa maneira, por se tratar de um modo de produção que oferece inúmeros objetos em um espaço mínimo de tempo, prometendo ao indivíduo a plenitude, caberá a ele consumir, consumir excessivamente.

Segundo Peixoto Jr.,[696] tudo isso diz respeito a um sintoma social. O mercado, aliado à mídia, promete ao sujeito o gozo de uma existência plena. Assim, o sujeito se tornou mero consumidor, mas ficou cada vez mais insatisfeito. Para o autor, impera "uma espécie de falicismo patológico",[697] que se presentifica por meio dos vários imperativos, que apontam

---

[694] HOBSBAWM, E. J. *Era dos Extremos:* o breve século XX: 1914-1991. São Paulo: Companhia das Letras, 1995.

[695] *Idem.*

[696] PEIXOTO JR., C. A. Uma breve leitura do sintoma social dominante na atualidade. *In:* ARÁN, M. (org.). *Soberanias.* Rio de Janeiro: Contracapa, 2003. p. 153-160.

[697] *Ibidem*, p. 160.

para a insaciabilidade do "fantasma do gozo que se espera alcançar nesse mundo perverso".[698]

> Trabalhe mais! Ganhe mais! Compre mais! Transe mais! Só assim você será feliz, não sofrerá, porque nem sequer terá tempo para pensar, e conseguirá ser alguém nesse mundo que não comporta lugar para perdedores, nesse mundo do mercado global em que o vencedor leva tudo e cuja estrutura competitiva predispõe ao fracasso e à exclusão um número cada vez maior de pessoas.[699]

Não é de espantar que as sociedades capitalistas se voltem cada vez mais para os "valores de um individualismo associal absoluto"[700] em detrimento do bem-estar social. É uma "sociedade formada por um conjunto de indivíduos egocentrados sem outra conexão entre si, em busca apenas da própria satisfação (o lucro, o prazer, seja lá o que for)".[701]

Birman,[702] ao se referir às consequências do processo de globalização econômica construída pelo discurso neoliberal, considera que, devido ao seu imperativo de lucro, ele provocou uma fragilidade na função dos Estados-nação e impactou suas decisões. Se estas eram marcadas pela autoridade política, agora são os interesses econômicos internacionais, com suas presenças avassaladoras, que têm o poder de decisão. Assim, as últimas décadas do século XX foram marcadas pelo definhamento da soberania política do Estado-nação e, em contrapartida, pelo fortalecimento de uma política econômica voltada para o neoliberalismo.

Os efeitos do imperativo de lucratividade, regido, então, pelo processo globalizante, afetou de forma radical o campo da subjetividade, produzindo novas formas de mal-estar, visto que as subjetividades deixaram de ser ordenadas por um modelo soberano que tinha como referência organizadora o eixo vertical e simbólico — a ordem paterna. Com o advento do neoliberalismo, que levou "a uma verdadeira dessimbolização do mundo",[703] aquele suporte deixou de existir em função de o poder centrado na soberania, e que servia como referência, ter sido desconstruído.

---

[698] *Idem.*

[699] *Idem.*

[700] HOBSBAWN, 1995, p. 21.

[701] *Idem.*

[702] BIRMAN, 2006.

[703] LEBRUN, J. P. *A perversão comum*: viver juntos sem o outro. Rio de Janeiro: Campo Matêmico, 2008. p. 114.

Tal remanejamento levou o sujeito a outra condição de mal-estar não mais referida ao *desamparo*, mas ao *desalento psíquico*.[704] Segundo Birman, o que está em pauta no campo da subjetividade é a ausência de um polo alteritário que possa ordenar a subjetividade. Com isso, as subjetividades são lançadas ao desalento. Não resta dúvida de que o solo constituído no mundo contemporâneo não possui sedimentação, o que faz com que o sujeito caminhe como que pisando em solos minados. Assim, num tempo em que somos regidos por uma política econômica que visa a um gozo cada vez maior, que impulsiona o sujeito para um gozo ilimitado e, por isso, mortífero, a capacidade de desejar, de fantasiar e de amar se perde.

Portanto, o registro simbólico não é algo abstrato, mas se articula com os registros econômico, social e político. Tanto em nível macro quanto microssocial, vemos mudanças significativas. Enquanto no primeiro tínhamos o Estado-nação e no segundo a figura do pai como representantes da centralidade, isto é, uma autoridade que sustentava uma referência para a sociedade e para a família, com a globalização econômica, o poder do Estado-nação sofreu uma fragilização que afetou a ordem familiar: com a queda do pai, ela passou a se constituir sobre outros fundamentos.

4.3 A família nuclear moderna foi para o espaço

Os setores químico e farmacêutico tiveram, enquanto inovações, um grande lugar de destaque após a Segunda Guerra. Se o impacto de suas inovações foi imediato no que diz respeito à demografia, ele também produziu efeitos culturais, embora não imediatamente. Até então, não se ouvira falar dos antibióticos. Eles surgiram para os mais diversos males que acometiam a saúde do homem, inclusive afastavam os riscos que a promiscuidade oferecia. Além deles, surgiu a pílula anticoncepcional, embora sua maior disponibilidade tenha se dado por volta da década de 1960. Ela possibilitou as revoluções sexual, cultural e social, que, tendo a presença da mulher como crucial, favoreceram mudanças na estrutura familiar.[705] A nova ordem de funcionamento levou a família moderna a progressivas rupturas, já que seus membros sofreram deslocamentos e seus lugares e papéis foram remanejados.

---

[704] BIRMAN, 2006.

[705] HOBSBAWN, 1995

NEM SEMPRE O DANÚBIO É AZUL: QUAL DESTINO PARA O INFANTIL
NO TEMPO DAS FUNÇÕES PARENTAIS TERCEIRIZADAS?

A entrada da mulher no mundo do trabalho não foi uma novidade própria da década de 1960. No fim do século XIX, muitas já trabalhavam. Escritórios, lojas, centrais telefônicas e profissões assistenciais eram locais que contavam com forte presença feminina. Por volta dos anos 40, mesmo as mulheres casadas e mães já frequentavam o mundo do trabalho, mas em uma porcentagem muito menor e por extrema necessidade por conta dos efeitos da guerra.

A partir da segunda metade do século XX, pelo menos nos países ocidentais, ocorreu o reflorescimento dos movimentos feministas em função da grande massa de mulheres inseridas no mercado de trabalho.[706] Pleiteando condição de igualdade entre homens e mulheres, os movimentos feministas propiciaram que a mulher fosse para o mundo do trabalho não somente pela necessidade, mas em busca de novos projetos identitários, já que, até então, ela não possuía nenhum outro significante que não fosse o de mãe para se identificar. Dessa maneira, ela precisava se fixar aos filhos a fim de não perder sua identidade. Considerada a *"rainha do lar"*, ela tinha como único destino o casamento e, consequentemente, a maternidade; seu único lugar era na família; sua função, a criação dos filhos.[707]

Começou, então, uma nova história na vida das mulheres, não na de todas elas, já que as pobres sempre estiveram na lida, mas na vida das mulheres burguesas. Elas começaram a deixar o posto de *"rainha do lar"*. Contudo, essa mudança só foi possível em função da pílula anticoncepcional que, de fato, tornou-se uma possibilidade. Na ausência dela, a imprevisibilidade das gestações e o grande número de filhos não permitiam que a mulher se ocupasse com outras atividades que não fosse a maternidade. As inovações contraceptivas provocaram uma revolução nos costumes: a sobreposição do desejo ao biológico tornou-se mais assertiva. Com a pílula, um meio contraceptivo mais seguro, foi possível à mulher definir o momento de ter filhos e quantos filhos ela queria ter. Era a sua liberdade que estava se instituindo, já que não estava mais assujeitada aos hormônios que aprisionavam seu corpo.[708] A partir disso, a mulher não foi apenas para o mercado de trabalho. Ela foi para o mundo. A vida

---

[706] *Ibidem.*

[707] KEHL, M. R. Lugares do feminino e do masculino da família. *In:* COMPARATO, M. C. M.; FELICIANO, D. S. (org.). *A criança na contemporaneidade e a psicanálise*: família e sociedade: diálogos interdisciplinares. São Paulo: Casa do Psicólogo, 2001. p. 29-38.

[708] BIRMAN, 2006.

fora do lar se descortinou para ela, e a construção de novos objetos de satisfação foi possível.

Essa liberdade experimentada pelo universo feminino se desdobrou em outra mudança nos costumes: o desejo de se estabelecer profissionalmente fez com que a experiência do casamento passasse a ser realizada mais tarde. Almejando a realização de um projeto identitário articulado com sua independência financeira, a mulher passou a buscar se realizar enquanto sujeito singular, e não mais somente como mãe. A movimentação de seu desejo fez com que a construção e a manutenção dos laços conjugais passassem a se dar mediante a possibilidade de os parceiros poderem sustentar sua condição desejante na conjugalidade. Não sendo possível, a busca de outras relações, ou a constituição de novos laços conjugais, passou a ser considerada uma saída natural.

Com o estabelecimento do divórcio, novas formações familiares foram criadas e outras formas de relação de parentesco surgiram, gerando um novo arranjo para a família que apontou para uma indefinição de papéis, se comparados ao tempo anterior, em que eram rigidamente demarcados. A nova forma de convívio permitiu dessubstancializar as figuras parentais, evidenciando suas funções. Nesse caso, as figuras poderiam ser substituídas sem que necessariamente as funções fossem prejudicadas.[709]

Portanto, como numa máquina em que, ao se deslocar, uma peça modifica toda a sua engrenagem, a entrada da mulher, como sujeito, no tecido social provocou outra ordem de funcionamento, a princípio porque houve uma diluição do poder que, até então, encontrava-se concentrado na figura do homem.[710] O deslocamento da mulher para o mundo do trabalho, galgando outro lugar no espaço social, ganhou mais proporção e contribuiu para uma nova significação dos papéis parentais, já que o homem havia deixado de ser o único e exclusivo provedor da família.

Entretanto, com a inserção da mulher no mundo do trabalho, os homens não se dispuseram a dividir seu tempo a fim de preencher relativamente a ausência que se instalou no âmbito familiar. Ou seja, devido ao imperativo de realização do desejo e o da sustentação dos projetos existenciais de cada uma das figuras parentais, um vazio em relação às

---

[709] BIRMAN, 2008.

[710] BARROS, R. M. M.; FARIAS, F. R. O ser mulher e as nervuras do social. *Cadernos de Psicanálise*, Rio de Janeiro, v. 19, n. 22, p. 187-210, 2003.

funções parentais se constituiu.[711] A mulher foi para o mundo; o homem, que já estava no mundo, lá permaneceu. Cabe a pergunta: e a criança?

Quando as sociedades passaram a ser movidas pelo mercado, pelo imperativo econômico, isto é, pela lógica do capitalismo neoliberal, esmagando todo e qualquer valor que alimente a alma de vida, não é de se estranhar que criem estratégias para não perder o capital. Assim, manter um dos pais em casa para cuidar de um ser que não gera lucro e pouco consome não faz o menor sentido. Dessa forma, nada mais natural que criar instituições, especialistas e prestadores de serviços destinados à criança; nada mais natural que terceirizar os cuidados infantis: matam-se dois coelhos com uma só cajadada, pois a criança, que pouco consumia, passa a ser agora um bom consumidor.

4.4 Anônimos, objetos e telas: as funções parentais foram terceirizadas

O termo "terceirização" surgiu a partir da Segunda Guerra Mundial. O pós-guerra levou os países envolvidos a uma reconstrução de suas estruturas política, econômica e social, que haviam sido abaladas. No Brasil, o surgimento do termo foi registrado a partir do final da década de 1960. Trata-se de uma estratégia gerada pelo capitalismo e, se a sua implantação estava relacionada ao mercado de trabalho com mão de obra escassa na época, após a década de 1980, a lógica da terceirização passou a ser relacionada à obtenção de um lucro maior para as empresas. Esse aspecto está sendo frisado para que não percamos de vista que o conceito de "terceirização" nasceu na contemporaneidade e, sendo assim, está acoplado ao capitalismo neoliberal.

Importar a noção de terceirização para os cuidados infantis não é tarefa fácil. É preciso levar em conta o lugar que a criança e a infância ocuparam e ocupam na mentalidade da cultura ocidental, assim como é preciso considerar a organização familiar da época. Há quem diga que o fenômeno da transferência desses cuidados atravessou a história da civilização ocidental. Será mesmo? Penso que ele nasceu na contemporaneidade, sendo efeito de sua conjuntura sociopolítico-econômica.

Desde a Antiguidade, na Grécia e em Roma, berços da civilização e organização do pensamento ocidental, temos notícias que as mulheres

---

[711] BIRMAN, 2008.

ricas, por exemplo, entregavam seus bebês às escravas e amas de leite, mas não só elas. As camponesas, que se encarregavam dos bebês de outras mulheres, entregavam seus próprios bebês a outras camponesas, claro que por outras razões. No mundo medieval, a criança era entregue também. Ela era entregue à ama e depois a outra família ou a um mestre para que fosse educada. Como a família era de outra ordem, as funções parentais não eram concebidas do mesmo modo como as conhecemos. Desse modo, podemos compreender que no mundo pré-moderno não existia terceirização das funções parentais.

Foi com o advento da modernidade, quando a família, na figura da mãe, passou a ser a instância responsável pela promoção da saúde e pela promoção do crescimento e do desenvolvimento da criança, que a família passou a ser estruturada de outro modo. Era a emergência da família nuclear moderna. Com exceção das crianças que iam para as escolas asilares (pobres, pretas e órfãs) e para os internatos (não antes da segunda infância), a criança, de um modo geral, passou a estar sob os cuidados exclusivos da figura materna, saindo para o mundo escolar somente no fim de sua primeira infância, quando seu processo de socialização primária já tivesse sido efetivado.

Como se tratava de famílias com numerosos filhos, era comum a transferência dos cuidados em relação à criança mais nova para os filhos mais velhos ou para um parente que, quando não morava na mesma casa, vivia bem próximo. Os cuidados destinados à criança eram compartilhados com os familiares. Podemos pensar que a família nuclear moderna lançou mão de uma terceirização interna? Creio que não. Mesmo que a criança fosse cuidada pelos irmãos mais velhos, tias ou avós, além de ela ter como referência os pais, seus cuidadores estavam inseridos na história afetiva familiar ou, como Freud escreveu, inserida nos romances familiares.[712] Bem ou mal, confuso ou não confuso, a existência de um laço possibilitava a transmissão de *Eros*.

A saída da mulher em busca de outros projetos existenciais e, consequentemente, em busca de reconhecimento simbólico por meio de atividades no espaço social fez com que um vazio se instalasse no ambiente familiar. Porém, no que diz respeito ao cenário brasileiro, é importante deixar claro que foi somente porque não houve criação de estratégias

---

[712] FREUD, S. Romances familiares (1909a). *In*: FREUD, S. *Edição Standard Brasileira das Obras Psicológicas Completas de Sigmund Freud*. 3. ed. Rio de Janeiro: Imago, 1988. v. 9. p. 219-222.

para que a ausência da mãe fosse relativizada. É recente a participação do homem nos cuidados dirigidos ao bebê, como é recente a extensão da licença-paternidade que algumas empresas multinacionais criaram. Elas passaram a entender que essa extensão é uma responsabilidade social. A estratégia do Estado foi a criação das creches comunitárias a partir do final dos anos de 1970 e início dos anos de 1980. O período de licença-maternidade passou de 84 dias para 120 dias, uma licença garantida pela Constituição Federal em 1988. O funcionário público federal tem de 5 a 20 dias de licença, o que só reforça a sociedade patriarcal que vê a mulher como aquela que deve cuidar da prole e o homem como provedor. Ainda temos muito a conquistar, se pensarmos que em alguns países da Europa Oriental — a Croácia, por exemplo —, a licença parental é de 410 dias, podendo chegar a três anos caso a família tenha três ou mais filhos. Como não somos croatas e como a maior parte das trabalhadoras e dos trabalhadores brasileiros não se encontra no quadro de funcionários das multinacionais, o vazio que se instalou no âmbito familiar foi preenchido pelas novas atenções especializadas — por exemplo, as creches, as escolas maternais e as babás, quando se tinha condição financeira para isso.

Portanto, desde muito cedo a criança passou a ser entregue a terceiros. Estes passaram a ser encarregados, em grande medida, daquilo que em psicanálise nomeamos de função materna em uma tentativa de suprir a ausência das figuras parentais. Encarregados dos cuidados dela, fazendo a vez do Outro primordial, que proporciona um investimento que lhe servirá como base, como sustentação para que mais tarde ela possa ir para o mundo e estar no mundo não se sentindo ameaçada, ao terceiro foi delegada tal responsabilidade. O que estou colocando em pauta é o fato de que se antes esse processo era realizado pela família, sendo de sua responsabilidade, com as transformações ocorridas, passou a ser realizado por outros atores. O que era assunto de responsabilidade privada se ampliou para terceiros, visto que a família se viu compelida a delegar-lhes essa responsabilidade numa espécie de jogo de *"toma que o filho é teu"*.

Efetivamente, a criança na atualidade foi lançada em uma multiplicação anônima de cuidadores cujo "investimento" aparenta ser mecanizado, padronizado e, portanto, esvaziado no que diz respeito ao investimento libidinal primordial. Mesmo sabendo da existência de atenções especializadas que, ainda com certas limitações, conseguem exercer as funções materna e paterna, sabemos, também, que a existência de muitas delas se dá em função da motivação econômica, ou seja, muitas delas existem porque é um bom negócio, gera lucro.[713] Vale assinalar que, mesmo com os recém-nascidos, em se tratando da classe média ou das elites, tem sido habitual a contratação de prestações de serviços para cuidar deles — enfermeiras, dormideiras, babás especializadas —, uma vez que os pais, por diversas razões, não têm tido disponibilidade interna para os determinados cuidados, cuja realização muitas vezes demanda trabalho e dispêndio de energia. Como assinalou Bauman,[714] é correr o risco de sair de uma zona de conforto e entrar numa zona de desconforto, o que nem sempre é possível.

Façamos uma pausa para uma pequena ilustração: *Certa vez, uma mulher que acabara de se tornar mãe explicou: "Quando ele chora de cólica, fico desorientada". Rindo, continuou dizendo: "Acho que o deixo desorientado também. Santo Tylenol! Acaba com a cólica e, lógico, eu me acalmo. Quando a minha sogra está comigo, ela o pega no colo, passeia pela casa, massageando a sua barriga. Ela canta e conta historinhas para ele, e a cólica passa". Quando indagada se nunca experimentou fazer dessa forma, ela retruca: "Ah, não consigo, acho que não tenho paciência".*

Essa cena apresenta duas modalidades de ações diante daquilo que, do bebê, pode ser perturbador. Enquanto no primeiro tempo a ação da mãe visa a si própria, já que, pela sua angústia, sua ação é de evitação, e ela reserva o *Santo Tylenol* para o seu bebê, no segundo tempo da cena a ação da sogra de cantar e contar historinhas, acalentando-o, visam ao bebê. Enquanto no primeiro tempo o bebê é mal acolhido, no segundo ele é bem acolhido.

Já outra mulher, que se tornou mãe, diz: "Estou tranquila agora. Estou cercada de ajuda. Tenho a empregada, a babá para o dia e a enfermeira para a noite. Aproveito a enfermeira para dar banho nele. Ela tem mais técnica. Separo a roupinha, entrego a ela e ela o devolve para mim pronto. Somente aos domingos, durante o dia, que é muito cansativo, muito confuso, porque só tenho o meu marido para ajudar".

De acordo com Bauman, ter um filho significa correr o risco de ter que se deparar com situações geradoras de angústias e medos. Isso significa que a maternidade e a paternidade não são apenas movidas pelas alegrias. É como adentrar em um espaço inexplorado de olhos fechados, o que significa que "as alegrias da paternidade e da maternidade vêm,

---

[713] MENDONÇA, 2013.

[714] BAUMAN, Z. *Amor líquido*: sobre a fragilidade dos laços humanos. Rio de Janeiro: Jorge Zahar, 2004.

NEM SEMPRE O DANÚBIO É AZUL: QUAL DESTINO PARA O INFANTIL
NO TEMPO DAS FUNÇÕES PARENTAIS TERCEIRIZADAS?

por assim dizer, num pacote que inclui as dores do autossacrifício e os temores de perigos inexplorados".[715]

Além da multiplicação anônima de cuidadores e especialistas em torno da criança, circula no mercado um excesso de objetos[716] que, frutos da nova tecnologia, foram criados para os cuidados do bebê, substituindo o corpo parental e as experiências com ele. As grandes telas televisivas e as pequenas telas de iPads e celulares parecem fazer parte desse pacote de objetos, que, carregados junto dos bebês, têm tomado o lugar das experiências com o outro parental. Em um tempo em que a vida parece funcionar por aplicativos (os *apps*), não faltam aqueles que definem sua existência para "facilitar a vida das mães".[717]

Não é mais novidade o uso de *wearables* (peças de roupa ou acessórios inteligentes, como relógios, pulseiras e óculos). O objetivo do uso desses acessórios é monitorar a capacidade física, os ciclos de sono e a alimentação do bebê. Nos últimos anos, vários fabricantes reconheceram o potencial de equipar os bebês com *wearables* e outros dispositivos inteligentes, pois há mercado para isso. Com esse mercado, que vem crescendo e se expandindo em todo o mundo, os pais hoje têm acesso a uma série de produtos conectados para bebês que geram dados — como mamadeiras, brinquedos, berços, carrinhos de bebê, roupas e muito mais. Se alguns itens são destinados a aliviar o estresse, principalmente dos pais de primeira viagem, outros simplesmente automatizam partes do processo de criação dos filhos, fazendo com que tarefas que antes eram baseadas na percepção do outro materno sejam totalmente automatizadas — é o que mostra uma reportagem da BBC News Brasil em 2019.[718]

---

[715] *Idem*, p. 61.

[716] Estou me referindo ao *Zaky infant pillow*, ou *"sossega nenê"*, que consiste em dois acolchoados em forma de mãos humanas que se encaixam na cabeça e no tronco do recém-nascido, simulando o carinho materno; ao *Baby says*, ou *"pulseira do choro"*, que diz respeito a um sensor colocado dentro do travesseiro do bebê que analisa o choro da criança e transmite a causa dele para a pulseira usada pelos pais. O *Baby says* alerta, assim, para o motivo do choro, podendo ser definido em seis palavras nas pulseiras usadas pelos pais, como sono, fome, fralda, tédio, doença ou estresse; e ao *Snoo*, berço eletrônico que, além de embalar o bebê, oferece várias opções de músicas para niná-lo.

[717] Para fins de ilustração, cito apenas um com sua respectiva explicação: *Cry Translator*: "esse serviço é o que muitos pais precisam nos momentos de desespero, pois ele é uma espécie de tradutor que ajuda a identificar o motivo do choro do bebê. Que tal descobrir o que seu filho tem a dizer?".

[718] BITEL-MANCALL, N. Tecnologia para bebês: de mamadeiras a fraldas inteligentes, as novidades que ajudam pais e mães. *BBC News Brasil*, 24 jan. 2019. Disponível em: bbc.com/portuguese/vert-fut-46940107. Acesso em: 12 fev. 2025.

Essa reportagem traz, como exemplo, o "monitor inteligente de alimentação para bebês". Ele é conectado à parte inferior de uma mamadeira padrão e envia dados por *bluetooth* a um smartphone. A ideia é monitorar, por meio de um aplicativo, a hora da refeição, a quantidade e a temperatura do leite e até mesmo o ângulo da mamadeira. Outro exemplo são as fraldas *Monit*, que alertam os pais sobre o trânsito intestinal dos bebês. A ideia é ajudar a trocá-los com mais rapidez para prevenir assaduras e infecções do trato urinário e deixar os pais menos estressados. Outro exemplo diz respeito ao berço conectado. A recusa de um recém-nascido para dormir durante a noite inevitavelmente tira o sono dos pais. Com o berço conectado, isso se transforma em um hábito monitorado a ser corrigido com base na interpretação dos dados. Mais outro exemplo: a preocupação de ficar longe do filho, uma fragilidade com a qual os pais precisam lutar internamente, torna-se um mero incômodo a ser amenizado pelas atualizações do smartphone.

Assim, o anônimo, os *coaches* maternos, os tutoriais e os manuais, o educador parental, os inúmeros objetos e dispositivos que a cada dia surgem têm ocupado o lugar do corpo parental e das experiências com ele, apontando para a terceirização das funções parentais. O que estou destacando é a substituição da experiência com o outro parental pela técnica. Ou seja, a terceirização é um chamado aos técnicos. O terceiro é a técnica que não permite a experiência de existir com o outro, justamente porque a linguagem da ternura, tal como Ferenczi introduziu, não se faz presente.

É curioso que a figura da babá tenha se transformado em técnica. Esta, salvo exceções, era marcada por uma presença afetiva na vida da criança. Quantas babás não exerceram uma boa função materna? Quantas crianças não tomaram a babá como mãe? Quantos adultos já não choraram no divã a perda de suas babás?

Outra pausa para ilustração: *Um homem com expressão carrancuda, que se relacionava com as pessoas com bastante rigidez e que se mostrava fechado para a vida, deitado no divã, relata o seu fim de semana como sendo bastante entediante. Esse relato o remeteu aos fins de semana que, enquanto criança, por vezes passava na casa da babá. Um choro profundo se fez presente. Era uma criança de 7 anos que chorava a perda daquela que havia lhe dado amor.* Fim da ilustração.

Tem sido cada vez mais comum os pais buscarem nas agências babás com um perfil técnico: nível escolar, conhecimento pedagógico, conhecimento do desenvolvimento infantil, contadoras de estórias etc. A babá foi transformada em uma técnica, da mesma forma que as creches e as escolinhas maternais a cada dia se tornam um ambiente asséptico, com atividades cronometradas: hora de brincar, hora da soneca, hora do lanche, hora da TV, hora da estorinha.

O que chama a atenção é o apelo à técnica que vem acontecendo a cada dia. Se a terceirização dos cuidados infantis causa uma preocupação em relação ao futuro da sociedade, que terá à sua frente o sujeito que se constitui nesse tempo, desperta também um mal-estar em relação à ausência de atitude de ocupação, de preocupação, de responsabilização e de envolvimento afetivo com a criança; ausência de cuidado, tal como Boff[719] definiu, e que podemos traduzir como ausência de acolhimento.

Sabemos que o psiquismo se constitui por inscrições psíquicas que se precipitam a partir da constituição do circuito pulsional pela mediação da regulação da experiência de satisfação (Freud), ou se constitui com o processo introjetivo (Ferenczi), ou se constitui pelas transmissões advindas do estabelecimento de um laço simbólico entre o bebê e um Outro encarnado (Lacan). O que quero destacar é que o psiquismo se constitui pela experiência com um corpo vivo. No entanto, o mundo atual parece pretender uma "transmissão" advinda do anonimato, das máquinas, das telas, dos objetos, dos dados produzidos a cada dia pela tecnologia avançada — uma "transmissão" que se faz marcada pela ausência de um corpo vivo em acolher aquele que acabou de chegar ao mundo, ou seja, em acolhê-lo na sua experiência originária, que, sendo uma experiência de pura afetação, é, por excelência, catastrófica.[720] Seu destino tanto pode ser positivizado quanto pode ser negativizado, dependendo da qualidade do acolhimento. E isso me parece não ser sem grandes consequências não apenas para o sujeito, mas também para a sociedade. Ou seja, não são somente as subjetividades que estão em jogo, mas também o coletivo.

4.5 A condição da criança na atualidade

Assim como a clínica com os adultos, a clínica com a criança tem apresentado outra ordem de fenômenos, se pensarmos nas formas de atendimento de tempos atrás. De um modo geral, antes, a clínica evi-

---

[719] BOFF, 1999.

[720] FERENCZI, 1924/2011

denciava, com certa predominância, uma conflitiva edípica, ou seja, o sofrimento do sujeito era centrado na conflitiva psíquica pautada entre o desejo e a lei. Basta pensarmos no pequeno Hans:[721] o cavalo que pode morder, a carroça que pode cair e as calcinhas da mãe, para representar a hostilidade pelo pai, o desejo intenso pela mãe e, acima de tudo, seu apelo ao pai para fazer frente aos seus excessos. Tratava-se de uma clínica marcada pela fantasia, pela representação, por uma organização simbólica em funcionamento, enfim, uma clínica marcada pela prevalência da pulsão de vida. Atualmente, "os sujeitos estão cada vez menos organizados pelo Édipo e pelo fálico",[722] em razão de a família não mais se ordenar em torno das estruturas edípicas da metáfora paterna.[723]

Entretanto, tomar a via da comparação não nos leva a lugar algum. Essa via causa sempre a impressão de que existe um modo de sofrer ideal; um modo de sofrer melhor do que o outro. Dessa forma, a neurose ganharia o lugar privilegiado. Ela representaria o modelo universal de subjetividade, enquanto as outras formas de subjetivação ocupariam um lugar menor. Assim, não se trata de comparar e qualificar as formas de subjetivação e os modos de sofrimento, nem mesmo de fazer apologias à época anterior, até porque cada uma traz consigo positividades e negatividades.

Posto isso, quero pinçar uma determinada dimensão que participa da constituição subjetiva, pois foi ela que me levou ao psicanalista húngaro porque ele a enfatiza no processo de subjetivação do filhote do homem. Estou me referindo à dimensão do ambiente, cuja qualidade de sua presença é fundamental. Levando em consideração a compreensão de Ferenczi, vemos que é impossível o sujeito não ser afetado pelo ambiente. Quero dizer com isso que o sujeito não existe sem ele, da mesma forma que o ambiente não existe sem o sujeito. Essa é outra forma de dizer o que Freud afirmou sobre a não existência de oposição entre psicologia individual e psicologia social, ou sobre o que Lacan nos ensinou sobre o Outro. Enfim, o que quero dizer é que o sofrimento do pequeno Hans foi daquela ordem justamente porque ele estava inserido em um determinado ambiente sociopolítico-econômico.

---

[721] FREUD, S. Análise de uma fobia em um menino de cinco anos (1909b). *In:* FREUD, S. *Edição Standard Brasileira das Obras Psicológicas Completas de Sigmund Freud*. 3. ed. Rio de Janeiro: Imago, 1988, v. 10. p. 12-133.

[722] DRUMMOND, C. A criança objetalizada. *Revista Eletrônica IPSM – MG.*, Belo Horizonte, v. 1, n. 1, p. 1-6, jul./dez. 2007, p. 1.

[723] LAURENT, E. Novas inscrições do sofrimento infantil. *A pequena girafa*, Nantes, n. 24, out. 2006.

Desde a época de Freud, muitas mudanças ocorreram. O mundo é outro. Vivemos tempos sombrios. O ambiente se precarizou tanto em nível micro quanto macrossocial, levando o sujeito a uma condição de desalento provocado pela precária mediação do outro e, consequentemente, colocando em risco o processo da constituição subjetiva, visto a fragilidade dos referenciais alteritário.[724] Essa compreensão se aproxima da de Kupermann ao esclarecer que, se a experiência da precariedade sobrevém pelas exigências impostas pelo campo pulsional, que promove o estado de desamparo, ela sobrevém sobretudo "pelo esgarçamento do laço social que, criando uma barreira entre o eu e o outro, nos remete à situação de abandono traumático".[725]

Para qualquer paradigma que olharmos dentro da psicanálise, encontraremos versões distintas, mas na mesma direção. Se alguns falam do traumático, outros falam da clínica do real associada ao gozo mortífero, outros falam da clínica do narcisismo de morte ou negativo e outros, da clínica da pulsão de morte. Ao mesmo tempo, escutamos de diversos psicanalistas que a clínica é outra. De fato, a clínica mudou. Porém, não só porque quem busca análise mudou. O analista também mudou. Os tempos atuais não permitem mais ao analista sentar-se confortavelmente na sua poltrona. A clínica atual o coloca sentado na beira de sua poltrona. Isso significa que o analista se permite ser afetado por aquele que o buscou, dando vida ao ambiente. Se assinalo sobre a mudança do analista é por compreender que ele, com seu corpo pulsional, faz parte da experiência que ali acontece. É por isso que o *setting*, ou o ambiente psicanalítico, longe de ser um espaço geográfico que pertence à pessoa do analista, é um ambiente que pertence aos dois. E é nessa experiência tão singular para um e para o outro que o sujeito, experimentando o ser bem acolhido, terá a possibilidade de reconstituir a tessitura de sua rede subjetiva, que, de acordo com Ferenczi, significa reassegurar a potência vital.

Posto isso, chama a minha atenção o que virou lugar comum, ou melhor, fala comum sobre a problemática referente ao campo da subjetividade na atualidade. Escutamos com frequência sobre o pai. É dito que ele declinou, pulverizou e há quem diga de sua inexistência. Entretanto, a clínica a cada dia tem facilitado a percepção da pulsão de morte imperando nos psiquismos, tal como Ferenczi apresentou ao dissertar

---

[724] BIRMAN, 2012.

[725] KUPERMANN, 2009, p. 185.

sobre a criança mal-acolhida. Ao mesmo tempo que esse sujeito busca ser escutado para um melhor viver, não é difícil encontrar ações destrutivas em suas narrativas. Ele parece sempre escorregar para um buraco. Aliás, "buraco", "emburacar", "emburacado" são palavras presentes nas suas falas. Como água, a vida parece escorrer por entre os dedos.

Mesmo destacando a função paterna na constituição do sujeito, Freud não deixou de apontar para a importância da função materna por meio da qual a pulsão de vida é despertada naquele que por si só não tem condições de sobreviver. Mas Freud não parou por aí. Ele disse mais ao se referir ao outro que exerce a função: ele não realiza essa função sem a sua sexualidade, e será com ela e com base nela que o corpo do filhote humano será erotizado, possibilitando a construção de um corpo subjetivado.[726] Ora, o primeiro ambiente da criança é o outro materno, mais especificamente seu corpo. É esse corpo vivo que acolhe o bebê e lhe chama para a vida. Não seria isso que o sujeito na atualidade busca? Um corpo vivo que o acolha, que lhe tire do buraco, que lhe chame para a vida? Quando o anônimo, as telas, os objetos tecnológicos substituem o corpo e a experiência com o outro, a catástrofe impera como traumática.

Assim, no que diz respeito à constituição subjetiva, o que está em jogo na atualidade é o ambiente. Em seu escrito sobre *Thalassa*,[727] Ferenczi se referiu às mudanças como acontecimentos em que ocorrem quebras, rupturas, fissuras na ordem estabelecida. Desse jeito, as mudanças causam desorganizações, desarrumações. Com isso, elas trazem a ameaça de caos, que não é vivenciada sem uma dose de angústia, uma vez que os referenciais até então vigentes entraram em dissolução. Sobre isso, entretanto, Ferenczi lançou uma luz. Nesse mesmo escrito, ele transmitiu que, no estado catastrófico, o sujeito remetido à experiência primária, experiência em que há a afirmação da potência da vida, que possibilita um novo estado de existência. Para dar espaço à potência de existir, porém, é fundamental um ambiente acolhedor, um ambiente que se disponha a vivenciar uma abertura.[728] Isso significa que cabe ao ambiente se abrir para essa dimensão da relação, imprimindo direções e ajudando a criança a conhecer melhor seus impulsos, para saber o que fazer com eles. Contudo, a família, em função de todas as transformações pelas quais passou,

---

[726] FREUD, 1905a/1988.

[727] FERENCZI, 1924/2011.

[728] MENDONÇA; REIS, 2018.

encontra-se em certo impasse quanto à sua função. Ao mesmo tempo que os cuidados em relação à criança exigem de seus membros um esforço de adaptação, sua falta de definição quanto aos papéis a serem desempenhados os deixam perdidos.

Não é raro encontrarmos crianças desorganizadas em suas subjetividades devido à precariedade de um acolhimento, que, muitas vezes, equivale à ausência de um olhar desejante, cuja função é a de retirá-la do estado de desamparo. Muitas vezes, também, a ausência de acolhimento vem travestida de uma presença, que na verdade diz respeito a uma exigência feita à criança de algo que ela ainda não tem condição de assumir.

Pausa para uma ilustração: *Uma jovem mulher chega bastante estressada para a sua sessão de análise. Reclamando muito de sua filha, que passava quase o dia inteiro chorando, fazendo "birras", ela relata que o ano letivo está começando e a filha ainda não havia decidido em qual escola queria ser matriculada. Ela se coloca em silêncio, quando sua analista lhe lembra de que sua filha tem 5 anos e que a responsabilidade da escolha da escola é dela, e não da criança.* Fim da ilustração.

Tudo isso parece ser muito atual. Quando as funções parentais são terceirizadas, seja para o anônimo, seja para as telas, seja para os inúmeros objetos criados pela tecnologia avançada, é a vulnerabilidade da criança que está em jogo. É na experiência de dependência que a criança vivencia em relação ao outro, à família, ao ambiente que ela se mostra vulnerável.[729] Daí Ferenczi ter acentuado a esfera relacional. Ele estava apontando para a dependência do eu em relação ao reasseguramento constante por parte do outro, sendo essa vulnerabilidade que cabe ser reconhecida em uma criança.[730] Cabe a pergunta: há esse reconhecimento na atualidade?

Embora o discurso do mundo atual seja aparentemente de amparo à criança, o que observamos são os principais meios de comunicação noticiando a violência contra a criança, praticada por quem tem como função cuidar dela e protegê-la. São as contratações de prestações de serviços para cuidar do bebê que acabou de nascer e que se tornam cada vez mais habituais devido à indisponibilidade dos pais para os necessários cuidados; são os produtos — fruto das novas tecnologias — substituindo o que, em geral, era realizado pelos pais; são os pais buscando imediatamente o pediatra para que este possa nomear, dar uma significação e fazer cessar

---

[729] GONDAR, 2017g.

[730] *Idem.*

aquilo que do bebê escapa ao controle deles; é a criança desfrutando da presença dos pais apenas no período da noite e nos fins de semana, cuja qualidade muitas vezes aponta para uma precariedade, já que parece estar mais ligada a um sentimento de culpa do que a uma disponibilidade de estar com a criança; é a criança consumindo excessivamente; é a criança sem tempo para brincar em razão das inúmeras atividades extraescolares que pratica; é a criança com sua agenda abarrotada; é a criança ficando cada vez mais nos espaços públicos, já que a casa parece ter se restringido a um local para dormir; é a criança capturada pelas inúmeras telas em nome do "sossego" do outro; é a criança sendo abusada sexualmente; é a criança sendo diagnosticada com inúmeros transtornos; é a criança sendo medicada — enfim, é a própria criança que nos indaga que, se o mundo atual quer protegê-la, visto que lhe garantiu um "Estatuto", em se tratando de nossa sociedade, este mesmo mundo parece não reconhecer sua vulnerabilidade. O efeito é devastador, pois mina sua possibilidade de sonhar e fantasiar.

Não por acaso a criança tem frequentado, cada vez mais cedo, os consultórios psicanalíticos, de tal forma que estudos, pesquisas e a prática da psicanálise com bebês ou intervenção precoce ganharam campo fértil há algumas décadas. Não por acaso, também, a clínica tem mostrado que a criança na atualidade possui poucas possibilidades de estratégia psíquica além da descarga direta (Freud) ou do gozo mortífero (Lacan) ou das ações autodestrutivas (Ferenczi) que se materializam por depressões, hiperagitações motoras, anorexias, automutilações etc. Sem escolha ou por uma escolha forçada, a criança parece viver sob o lema *Salve-se quem puder*, o que nos leva a cogitar que suas ações destrutivas são um grito; um grito, tal como o do filhote do homem, sem intenção de comunicação ou de apelo ao outro. Dessa maneira, é preciso que o outro suponha uma mensagem em seu grito para que ele não seja condenado ao trauma patológico. Entretanto, os operadores sociais e políticos que compõem o mundo atual parecem estar surdos e cegos ao estado da criança, já que não supõem uma mensagem em suas ações. Com isso, suas ações destrutivas não produzem um efeito subjetivador; não produzem um efeito que possa afirmar que, onde a morte parece triunfar, existe vida. Surdos ao grito da dor de uma existência mal-acolhida e, por consequência, não o transformando numa demanda de amor, a família, a escola, a sociedade e, claro, o Estado acabam por não reconhecer a vulnerabilidade da criança, incrementando sua condição de desalento. Estamos aqui no campo do desmentido — ação do outro que faz do acontecimento sofrido pela criança um des(acontecimento) — e, dessa forma, no campo do trauma patológico, como foi abordado por Ferenczi.[731]

Como já foi mencionado, o psicanalista húngaro se referiu a essa espécie de trauma como sendo efeito do desmentido na ocorrência de uma confusão de línguas. Mencionei, também, que ele se referiu ao abuso sexual, às punições passionais e ao terrorismo do sofrimento como modelos para pensar o trauma desestruturante. É importante assinalar que essa concepção é relacional e nela a figura do outro detém um poder, ao qual a criança está submetida. Podemos ver que Ferenczi acentua a relação de poder mais que os próprios personagens nela envolvidos.[732] Pois bem, tendo isso em mente, penso que a ocorrência do desmentido pode ocorrer mesmo antes de a criança se expressar verbalmente. Nesse caso, podemos pensar que, quando o outro não supõe uma mensagem no grito do bebê, é a existência deste, enquanto sujeito, que não está sendo reconhecida. Não há, então, uma presença sensível junto ao bebê, uma presença sensível que possibilita e leva em conta a linguagem da ternura.

Freud já enunciava isso em seus ensaios sobre a teoria da sexualidade. É a ternura da mãe nos cuidados que ela remete a seu bebê que desperta a pulsão de vida do pequeno ser. Assim, quando a mãe supõe uma mensagem no grito de seu bebê e a ela lhe responde, é a linguagem da ternura que está operando. A mãe, por reconhecer seu bebê como um sujeito faz uma antecipação, ela vê o que ainda não existe e ouve o que ainda não foi dito. É por reconhecer sua singularidade e porque ela reconhece seu estado vulnerável que ela não recusa a linguagem da ternura. A conversa entre ela e seu bebê é banhada de ternura, de amor, enfim, de *Eros*. Na terceirização das funções parentais, a linguagem da ternura foi sufocada. A linguagem que se faz presente é a linguagem da técnica, que recusa a linguagem da ternura e a singularidade da criança. Na linguagem homogeneizadora da técnica, não há lugar para a ternura. Os cuidados costumam ser mecanizados e padronizados, costumam ser atravessados pela técnica. Os diversos manuais "ensinando a lidar" com o bebê e os protocolos para detectar riscos psíquicos nos bebês constituem um grande exemplo disso. O que temos é a dimensão técnica em

---

[731]   FERENCZI, 1932/1990.

[732]   GONDAR, 2017g.

detrimento da dimensão sensível da interação — aquela que possibilita o bom acolhimento.

4.5.1 Por onde anda o bicho carpinteiro?

Para muitos daqueles que pertencem às gerações *baby boomers* e X, o título desta subseção não causa nenhuma estranheza. Afinal, quantos já não ouviram de um professor ou professora "*Fica quieto. Parece que está com bicho carpinteiro no corpo*". Porém, para as gerações posteriores acredito que, se isso não causa estranheza, é provável que cause algumas risadas. Enfim, as crianças que apresentavam "bicho carpinteiro no corpo" eram aquelas que tinham muita energia e, por isso, a escola lhes recomendava atividades físicas.

O tempo foi passando e, com ele, o bicho carpinteiro foi perdendo seu lugar para os transtornos de hiperatividade e déficit de atenção, assim como a recomendação escolar foi perdendo seu lugar para as indicações de avaliações neurológica, neurolinguística e neuropsicológica. O excesso de energia, que era gasto nas partidas de futebol, no vôlei, no basquete ou nas braçadas em uma piscina, perdeu lugar para a desregulagem dos neurotransmissores e para o cloridrato de metilfenidato, a famosa Ritalina — a droga da obediência — ou para os antidepressivos e antipsicóticos.

O que aconteceu para que muitas e muitas crianças há décadas estejam sendo facilmente diagnosticadas como portadoras de algum transtorno e, com a mesma facilidade, estejam sendo medicadas? O que ocorre para que, em cada esquina, haja uma criança diagnosticada com Transtorno de Déficit de Atenção e Hiperatividade (TDAH) ou Transtorno de Déficit de Atenção (TDA) ou Transtorno Opositivo Desafiador (TOD) ou Transtorno do Espectro Autista (TEA) ou Síndrome de Tourette?

Considero que os superdiagnósticos e seus respectivos supertrata-mentos químicos constituem um problema sério e grave, tendo "como efeito tornar nossas crianças literalmente adictas aos medicamentos",[733] já que são prescritos quase que como doces. A medicação, que em nossa cultura já estava inserida no mundo dos adultos, fincou-se no mundo das crianças com muita facilidade, não sem o respaldo da psicologia e

---

[733] FRANCES, A. Prefácio *In*: LANDMAN, P. *Todos Hiperativos?* A inacreditável epidemia dos transtornos da atenção. Rio de Janeiro: Contra Capa. Corpo Freudiano Seção Rio de Janeiro, 2019, p. 9-12. p. 9.

de alguns "psicanalistas" que se valem inclusive das nomenclaturas do *DSM* (*Diagnostic and Statistical Manual of Mental Disorders*).

"Medicação" e "medicalização" são termos que costumam gerar certa confusão. É curioso que a palavra "medicalização" possa ser pensada como uma aglutinação composta pelos termos medicação e idealização. Ora, se vivemos em um mundo movido pelo imperativo da lucratividade — um mundo em que tudo foi mercantilizado —, a saúde não escapou à mercantilização.

> [...] a medicação passa de meio de tratamento a bem de consumo. Com a promessa de estar a serviço do bem-estar e da felicidade dos humanos, seduz consumidores ávidos por esses bens e que são convocados à eficiência em todos os movimentos de suas vidas. Somam-se a isso as regras de bem viver, o controle do comportamento e hábitos saudáveis, tudo sustentado em nome da "ciência".[734]

Há uma moralização da doença, isto é, quem adoece é aquele que fugiu às regras estipuladas pelo conhecimento científico. Entretanto, são regras construídas a serviço da biotecnologia, que se volta mais para o mercado de consumo do que propriamente ao tratamento pela medicação. Trata-se, assim, de um discurso em que a adaptação, a ortopedia e a moral se fazem presentes em nome de um ideal, uma vez que visam à "cura social". Isso é bastante claro quando pensamos na criança. Normalmente, ela é medicada por apresentar uma forma de ser que não corresponde ao ideal preestabelecido. A criança não é escutada. Olham para o seu modo de ser. Se ele não está de acordo com as normas, rapidamente ela é diagnosticada e, na mesma velocidade, medicada. Fala-se *sobre* ela; fala-se *dela*. No entanto, ninguém fala *com* ela.

4.5.2 Transtornadas ou zumbis: as crianças filhas do mau acolhimento

Evidentemente, medica-se a criança para que ela se torne dócil, calando sua voz enquanto sujeito, calando sua subjetividade. Tendo o papel de controlar e submeter pessoas, ou seja, calando-as em seus desconfortos, a prática medicamentosa infantil vai muito além ao cumprir "o papel ainda mais perverso de ocultar violências físicas e psicológicas

---

[734] SANT'ANNA, L. M.; ARMANDO, G. G.; VIEIRA, P. (org.). *Medicação ou medicalização?* São Paulo: Primavera Editorial, 2014. p. 6.

transformando essas pessoas em 'portadoras de distúrbios de comportamento e de aprendizagem'".[735]

Ao negar o sofrimento da criança e insistir nas bases apenas biológicas do sofrimento, o discurso médico concorre para que esse desmentido seja lançado ou relançado. Considerado, então, como manifestação de uma desordem bioquímica cerebral, o sofrimento psíquico é legitimado pelo discurso médico como um transtorno cerebral, tendo a medicação como indicação prioritária nas intervenções médico-psiquiátricas. Em consequência, o discurso médico anestesia o sujeito infantil, levando-o a uma "performance de adaptação".[736] Ele reforça o mecanismo da clivagem que foi utilizado anteriormente como estratégia de sobrevivência.

Assim, o discurso médico perpetua a ausência de acolhimento à qual a criança foi submetida nos primórdios da sua existência. Dominadas por esse discurso, a sociedade, a família e a escola muito frequentemente não se dispõem a metabolizar as excitações que afetam a criança e, assim, não supõem uma mensagem em seu "grito", o que impossibilita que outros destinos possam ser criados para elas. Acabam por impedir o florescimento e a afirmação da vida naquela que está atravessada pela morte.

4.6 Para não dizer que não falei das flores ou quando da ruptura se tece rede

Caminhando para o fim, sinto que é preciso falar das flores, não como uma forma de amenizar a nossa responsabilidade em relação à condição em que a criança se encontra na atualidade. Penso que amenizar a nossa parte seria outra forma de desmentir sua dor. É preciso que nós, das gerações anteriores, impliquemo-nos na função de pais, de cuidadores, de professores e sobretudo de psicanalistas. É preciso que nos impliquemos como cidadãos, como aqueles que constituem uma sociedade e uma nação. É preciso que nos perguntemos o que transmitimos às nossas crianças. Ou o que não transmitimos por não termos conseguido resistir a entrar na roda da lógica nefasta do capitalismo. Será que não teríamos, em alguma medida, tornado-nos cegos e surdos à condição da criança no mundo atual — mal-acolhida e, por isso, desalentada?

---

[735] COLLARES, C. A. L.; MOYSÉS, M. A. Controle e medicalização da infância. *Desidades: Revista eletrônica de divulgação científica da infância e juventude*, Rio de Janeiro, v. 1, n. 1, p. 11-21, 2013, p. 19.

[736] HERZOG, R.; MELLO, R. Trauma, clivagem e anestesia: uma perspectiva ferencziana. *Arquivos Brasileiros de Psicologia*, Rio de Janeiro, v. 61, n. 3, p. 68-73, 2009. p. 72.

NEM SEMPRE O DANÚBIO É AZUL: QUAL DESTINO PARA O INFANTIL
NO TEMPO DAS FUNÇÕES PARENTAIS TERCEIRIZADAS?

Se neste momento quero falar das flores, é porque aposto que no deserto podem nascer flores. E elas trazem consigo uma beleza. No deserto, há vida. Freud nos transmitiu isso. Na catástrofe, há vida. Ferenczi nos transmitiu isso também. Diante de uma realidade caotizante — que nós, brasileiros, vivemos —, o que fazer e como fazer pela criança se nos encontramos na mesma condição que ela — mal acolhidos e, portanto, desalentados? Ferenczi nos deu uma pista quando trouxe a catástrofe e a destruição como "causa do devir".[737]

> É tolerada uma destruição parcial do ego, mas somente com o objetivo de construir, a partir do que restou, um ego capaz de resistência ainda maior, [...], ao passo que o Eros, liberto por ocasião do desintrincamento pulsional, transforma a destruição num devir, num desenvolvimento contínuo das partes que permanecem incólumes. [...]. Irei mesmo ao ponto de considerar os próprios traços mnêmicos como cicatrizes de *impressões traumáticas, produtos da destruição* que Eros, infatigável, decide, não obstante, empregar no seu sentido, ou seja na preservação da vida: faz deles um novo sistema psíquico que permite ao ego orientar-se melhor em seu meio ambiente e forma julgamentos mais sólidos. De fato, só a pulsão de destruição 'quer o mal' e é Eros quem 'dela extrai o bem'.[738]

Sabemos desde Freud que a ação de *Eros* só é possível pela criação de ligações que fazemos com o entorno. Foi assim com a pequena Joana, quando a analista percebeu que a presença da avó seria o possível elo da pequena com a vida. Foi assim também com o rapaz que, naturalizando sua dor, afirmou: *"Isso é sangue ruim. Desde pequeno tenho estas perebas"*. O olhar da analista para a sua ferida e, consequentemente, o seu cuidado possibilitou o início de uma desmontagem de um funcionamento naturalizado.[739]

Posto isso, apresento duas experiências de trabalho por meio das quais foi possível sustentar com mais contundência a ideia da existência de outra ordem de sofrimento que não se reduz à dimensão intrapsíquica própria do sujeito, mas a uma ordem de sofrimento que está atrelada ao esgarçamento do ambiente, do tecido social. Ainda que tenham sido experiências distintas, cada uma com contornos próprios, foram expe-

---

[737] REIS; MENDONÇA, 2018.
[738] FERENCZI, 1926/2011, p. 442, grifos do autor.
[739] REIS; MENDONÇA, 2018.

riências que, no tempo em que foram realizadas, despertaram em mim a importância da inserção da psicanálise no social, não se restringindo à clínica, e mais consciência das dimensões sociopolíticas das subjetividades. Essa constatação, juntamente ao exercício diário de reflexão, levou-me a repensar minha prática psicanalítica. São experiências que se tornaram caras para mim por terem me possibilitado maior abertura como psicanalista, mas fundamentalmente como sujeito.

A mola propulsora de minhas inquietações foi uma experiência de trabalho que durou cerca de 14 anos, realizado em uma instituição religiosa que recebia meninos que desejavam ingressar no seminário para se tornar padres ou religiosos. Muitos deles vinham da zona rural do Vale do Jequitinhonha, dessa terra árida onde, desde muito pequenos, já experimentavam o peso da vida ou a morte à espreita.

Filhos da seca, da fome e da miséria, mostravam ser sujeitos devastados pela precariedade não apenas da água e do alimento, mas de investimento libidinal, de acolhimento e de cuidado por parte do outro, o que os tornava muito vulneráveis. Como o que estava em jogo era a sobrevivência, parece possível que o olhar do outro materno se desviasse para a sua própria dor, não havendo libido suficiente para investir o filho, nem condições para acolhê-lo em sua vulnerabilidade.

Antes de o dia raiar, seus pais saíam para trabalhar a terra e, não raro, eles, os filhos, eram deixados sob os cuidados de um irmão, que muitas vezes não passava de uma outra criança. Expostos a toda sorte de perigo, viviam sob constante tensão. Nem sempre a volta dos pais era sinal de amparo, de apaziguamento da tensão. Tomados também pelo excesso de tensão que a luta pela sobrevivência lhes infligia, era comum descarregá-lo por meio de atos violentos sobre os filhos, comumente movidos pelo uso do álcool. Assim, a negligência, os maus-tratos, o espancamento, o abuso sexual e a exploração de menores eram práticas comuns a que esses sujeitos ficavam submetidos. Ali eles pareciam viver como base no lema *"Cada um por si e Deus por todos"*, já que a religiosidade é uma presença forte nessa região.

Por várias vezes, escutando esses sujeitos, ficava a pensar: "Como sobreviveram a tamanho desamparo, na sua faceta mais radical?". Muitos desses meninos pareciam viver uma experiência-limite. Sustentados por um fio de vida, conseguiam manter um pouco de organização psíquica. Isso me remetia ao texto *Em defesa de uma certa anormalidade*, de Joyce

NEM SEMPRE O DANÚBIO É AZUL: QUAL DESTINO PARA O INFANTIL
NO TEMPO DAS FUNÇÕES PARENTAIS TERCEIRIZADAS?

McDougall,[740] em que, por meio de algumas experiências clínicas, ela constatou que para alguns sujeitos a problemática do desejo edipiano parecia ser da ordem do luxo. Essa era a impressão que eu tinha ao escutar esses meninos, pois não era o conflito edipiano que se colocava à frente, mas o reconhecimento de suas existências. Se essa era apenas uma impressão, certo era que, mais do que buscar uma formação sacerdotal, esses meninos buscavam vida.

O acolhimento e o investimento afetivo da instituição religiosa sobre eles proporcionavam a instauração de uma confiança no outro que não desmente e que reconhece a existência da dor e a necessidade do cuidado. É esse reconhecimento que favorece a reunião de fragmentos, trazendo um alento para um mundo árido e sem tonalidades afetivas. Por esse testemunho, "é possível dar consistência ao presente da criança que sofre um apagamento de sua existência, para, como diz Ferenczi [em seu diário], chamá-la à vida a partir das cinzas da destruição catastrófica".[741]

Claro era que o investimento da instituição, cumprindo uma função de testemunha, abria outra via para esses meninos, uma vez que eram chamados à vida. Portanto, se os "filhos do Jequitinhonha" deixavam às claras a face radical daquilo que Freud afirmou ser a condição fundante do humano — o desamparo —, e Ferenczi, mesmo não usando este termo, apontou como sendo a vulnerabilidade em relação ao ambiente, a experiência com os meninos que vinham do Vale do Jequitinhonha deixava transparecer que o reconhecimento por parte do outro da vulnerabilidade do sujeito é o maior acolhimento, necessário e imprescindível para que a vida possa se estabelecer.

A segunda experiência de trabalho, e mais recente, foi realizada em uma comunidade situada na periferia de Juiz de Fora. Junto a outras oficinas, essa experiência fez parte de uma obra social que se destina às crianças e aos adolescentes no período em que não estão na escola. Com uma equipe multidisciplinar, as oficinas vão desde artes plásticas até reforço escolar, passando pelo hip-hop, capoeira, ioga e o que foi nomeado "roda de conversa".

Com base nessa experiência, também foi possível sustentar a ideia da existência de uma ordem de sofrimento atrelada ao esgarçamento

---

[740] MCDOUGALL, J. *Em defesa de uma certa anormalidade*: teoria e clínica psicanalítica. Porto Alegre: Artes Médicas, 1983.

[741] REIS; MENDONÇA, 2018, p. 34.

do tecido social, visto vivermos o tempo dos eventos traumáticos,[742] em que todos nós seríamos seus sobreviventes, seus perpetradores, suas vítimas.[743] Foi uma experiência que propiciou a apreensão da função do analista como testemunha do sofrimento que acomete o sujeito e, principalmente, testemunha de que são sujeitos dotados de potência de vida. Com isso, foi possível reconhecer que muitas de suas ações destrutivas, consideradas pelo social como sendo da ordem da criminalização ou da patologização, são uma tentativa de afirmar suas existências e afirmar a vida, dada a ausência de acolhimento e do desmentido do poder público em relação às suas necessidades.

Ao ser convidada para fazer parte da equipe multidisciplinar, em que seria responsável pela oficina roda de conversa, senti-me muito entusiasmada. Pensei em inúmeras temáticas para trabalhar, pensei em várias dinâmicas, providenciei os materiais que utilizaria — enfim, eu havia me organizado. É importante sublinhar que existe uma grande diferença quando escutamos esses sujeitos em seus territórios. Neles, nossa escuta é atravessada pela visão das "casas" embarreadas, pelo barulho da violência naturalizada, pelo odor que exala do esgoto mal tratado ou a céu aberto e pela textura endurecida de vidas vividas em condições muitas vezes bastante precárias.

Assim, no início de uma manhã gelada, fui rumo à comunidade. Passando com meu carro pelas suas ruas estreitas, comecei a sentir um incômodo que aumentava a cada instante. O contraste existente entre o meu carro e aquele local me mostrava a existência de dois mundos em um só: os privilegiados e os não privilegiados. E questionei o quanto na condição de privilegiados agredimos o outro que se encontra numa condição em que o privilégio não existe. Não porque tenhamos essa intenção, mas pelo fato de a nossa condição escancarar a condição deles. Ali, no território deles, não foi difícil eu perceber que a desigualdade social é uma enorme violência alimentada pela ausência de acolhimento do poder público, que se materializa pela ineficiência das políticas públicas, que aponta para o não reconhecimento da condição de sujeito de alguns.

Mesmo com o incômodo que havia sentido, eu estava muito entusiasmada com a possibilidade de oferecer algum suporte àqueles sujeitos e por sentir que eles me ofereceriam algo também. E dessa forma nosso

---

[742] HOBSBAWM, 1995.

[743] GONDAR, 2017g.

NEM SEMPRE O DANÚBIO É AZUL: QUAL DESTINO PARA O INFANTIL
NO TEMPO DAS FUNÇÕES PARENTAIS TERCEIRIZADAS?

encontro se deu. Eu acreditara nisso até o instante em que me vi sendo deixada de fora do círculo que eles espontaneamente formaram ao se sentarem nos colchonetes que se encontravam espalhados pelo chão, levando Camila, de 7 anos, a dizer: "É a roda da conversa". Por que eu havia sido deixada de fora da roda foi a pergunta que me fiz, não sem um incômodo.

Com o tom de voz elevado, eles falavam ao mesmo tempo. As narrativas eram entrecortadas por outras narrativas que, por sua vez, também eram entrecortadas. Ora pareciam que falavam para todos, ora pareciam que não falavam para ninguém. Talvez falassem para si. Talvez nada daquilo que era falado possuísse significação. Entretanto, uma coisa era certa: dada a força da fragmentação que movimentava a roda — uma fragmentação materializada pela intensa agitação corpórea de cada um deles e por aquela confusão de narrativas —, para estar no grupo era preciso uma abertura da minha parte. E nela não cabia a minha organização, da mesma forma que não cabia a minha busca pela coerência, sentido ou lógica para aquelas narrativas. Enquanto buscava por um acontecido, eu me fechava para o acontecendo, para uma experiência de afetação — motor dos nossos encontros. Clara ficou para mim a razão de terem me deixado de fora da roda.

De acordo com Reis, ao nos tornarmos especialistas do desejo, do inconsciente, da transferência — e todo especialismo configura um território, um domínio de saber em que o poder do especialista se faz exercer — corremos o risco de ficar surdos e cegos para as intensidades afetivas e fragmentárias que emergem dos corpos provocando acontecimentos e experimentações. Pois bem, era nesse território que eu me encontrava.

Como especialista, eu estava aprisionada à palavra, ao deciframento e à memória, que me revelariam o acontecido e o experimentado, que me revelariam uma verdade que se encontra oculta e que impede o refazer de um caminho. Não estou querendo dizer com isso que o acontecido e o experimentado e, consequentemente, a palavra que os revelam não possuem um valor. Quero sublinhar que é preciso ir além. É preciso ser aquele que "explora a superfície por onde fluem afetos e desejos individuais e coletivos; percorre territórios existenciais e busca acompanhar os processos em curso, construir e inventar ao invés de refazer caminhos";[744] é preciso fazer tal como um cartógrafo.

---

[744] REIS, E. S. Então, doutora, agora o que é que eu faço? *In*: REIS, E. S.; GONDAR, J. *Com Ferenczi* – clínica, subjetivação, política. Rio de Janeiro: 7 Letras, 2017a. p. 19-32. p. 23.

Ao buscar a lógica daquelas narrativas fragmentadas, eu estava surda e cega para o além que se apresentava como um chamado "a adentrar um território onde não se é tão diferente nem tão assimétrico",[745] um território onde eu, tal como eles, estaria desestabilizada pelo impacto das intensidades, tendo as minhas certezas e verdades abaladas. Permanecer com a minha organização ou com qualquer tentativa de interpretar aquelas narrativas era uma forma de me proteger de tudo aquilo que poderia me afetar, era uma forma de estar cega e surda para a minha própria vulnerabilidade. Não, não foi a minha condição que escancarou a deles. Foi a condição deles que escancarou a minha.

Não demorou muito para eu me dar conta de que a minha função não era "colocar ordem na casa" ou colocar limites — um lugar que se constitui por um eixo vertical que estabelece um polo de poder. O meu lugar dizia respeito ao exercício de uma função que põe em jogo as intensidades afetivas, o que significa dizer que se trata de um lugar "intersticial, informe, nem dentro e nem fora, nem dizível, nem visível, funcionando como laboratório de intensidades afetivas à procura de configuração".[746] Portanto, minha função era acompanhá-los, não de longe e muito menos sem me inserir. Era entrar na roda não de forma racional, mas de forma visceral. Mais do que entrar em uma roda de conversa, era entrar em uma roda onde o que está em jogo é a condição de se reconhecer como um ser vulnerável. Assim, estar na roda com eles significava estar em contato com a minha vulnerabilidade. Com efeito, reconhecer a vulnerabilidade deles passava pelo reconhecimento da minha.

Vulnerabilidade, reconhecimento e acolhimento são temáticas muito caras para Ferenczi. São temáticas que estão nas entrelinhas de seus escritos ao se referir à incapacidade do outro de se adaptar às necessidades da criança, ao abordar a criança que, como hóspede não bem-vinda na família, foi mal-acolhida e ao apresentar a confusão de línguas entre os adultos e a criança que foi abusada pelo poder do adulto, seja sexualmente, seja nas medidas punitivas, seja no terrorismo a que ele a submete. Enfim, são temáticas em que Ferenczi colocou o acento na dimensão relacional. Voltemos à experiência. Inúmeros são os aspectos que chamam a atenção.

---

[745] *Ibidem*, p. 21.

[746] GONDAR, J. O analista como testemunha. *In*: REIS, E. S.; GONDAR, J. *Com Ferenczi: clínica, subjetivação, política*. Rio de Janeiro: 7 Letras, 2017f, p. 186-198, p. 193.

Poucas dessas crianças vivem seu dia a dia com certa tranquilidade. Marcadas por uma condição de vulnerabilidade, elas, em sua maioria, estão frequentemente expostas à intensa desestabilização dos humores de seus pais, que, por sua vez, encontram-se em situações em que a precariedade impera. Muitos desses pais lutaram junto de seus próprios pais pela sobrevivência desde muito cedo e, agora, junto da família que constituíram, continuam lutando. Sem sonhos, seus anseios são da ordem daquilo a que todo ser humano tem direito e que deveria ser garantido pelo poder público — a satisfação de suas necessidades básicas. Desempregados e sem nenhuma perspectiva de um futuro melhor, com os "bicos" que fazem, mal garantem o suprimento das necessidades da família. Muitos deles fazem uso de drogas e/ou álcool, talvez na tentativa de anestesiar o sofrimento que os acomete dia após dia, como nos relata Isabela,[747] 8 anos, filha de um pai desempregado e de uma mãe que não pode se ausentar de casa, pois precisa cuidar de seu outro filho, que é portador de uma paralisia cerebral. Isabela, na sua pouca idade, vira-se como pode quando o pai chega em casa alterado pela bebida ou pela droga: *"Quando dá, corro pra rua. Às vezes me escondo debaixo da cama"*, diz ela ao relatar quando seu pai quebra as coisas em casa.

Já no primeiro encontro com eles não foi difícil perceber que o abandono é o sentimento predominante. Embora compartilhem do mesmo sentimento — o que poderia fortalecer a relação entre eles de modo que um encontrasse amparo no outro —, raro é o momento em que eles conseguem manter uma conversa ou uma brincadeira sem se agredir verbal e/ou fisicamente. O mal parece estar sempre à espreita e, dessa forma, o sentimento de desconfiança prevalece entre eles. Vivem sob os lemas *"Cada um por si"* e *"Salve-se quem puder"*, que denotam que não têm com quem contar, muito pela falta de confiança no outro, mas também porque desde novos, nas situações mais pesadas de suas vidas, tiveram que aprender a se virar, como diz Ana, 11 anos, para Vitória, 9 anos, que chorava por ter machucado a perna no dia anterior: *"Menina, para de frescura. Quando você nasceu, seus pais não lhe ensinaram a se virar?"*.

Em conversa com Vitória, ficava clara a sua angústia. Ela não sabia se virar; precisava do outro para cuidar dela, mas sua avó sofria de alcoolismo, sua mãe estava muito nervosa — na semana anterior, havia colocado fogo na casa — e seu pai havia sumido há bastante tempo. "Com

---

[747] Todos os nomes utilizados são fictícios.

quem contar?" era o que o seu olhar me perguntava. O que está em pauta aqui é o fato de a criança não ser reconhecida como alguém que precisa de cuidados, um estado que a coloca dependente daquele que tem como missão despertar a potência de vida que nela existe e acolhê-la, favorecendo, dessa forma, a força vital que resiste às dificuldades da vida, como nos esclareceu Ferenczi.[748] As palavras do autor nos indicam que não é fácil afirmar a vida, e por isso precisamos do acolhimento do outro, que situa a nossa vulnerabilidade.

Eu estava diante de crianças que são assoladas em suas subjetividades dia após dia, sendo esse estado acompanhado por um mau acolhimento que revela uma ausência de reconhecimento por parte do outro, o que entendo como um desmentido. Como afirmar a vida quando se é desprovido de acolhimento? Pensando com Ferenczi, o eu lança mão de uma estratégia de sobrevivência, a autoclivagem narcísica. Se esta é uma estratégia de sobrevivência para a vivência de um drama subjetivo, qual estratégia será utilizada quando esse drama é social?

Ao escutar a história de cada uma dessas crianças, não foi difícil perceber que muitas são as situações de risco em que elas se encontram e muitas são as situações traumáticas que elas vivenciam. Se cada uma tem uma história a contar acompanhada de uma forma própria de vivenciá-la e de subjetivá-la, estava clara a existência de um denominador comum na vida delas — um estado de vulnerabilidade provocado pela ineficiência das políticas públicas, o que acaba por deixá-las, não apenas cada uma delas, mas toda a comunidade, entregues à própria sorte. Isso leva à percepção de que estamos diante não apenas de dramas subjetivos individuais, mas diante de um drama social.

Se alguns sonham em ganhar na Mega-Sena para comprar uma casa grande e bonita para a mãe ou um carro para o pai, outros sonham em ser felizes. E, se para alguns a felicidade está na ideia que a cultura de consumo explora — ter o tênis da moda, ter iPhone ou ser uma celebridade —, para Marcos, um menino de 14 anos de olhar assustado e voz tímida, felicidade é ver o seu pai despreocupado e sua mãe curada de sua "doença dos nervos". Filho de um pai diagnosticado como esquizofrênico "estabilizado" e de uma mãe esquizofrênica paranoide, sem nenhuma espécie de tratamento e, portanto, sempre delirando, Marcos despertou em mim o desejo de ir além.

---

[748] FERENCZI, 1929/2011.

NEM SEMPRE O DANÚBIO É AZUL: QUAL DESTINO PARA O INFANTIL
NO TEMPO DAS FUNÇÕES PARENTAIS TERCEIRIZADAS?

Em reunião com a assistente social, pude me inteirar um pouco não apenas sobre a problemática social da família de Marcos, mas sobre a de todos os outros. Digo "um pouco" pois me inteirei mais quando passei a fazer visita domiciliar e pude perceber que, se a problemática que a família de Marcos sofria, por exemplo, era de cunho psiquiátrico, ela era muito mais de cunho social. Ele e seus dois irmãos menores moram com seus pais numa casa extremamente pobre. A comida espalhada pelo chão, as poucas roupas servindo como coador de café, as paredes escritas, o fogão na porta de entrada da casa, o andar despida pelas ruas na tentativa de se ver livre "daquilo que ataca o seu corpo" e as ações violentas parecem fazer parte do delírio da mãe, cuja constância o tornou naturalizado no ambiente familiar e na comunidade. *"Ela é assim mesmo"*, dizem os membros da família e os vizinhos. Mas Marcos, filho dela, sente vergonha. E dorme todas as noites com um aperto no peito por não saber como ajudar o seu pai a ajudar a sua mãe com a sua "doença dos nervos". Com exceção dele, a comunidade não reconhecia o estado de sua mãe e por isso não a acolhia. Tudo era muito naturalizado e, assim, desmentido. Eles agiam com a mãe de Marcos conforme o poder público agia com eles.

Dessa forma, trata-se não somente de indivíduos desmentidos e subjetivamente invalidados em suas subjetividades, mas de uma coletividade igualmente invalidada, configurando aquilo que o sociólogo Kai Erikson denominou de *trauma coletivo*. Segundo Erikson, ele consiste num golpe "nos tecidos básicos da vida social que danifica os vínculos que ligam mutuamente as pessoas e que causa um dano no sentido prevalecente de comunidade".[749] Entretanto, conforme o autor, o trauma coletivo se difere do trauma individual por não possuir o efeito surpresa. Atingindo aqueles que o sofrem de forma lenta e insidiosa, ele surge sob a forma de choques contínuos, estabelecendo uma percepção gradual de que a comunidade não existe mais como uma fonte efetiva de apoio. São palavras do autor:

> O "eu" continua existindo, ainda que possa ter sofrido danos e inclusive mudanças permanentes. O "tu" continua existindo, ainda que distante, e pode tornar-se difícil se relacionar com ele. Mas o "nós" já não existe como um par conectado ou como células conectadas dentro de um corpo comunitário maior.[750]

---

[749] ERIKSON, K. Trauma e comunidade. *In*: ORTEGA, F. (org.). *Trauma, cultura e história*. Reflexões interdisciplinares para o novo milênio. Bogotá: Universidade Nacional de Colômbia, 2011. p. 63-84. p. 69.
[750] *Idem*.

Bem-vinda ao real da vida ou bem-vinda ao deserto do real. Era essa a vivência que eu estava tendo junto dessas crianças e adolescentes, junto dessa comunidade. Mas não somente. Era junto da minha criança também, que traz com ela as marcas, embora ressignificadas, de momentos em que foi mal-acolhida. E foi em contato com ela que pude dizer à Vitória que ela podia contar comigo e que pude estar com cada uma daquelas crianças nesse território que não é somente deles, mas nosso — o território onde a vulnerabilidade de cada um constitui o seu chão.

Quando nos permitimos entrar em contato com a criança que há em nós, torna-se possível estar em um território em que não se é tão diferente e nem tão assimétrico. Ou seja, "há aqui a suposição de uma comunidade [...] que pode se constituir horizontalmente, a partir da precariedade de seus membros".[751] E assim podemos perceber o quanto esses sujeitos são dotados de potência de vida.

Com isso, podemos pensar no real da vida com base em uma perspectiva fundada na vulnerabilidade presente em cada um de nós, construindo uma nova imaginação política e uma nova possibilidade de sonhar. Ao fim de um dos meus encontros, Maria Eduarda, 12 anos, uma menina linda, espevitada e de sorriso largo que adora brincar, dançar e rolar o seu corpo pelo chão, diz-me que sonha em ir para a África, não para fazer um safári, mas para estar com as pessoas de lá. Viva Duda! Na sua meninice, já percebeu que no deserto a vida pulsa. E por isso flores nascem!

Essas experiências permitem uma percepção sobre aquela criança que se constituiu subjetivamente como um bebê sábio: ela *se vira*. Estaríamos equivocados se pensássemos que o *virar-se* diz respeito apenas às crianças que vivem nas comunidades pobres. Talvez em épocas passadas pudéssemos pensar assim, mas não hoje. O que ocorre nos dias atuais é a diferença do olhar da sociedade sobre o *virar-se* da criança que vive em uma comunidade pobre e sobre aquela pertencente à classe média ou à elite. Enquanto sobre a primeira recai um olhar que a vê como um futuro criminoso — mais ainda se ela for preta —, em relação à segunda, recai um olhar que a patologiza. De um modo ou de outro, estamos diante da ausência de um reconhecimento de que a criança precisa de cuidados. A ausência desse reconhecimento, que significa desmentir a vulnerabilidade infantil, é uma forma de dizer a ela: *se vira!* Neste dizer, há uma exigência sobre a criança. Exige-se dela "um grau de heroísmo de que ela ainda não

---

[751] GONDAR, 2017g, p. 219.

é capaz".[752] Isso aponta para a figura do bebê sábio, aquele que atende a essa exigência, já que não pode contar com a mediação do outro perante o excesso de excitação, quer venha de fora ou de dentro.

Intitulei o último capítulo com uma interrogação: seria a contemporaneidade o tempo dos bebês sábios? Penso que sim. Com isso, já estou trazendo a ideia de que a criança, em sua concepção mais geral na atualidade, não é a criança gerada na modernidade, cuja condição era de *majestade*. A famosa frase cunhada por Freud[753] — *Sua majestade, o bebê* —, para se referir ao investimento libidinal sobre a criança, não diz respeito a ela nos dias atuais. É interessante observar que o número de famílias se constituindo com um único filho e o número de casais sem filhos têm aumentado,[754] revelando não apenas que as condições socioeconômicas sofreram modificações, mas, também, que as mentalidades mudaram, parecendo indicar um não desejo de crianças.

Nas décadas de 1950 e 1960, as famílias eram constituídas de muitos filhos. Um atrás do outro ou, como se tinha o costume de dizer, "uma escadinha". A partir da década de 1970, mais especificamente da década de 1980, o desejo de ter filhos começou a diminuir, de tal forma que, atualmente, a escolha tem sido por um único filho ou nenhum. Como salientou Iaconelli, "cada época e cultura é regida por uma bolsa de valores da família e dos bebês, incluindo o mercado filial de gênero. Vai levar menina ou menino?".[755] Esse indicador de não desejo de crianças, segundo Birman,[756] constitui um novo fantasma, diferente daquele que Leclaire apresentou em seu primoroso escrito *Mata-se uma criança*.[757] Sobre o novo fantasma, Birman afirmou:

> Este fantasma pode ser enunciado como *matemos as crianças*. Isso não tem mais o sentido que lhe deu Leclaire num ensaio [...] intitulado "Mata-se uma criança" [...], mas o de não se querer ter mais filhos e crianças, pois estes perturbam e impedem a nossa possibilidade desejante de existir.

---

[752] FERENCZI, 1934/2011, p. 127.

[753] FREUD, 1914/2004.

[754] Mais curioso ainda é quando observamos que a espécie canina tem sido tratada como filho, gozando de todos os cuidados e mimos que se espera dar a um filho.

[755] IACONELLI, 2021, p. B4.

[756] BIRMAN, 2007.

[757] LECLAIRE, S. *Mata-se uma criança* – Um estudo sobre o narcisismo primário e a pulsão de morte. Rio de Janeiro: Jorge Zahar, 1977.

> Enfim, as crianças passariam a atrapalhar a nossa liberdade e mobilidade, de existir e de desejar.[758]

Em um mundo em que se pretende "matar as crianças", nada mais natural que o índice das pesquisas, em relação à violência contra a criança, apresentar um grande aumento. Esse é o indicador extremo de que o cuidado com a criança se deteriorou. É como se a criança fosse uma batata quente, tendo que ser repassada, já que os pais não conseguem assumir os cuidados de que ela precisa.[759]

É importante o reconhecimento de que qualquer cuidado não significa um cuidado de fato. É porque a criança tem recebido qualquer cuidado que ela desde cedo tem aprendido a *se virar*, tal como o bebê sábio. Tarefa nada fácil, quando a transmissão que se recebe advém do anonimato, das máquinas, das telas, dos objetos, dos dados produzidos a cada dia pela tecnologia avançada. Cansada de ter que *se virar* e desvitalizada, a criança facilmente escorrega para o "buraco", por meio de ações destrutivas, sejam contra o outro, sejam contra si mesmo. Neste mundo em que se pretende "matar as crianças", a família, a sociedade e o Estado, legitimados pelo discurso médico, não se implicam; se desresponsabilizam. Não escutam a criança, não dão voz a ela. Neste mundo que, cinicamente, diz acolher a criança, vemos renascer a criança estorvo, desalentada e não acolhida do mundo pré-moderno.

Quero dizer com isso que os pais da atualidade não amam os seus filhos? Ou que os amam menos que em outros tempos? Com Badinter,[760] vimos que o amor é um laço social que diz respeito a uma construção. Não é um instinto. Sendo assim, ele pode acontecer ou não. Não é previsível, nem mesmo programado. Como lembrou Iaconelli, não se trata de uma família ou daquela família, mesmo sabendo que existem famílias estruturadas e famílias desestruturadas. Trata-se de uma conjuntura sociopolítico-econômica que não acolhe a questão que surgiu após a segunda metade do século XX: filhos-trabalho-casa-vida pessoal. É preciso que essa questão seja acolhida. Ela não é uma questão isolada, de cada família. É uma questão social. Ou seja, "as soluções para a infância precisam ser coletivas, porque os sintomas – tenhamos ou não filhos – o são".[761]

---

[758] BIRMAN, 2007, p. 59, grifo do autor.

[759] IACONELLI, 2021.

[760] BADINTER, 1980/1985.

[761] IACONELLI, 2021, p. B4.

CONCLUINDO

É chegado o momento de encerrar. Teci uma escrita para qual foi preciso fiar fio a fio. Como tecelã, deitei a urdidura para que a trama pudesse transitar transversalmente pelas aberturas existentes entre os fios da urdidura. Com texturas e cores diferentes, entrelacei os fios a partir de dois campos essenciais, que de seu encontro fazem nascer um estofo. Estou me referindo ao processo subjetivo que ocorre pelo encontro do corpo com o que é externo a ele. Freud o nomeou "cultura"; Ferenczi, "ambiente"; e Lacan, "linguagem" — Outro. Com agulhas e fios em mãos, teci esta escrita, cujo arremate não será feito em nó cego, aquele que, não permitindo a passagem da agulha, conclui um processo. Quero arrematar com um laço. Um laço firme, mas com abertura suficiente, que permita que a trama esteja sempre em processo de expansão e, desse modo, em processo constante de invenção. Portanto, trata-se de uma escrita que se propõe ao não concluído, mas ao concluindo. Sua temporalidade é a do gerúndio, que diz de um "processo necessariamente inacabado de subjetivação ou movimento constante de subjetividade".[762]

É preciso assinalar, ainda, que a tessitura desta escrita se constituiu tal como um corpo subjetivo se constitui: por marcas impressas suscitadas pela intensidade das experiências. Se ao fim dela temos um texto constituído por alinhamento e continuidade dos fios entrelaçados, sua escrita está além desses fios com suas cores, espessuras e texturas. Partes, fragmentos, restos, rupturas, pontas de fios soltas e penduradas, alguns nós, descontinuidades e desalinhamentos compõem essa tessitura também. Sem esses componentes, a escrita não se constituiria. Sendo assim, trata-se de um trabalho de construção, ponto a ponto, como penso ser a escrita. Com isso, quero dizer que, além de ser fruto de leituras, de encontros e de reflexões, ela pode ser pensada como corpo e, como tal, desejo que ela possa afetar outros corpos. Como afirma a autora:

> O texto pensado também como um corpo, se produz nesta experiência da escrita, na aproximação e no afastamento de suas palavras com outros textos, outros autores, na possibilidade deste de gerar potência, de afetar, de cons-

---

[762] OLIVEIRA, D. C. de. O Ser no gerúndio, corpo e sensibilidade na Psicanálise. *Cad. psicanal.*, Rio de Janeiro, v. 36, n. 31, p. 211-219, dez. 2014. p. 213.

> truir relações. Assim, a marca do autor, que encontramos aqui, não se parece com um pensamento "autônomo", na medida em que se acredita que tal pensamento, na verdade, não existe.[763]

Isso posto, é fundamental assinalar que esta obra foi atravessada pela escuta na clínica psicanalítica. Ela partiu da compreensão de que a condição em que a criança — em sua concepção universal — se encontra na atualidade difere muito da condição em que ela se encontrava, pelo menos até a primeira metade do século XX, e isso tem relação direta com as queixas de crianças que encontramos hoje na clínica psicanalítica — queixas que dizem respeito à precária rede subjetiva, em função da ausência de acolhimento, que propicia ao sujeito infantil dar outro destino para as excitações que o acometem, diferente da descarga direta, cuja manifestação encontramos sob a forma de ações destrutivas — seja contra o outro, seja contra si própria. Mas não é só isso. Tem relação direta com o que é escutado de pacientes adultos sobre os seus filhos e a relação estabelecida entre eles, assim como com o discurso médico — acatado pela família, pela escola, pela sociedade e pelo Estado —, que, ao considerar o sofrimento psíquico como manifestação de uma desordem bioquímica cerebral e adotando a medicação como a indicação prioritária das intervenções médicos-psiquiátricas, faz prevalecer a clínica do olhar em detrimento do ato de escutar a criança.

Contudo, não é somente na clínica psicanalítica que encontramos indícios do mau acolhimento a que a criança está submetida. No campo social encontramos sinais preocupantes. Esses sinais, com os quais nos deparamos tanto na clínica como no social, enunciam o lugar da criança no discurso parental e na sociedade contemporânea. A existência de abusos e maus-tratos indica o desmonte de sua condição de majestade ou de criança maravilhosa.

Sabemos que não é de hoje que bebês são colocados em sacos de lixo e depositados em algum latão ou terreno baldio; sabemos, também, que a prática do infanticídio não nasceu na contemporaneidade, nem a prática do espancamento como forma de castigo. Se essas são práticas concernentes às épocas pretéritas em que a criança não era reconhecida como sujeito, atualmente elas concorrem com outras manchetes veiculadas diariamente pela mídia. São violências reais que têm acontecido constantemente, à

---

[763] MONTEIRO, A. C. L. *As tramas da realidade*: considerações sobre o corpo em Michel Serres. 2009. 187 f. Tese (Doutorado em Filosofia) – Pontifícia Universidade Católica de São Paulo, São Paulo, 2009. p. 17.

luz do dia ou na calada da noite, e, em muitos casos, os autores são seus pais, seus responsáveis, seus cuidadores, enfim, aqueles que teriam como função cuidar da criança e protegê-la. Outras modalidades de violência também se fazem presentes no universo infantil, como a medicalização infantil, a ausência de escuta e a patologização ou criminalização de seus comportamentos. Considero-as como violência porque indicam o não reconhecimento do sujeito.

Servindo-me dos mestres da psicanálise, de autores psicanalistas e de autores de outros campos de saber, este estudo, ao se propor a investigar o destino do infantil no tempo em que as funções parentais foram terceirizadas para o anônimo, para as telas, para os objetos e dispositivos criados pela tecnologia avançada, supõe que a criança elevada à condição de *majestade*[764] foi filha da modernidade em função de um contexto histórico que promoveu uma supervalorização e um hiperinvestimento tanto do espaço familiar quanto do social sobre a criança, indicando, portanto, que ela foi bem acolhida. Isso não significa que o maciço investimento não traga problemas para a constituição subjetiva. Trata-se de problemas de outra ordem, distintos dos que são gerados quando a criança é mal-acolhida, que são os que interessam a esta pesquisa.

O mundo contemporâneo parece ter gerado a *criança mal-acolhida*,[765] visto haver um esvaziamento das funções parentais devido à sua terceirização. Entretanto, não se pode imputar o mau acolhimento apenas às figuras parentais, responsabilizando-as inteiramente pelo que acontece. Se o mau acolhimento provém, como afirma Ferenczi, do ambiente, é preciso incluir nesse ambiente uma esfera mais ampla de relações, inserindo nele todo um contexto sociopolítico-econômico que conduz as relações familiares e relações de cuidado a se encaminhar dessa maneira: a terceirização, a busca de especialistas, a dificuldade de escuta, a medicalização.

Se a criança é a protagonista desta obra, é por uma razão simples: sua subjetividade está *em* constituição. Isso significa que o infantil está se *constituindo*. Essa é uma noção bastante cara à psicanálise. Dissociado do tempo cronológico e da ordem evolutiva, o infantil é caracterizado pela atemporalidade, daí sua permanência no humano adulto. Assim, se a criança é aqui a protagonista, é porque nela habita o infantil em pleno processo de constituição; ele está se *constituindo*. Dessa maneira, não é

---

[764] FREUD, 1914/2004.

[765] FERENCZI, 1929/2011.

apenas a criança em si que se constitui como objeto desta pesquisa, mas a criança que, segundo Freud, dormita no inconsciente do adulto, manifestando-se por sonhos, lapsos, atos falhos, chistes, sintomas e transferência. Como afirmou Ferenczi, "no mais profundo do nosso ser continuamos crianças e assim ficaremos toda a nossa vida. Raspem o adulto e por baixo dele encontrarão a criança".[766]

Sem urdidura não há tecelagem. Sem corpo não há subjetividade. Ele é a base de todo o processo subjetivo, que, junto ao afeto e à linguagem, tecem uma rede. Mas todo esse processo está na dependência da presença do outro. Sem ele, a subjetividade não se constitui. É algo assim: o que adianta ter o tear e os fios deitados na urdidura se não existe a mão para fazer a trama? A rede se constitui por todos esses componentes envolvidos. É preciso o outro até para encarnar o Outro. É preciso o que Ferenczi definiu como ambiente. E a sua qualidade contará, e muito, na tessitura da rede. Se não forem mãos habilidosas, a trama pode se constituir frouxa, os fios podem se desentrelaçar a todo momento e a trama pode se desfazer. Se as mãos forem rígidas, endurecidas, podem prejudicar o entrelaçar dos fios e podem formar nós, impedindo o deslizar da trama. Se forem mãos agitadas, nervosas, impacientes, podem arrebentar os fios ou rasgar a trama. E, se forem mãos insensíveis, aquelas que tecem automaticamente como se fossem máquinas, teremos uma rede desbotada, sem cor, sem brilho. É preciso delicadeza e cuidado para tecer uma rede. É sobre isso que Ferenczi[767] discorreu ao abordar a importância da adaptação do ambiente àquele que está se constituindo subjetivamente.

Isso me leva a pensar que o exercício das funções parentais se dá pelo reconhecimento em se adaptar ao pequeno ser. Estas são funções simbólicas cujo exercício diz respeito ao lugar que a criança ocupa na estrutura libidinal dos pais, que, por sua vez, está atrelada à esfera sociopolítico-econômica. Ou seja, são funções que advêm de lugares discursivos, maternidade e paternidade, em que há componentes libidinais, sociais e políticos.[768] Portanto, se a psicanálise toma o sujeito na sua singularidade, no um a um, ela o toma com base na cultura em que ele se constituiu. Daí Freud afirmar que a psicologia individual é também psicologia social.[769]

---

[766] *Idem*, 1909/2011, p. 111.

[767] *Idem*, 1928a/2011.

[768] ROSA, M. D.; LACET, C. *A criança na contemporaneidade*: entre saber e gozo. *Estilos clin.*, São Paulo, v. 17, n. 2, p. 359-372, dez. 2012.

[769] FREUD, 1921/2020.

NEM SEMPRE O DANÚBIO É AZUL: QUAL DESTINO PARA O INFANTIL
NO TEMPO DAS FUNÇÕES PARENTAIS TERCEIRIZADAS?

Mesmo com todas as transformações que a família sofreu em sua estrutura, ela permanece como o lugar em que a criança satisfará suas primeiras necessidades vitais, porém sua função vai além da biológica, a de garantir a sobrevivência. Como estrutura, ela é a responsável pela transmissão e inserção do pequeno ser na cultura, sendo esta sua função essencial.[770] É por meio dela que deixamos de ser filhote humano. Por meio de um complexo e delicado processo, nossa subjetividade se constitui conforme as possibilidades determinadas por aqueles que chamamos de "pais".

Assim, quando uma criança nasce, as coordenadas que sustentam o grupo social e permitem a realização das funções parentais são colocadas em jogo. A eficácia das funções não é desarticulada do campo social, visto que a família, além de ser a transmissora dos sistemas simbólicos dominantes é, por meio de sua organização, a expressão do funcionamento da classe social, do grupo étnico e religioso em que está inserida. Isso significa que o campo social se apresenta na base do campo familiar que é incumbido das operações referentes às funções simbólicas para a constituição subjetiva. Logo, "o social, o familiar e seus efeitos articulam-se nos modos como são realizadas as operações necessárias à constituição da subjetividade".[771]

Com essa articulação em mente, considero que recorrer à história das mentalidades foi importante. O encontro com a história social da criança e da família mostrou que a cultura define o lugar da criança e o modo em que ela é tomada na estrutura libidinal dos pais. Conforme a mentalidade da época, cuja constituição se dá pelos operadores político, econômico, social e religioso, a criança vive sob determinada condição, já que eles incidem sobre ela. Portanto, "entre outros e Outro, cria-se para a criança um lugar de existência que pode indicar sua singularidade ou ser gerador de impasses que promovem as condições do desamparo e violação dos direitos".[772]

A família é o núcleo irredutível para nos constituirmos subjetivamente, independentemente de qual seja a sua configuração, pois não se trata de figuras, mas de funções. São estas que precisam ser mantidas

---

[770] LACAN, J. *Os complexos familiares* (1938). Rio de Janeiro: Zahar, 1987.

[771] ROSA; LACET, 2012, p. 362.

[772] *Ibidem*, p. 360.

para que o impulso de viver da criança possa ser assegurado e para que ela possa ser inscrita na cultura.

Sabemos que o exercício das funções simbólicas não necessariamente precisa ser realizado pelas figuras parentais, mas isso não quer dizer que basta qualquer um para exercê-las. Não são funções anônimas. É comum haver certa confusão quanto ao uso dos termos função materna e maternagem, como se significassem a mesma coisa. O fato de um bebê receber cuidados — ser alimentado, higienizado etc. —, o que qualquer um pode realizar, não significa que haja uma função materna em operação. Esses cuidados somente ganharão o estatuto de função materna se certa especificidade se fizer presente neles. Estou me referindo ao bebê ter um lugar específico na economia do desejo do outro parental. Isso implica uma diferença radical entre o que é da ordem do universal — a maternagem — e o que é da ordem do singular — a função materna —, mesmo tendo em vista que o outro da função materna realiza também uma maternagem.[773] Pela especificidade no "interesse" de quem exerce a função — desejo não anônimo — constrói-se um vínculo que, além de ser estruturante, é singular.

> A função de resíduo exercida (e, ao mesmo tempo, mantida) pela família conjugal na evolução das sociedades destaca a irredutibilidade de uma transmissão – que é de uma outra ordem que não a da vida segundo a satisfação das necessidades, mas é de uma constituição subjetiva, implicando a relação com um desejo que não seja anônimo.[774]

Vimos que, a partir de meados do século XX, o mundo ocidental passou por inúmeras transformações na esfera sociopolítico-econômica. Em seu conjunto, essas transformações provocaram uma espécie de terceirização das funções parentais, sendo incontestável que a sociedade contemporânea suscitou uma torção no investimento libidinal dos pais em relação a seus filhos, afetando a qualidade do cuidado destinado a eles. Assim, se o lugar que a criança ocupou no mundo moderno lhe proporcionou uma condição de soberana, é somente porque este lugar correspondia à conjuntura sociopolítico-econômica da época. Não foi por muito tempo que a criança reinou. As transformações que ocorreram no mundo ocidental a retiraram desse lugar majestoso, significando que,

---

[773] KAMERS; LAJONQUIÈRE, 2005.
[774] LACAN, 1969/2003, p. 369.

na atualidade, a criança deixou de ser o signo do futuro, como havia se tornado no início do século XIX e assim permaneceu até meados do século passado.

Na atual conjuntura histórica, que é marcada por uma economia neoliberal e globalizada, uma das inúmeras estratégias do neoliberalismo foi a terceirização das funções parentais. Manter uma mulher em casa durante três a quatro anos cuidando de seu filho é perder um número infinito de consumidores, além do risco de quebra da lógica que o neoliberalismo impõe ao sujeito: a de ser regido pelo imperativo de gozo. Assim, a ida da mulher para o mercado de trabalho, além de fazer dela uma consumidora, contribuiu para que produtos e serviços voltados para bebês crescessem exponencialmente. A perspectiva é de que esse nicho continue em alta nos próximos anos, abrindo novas oportunidades de negócios, mesmo que a média de filhos por família tenha sofrido uma grande queda. Para o mercado, isso não é sinal de preocupação, visto que as gerações mais antigas costumavam gastar menos com os seus bebês. Elas reaproveitavam mais as peças de roupas, que eram passadas a cada novo nascimento na família, por exemplo. Para o mercado infantil, no mundo atual, os gastos com o enxoval é muito maior, porque muitas vezes será o único filho do casal. Dessa forma, os pais procuram oferecer o melhor, não querendo doações. Enfim, a terceirização das funções parentais na atualidade — muito diferente do tempo em que a criança pequena era considerada um estorvo — está à serviço do capitalismo neoliberal. Isso explica os inúmeros "profissionais da parentalidade" cuja lógica é a do mercantilismo: "resultado garantido ou seu dinheiro de volta".[775]

Laia, retomando o conceito de objeto *a* de Lacan, trouxe sua impressão sobre a condição da criança no mundo atual. Ao afirmar que "a família é secundária a uma ordem Outra: a família é ela mesma, tanto quanto a criança nascida em seu seio, um produto da Ordem Simbólica",[776] indica a existência de uma similaridade. Para ele, a criança, "no corpo mesmo do mundo", encontra-se nessa posição de objeto *a* como resto e como aquele que atrai. Como "objeto de discursos especializados, objeto de atenção especializada, objeto capaz de atrair e de ser abandonado com intensidade avassaladora",[777] a criança atingiu um estatuto no mundo

---

[775] IACONELLI, 2021, p. B4.

[776] LAIA, S. A infância revista. *Curinga*. Belo Horizonte, n. 15/16, p. 12-25, abr. 2001. p. 17.

[777] *Ibidem*, p. 22.

semelhante àquele em que muitas vezes a encontramos em um circuito mais restrito — como objeto do Outro materno, que tem como função revelar a verdade desse objeto.[778] A respeito disso, Laia esclareceu:

> Ora, se retomarmos o quanto a mãe encarna, por vezes ferozmente, no circuito mais intimista da família, a fidelidade aos ideais civilizatórios, se nos lembrarmos de que a mãe corporifica para a criança a presença do Outro, se considerarmos esse imperativo de "a dona *de* casa" se tornar a "dona *da* casa" e se, enfim, [...] como que, hoje, os ideais cedem cada vez mais seu lugar à dimensão imperativa da satisfação, verificaremos, então, o quanto a criança – da prostituta infantil ao bebê geneticamente perfeito – está, inclusive sob a sanção do discurso da ciência, "aberta a todos os tipos de captura fantasmática", às fantasias mais fundamentais da subjetividade de nossa época. Nesse contexto, a criança, hoje, [...] vem revelar a verdade desse objeto que é entregue aos caprichos que atravessam o precário campo da alteridade moderna ou, [...], que caracterizam esse Outro inexistente que, no entanto, ganha corpo em nossa civilização.[779]

Diante da terceirização das funções parentais, a criança parece sobreviver ao abandono e à negligência *"se virando"*. Muitas vezes o seu *"se virar"* é materializado pelas ações destrutivas, já que ela não pode contar com uma rede subjetiva que a sustente. Quando as figuras parentais perdem o seu lugar, ou deixam que seja perdido, para o anônimo, para as telas, para os objetos e dispositivos criados pela tecnologia avançada, é a transmissão geracional que se perde também. Como tecer uma rede dessa forma? A cena a seguir tem o poder de mostrar essa problemática.

Em um restaurante, durante o almoço de domingo, é observado um bebê de aproximadamente 8 meses acompanhado daqueles que pareciam ser seus pais. Ele está no colo de sua mãe, que tenta almoçar. Esse feito torna-se impossível diante das pequenas mãos que ora vão na direção do prato da mãe, numa tentativa de levar o alimento à boca desta, ora as mãozinhas vão na direção da boca da mãe numa tentativa de abri-la para ver o alimento lá dentro. A mãe, que parecia não estar disposta para a brincadeira, entrega o bebê para o pai. Ele, para não ser importunado pelos movimentos ágeis das pequenas mãos, pega o seu celular e mostra ao bebê um vídeo. Diante da cena do vídeo, o bebê fica

---

[778] LACAN, 1969/2003.

[779] LAIA, 2001, p. 23, grifos do autor.

estagnado. Capturado pelas imagens que via no vídeo, permite que seus pais almocem com tranquilidade. Uma tranquilidade que tem a mesma duração do vídeo, pois, quando este acaba, o bebê se põe a chorar. A tranquilidade do almoço dos pais e a estagnação do bebê voltam a reinar com o reinício do vídeo, que se faz por inúmeras vezes.

Essa cena parece ilustrar bem o vazio que se instalou nas relações; não apenas nas relações familiares, mas nas relações de um modo geral. Vale assinalar que o bebezinho apresentava uma atividade, um movimento em direção ao outro — um brincar que se expressa pela linguagem da ternura. A resposta que ele obteve foi o vazio, o vazio do outro — marca do mau acolhimento a que a criança está sujeita no mundo atual.

Dessa forma, como em uma terra devastada, a morte, enquanto desvitalização, parece se impor restando à criança um árduo trabalho para que da terra seca a vida possa surgir. Portanto, pensar o infantil nas condições em que ele se constitui na atualidade é pensar que da criança *"sua majestade, o bebê"* à *"criança mal-acolhida"* o mortífero foi se impondo, mostrando que nem sempre o horizonte da infância é azul. Não o azul mortífero da baleia (jogo virtual que alguns anos atrás levava muitas crianças e adolescentes a ações destrutivas), mas o azul que clareia o horizonte da vida e que, por sua vez, alimenta a capacidade de desejar, de sonhar e de fantasiar, incrementando, assim, a capacidade de amar. Porém, para isso é preciso ter sido acolhido por uma presença que, não sendo anônima e sem vida, sustente as potencialidades da vida.

REFERÊNCIAS

ALBUQUERQUE, A. B. Violências cotidianas. *In:* MAIA, M. (org.). *Por uma ética do cuidado.* Rio de Janeiro: Garamond, 2009. p. 307-322.

ALTOÉ, S. *Infância perdida*: o cotidiano nos internatos-prisão. Rio de Janeiro: Xenon, 1990.

ANSERMET, F. *Clínica da origem:* a criança entre a medicina e a psicanálise. Rio de Janeiro: Contra Capa, 2003. (Coleção Opção Lacaniana).

ARIÈS, P. *História social da criança e da família* (1973). 2. ed. Rio de Janeiro: LTC, 1981.

BADINTER, E. *Um amor conquistado*: o mito do amor materno (1980). 3. ed. Rio de Janeiro: Nova Fronteira, 1985.

BARROS, R. M. M.; FARIAS, F. R. O ser mulher e as nervuras do social. *Cadernos de Psicanálise*, Rio de Janeiro, v. 19, n. 22, p. 187-210, 2003.

BARROS, R. M. M.; OLIVEIRA, G. F. T. As margens da pulsão. *O corpo do Outro e a criança*, Revista da Escola Letra Freudiana, Rio de Janeiro, n. 33, p. 95-100, 2004.

BARROS, R. M. M. (org.). *Subjetividade e educação:* conexões contemporâneas. Rio de Janeiro: Contra Capa, 2009. p. 25-37.

BAUMAN, Z. *Amor líquido*: sobre a fragilidade dos laços humanos. Rio de Janeiro: Jorge Zahar, 2004.

BERNARDINO, L. A abordagem psicanalítica do desenvolvimento infantil e suas vicissitudes. *In:* BERNARDINO, L. (org.). *O que a psicanálise pode ensinar sobre a criança, sujeito em constituição.* São Paulo: Escuta, 2006. p. 19-41.

BIRMAN, J. *Psicanálise, ciência e cultura.* Rio de Janeiro: Jorge Zahar, 1994.

BIRMAN, J. *Por uma estilística da existência*: sobre a psicanálise, a modernidade e a arte. São Paulo: Editora 34, 1996.

BIRMAN, J. Além daquele beijo!?: sobre o infantil e o originário em psicanálise. *In:* SANTA ROZA, E.; REIS, E. *Da análise do infantil ao infantil da análise.* Rio de Janeiro: Contra Capa, 1997a. p. 7-37.

BIRMAN, J. *Estilo e Modernidade em Psicanálise.* São Paulo: Editora 34, 1997b.

BIRMAN, J. *Cartografias do feminino*. São Paulo: Editora 34, 1999.

BIRMAN, J. Corpos e formas de subjetivação em psicanálise. *In:* ESTADOS GERAIS DA PSICANÁLISE: SEGUNDO ENCONTRO MUNDIAL, 2003, Rio de Janeiro. *Anais* [...], Rio de Janeiro, 2003. Disponível em: http://egp.dreamhosters.com/ encontros/mundial_rj/download/3_Birman_38020903_port.pdf. Acesso em: 3 dez. 2024.

BIRMAN, J. *Arquivos do mal-estar e da resistência*. Rio de Janeiro: Civilização Brasileira, 2006.

BIRMAN, J. Laços e desenlaces na contemporaneidade. *Jornal de Psicanálise,* São Paulo, v. 40, n. 72, p. 47-62, jun. 2007.

BIRMAN, J. Adolescência sem fim? Peripécias de sujeito no mundo pós-edipiano. *In:* CARDOSO, M.; MARTY, F (org.). *Destinos da Adolescência*. Rio de Janeiro: 7 letras, 2008. p. 81-105.

BIRMAN, J. *Cadernos sobre o mal:* agressividade, violência e crueldade. Rio de Janeiro: Record, 2009.

BIRMAN, J. *O sujeito na contemporaneidade*: espaço, dor e desalento na atualidade. Rio de Janeiro: Civilização Brasileira, 2012.

BIRMAN, J. *Cartografias do avesso*: escrita, ficção e estéticas de subjetivação em psicanálise. Rio de Janeiro: Civilização Brasileira, 2019.

BITEL-MANCALL, N. Tecnologia para bebês: de mamadeiras a fraldas inteligentes, as novidades que ajudam pais e mães. *BBC News Brasil*, 24 jan. 2019. Disponível em: bbc.com/portuguese/vert-fut-46940107. Acesso em: 12 fev. 2025.

BOFF, L. *Saber cuidar*: ética do humano – compaixão pela terra. Petrópolis: Vozes, 2008.

BRUM, E. *Meus desacontecimentos*: a história da minha vida com as palavras. São Paulo: Leya, 2014.

BURKE, P. *A Revolução Francesa da historiografia*: a Escola de Annales, 1929-1989. 2. ed. São Paulo: Unesp, 1991.

CABRÉ, L. M. El diario clínico de Ferenczi. *In:* CABRÉ, L. M. (org.). *Autenticidad y reciprocidade*: um diálogo com Ferenczi. Buenos Aires: Biebel, 2017. p. 23-32.

CECCIM, R.; PALOMBINI, A. Imagens da infância, devir-criança e uma formulação à educação do cuidado. *In:* MAIA, M. (org.). *Por uma ética do cuidado.* Rio de Janeiro: Garamond, 2009. p. 155-183.

COLLARES, C. A. L.; MOYSÉS, M. A. Controle e medicalização da infância. *Desidades:* Revista eletrônica de divulgação científica da infância e juventude, Rio de Janeiro, v. 1, n. 1, p. 11-21, 2013.

CORAZZA, S. M. *Infância e educação.* Era uma vez... quer que conte outra vez? Petrópolis: Vozes, 2002.

COSTA, A. M. M. Antecipação e destino: atualidades do espelho. *Revista da Associação Psicanalítica de Porto Alegre*, Porto Alegre, v. 12, n. 30, p. 15-24, 2006.

DONZELOT, J. *A polícia das famílias.* Rio de Janeiro: Edições Graal, 1986.

DRUMMOND, C. A criança objetalizada. *Revista Eletrônica IPSM – MG.*, Belo Horizonte, v. 1, n. 1, p. 1-6, jul./dez. 2007.

DUBY, G. Poder privado, poder público. *In:* DUBY, G. (org.). *História da vida privada, 2*: da Europa feudal à Renascença. São Paulo: Companhia das Letras, 2004. p. 19-45.

ERIKSON, K. Trauma e comunidade. *In:* ORTEGA, F. (org.). *Trauma, cultura e história.* Reflexões interdisciplinares para o novo milênio. Bogotá: Universidade Nacional de Colômbia, 2011. p. 63-84.

FÉRES-CARNEIRO, T.; MAGALHÃES, A.; MELLO, R. A maturação como defesa: uma reflexão psicanalítica à luz da obra de Ferenczi e Winnicott. *Revista Latinoamericana Psicopatologia Fundamental*, [*s. l.*], v. 18, p. 268-279, jun. 2015.

FERNANDES, M. H. *Corpo.* São Paulo: Casa do Psicólogo, 2011.

FERENCZI, S. A respeito das psiconeuroses (1908). *In:* FERENCZI, S. *Obras Completas Sándor Ferenczi.* São Paulo: Martins Fontes, 2011. v. 1, p. 87-123.

FERENCZI, S. Transferência e introjeção (1909). *In:* FERENCZI, S. *Obras Completas Sándor Ferenczi.* São Paulo: Martins Fontes, 2011. v. 1, p. 87-123.

FERENCZI, S. Palavras obscenas. Contribuição para a psicologia do período de latência (1911). *In:* FERENCZI, S. *Obras Completas Sándor Ferenczi.* São Paulo: Martins Fontes, 2011. v. 1, p. 125-138.

FERENCZI, S. O conceito de introjeção (1912). *In:* FERENCZI, S. *Obras Completas Sándor Ferenczi.* São Paulo: Martins Fontes, 2011. v. 1, p. 210-211.

FERENCZI, S. O desenvolvimento do sentido de realidade e seus estágios (1913a). *In:* FERENCZI, S. *Obras Completas Sándor Ferenczi.* São Paulo: Martins Fontes, 2011. v. 2, p. 45-61.

FERENCZI, S. Ontogênese dos símbolos (1913b). *In:* FERENCZI, S. *Obras Completas Sándor Ferenczi.* São Paulo: Martins Fontes, 2011. v. 2, p. 116-118.

FERENCZI, S. Fenômenos de materialização histérica (1919). *In:* FERENCZI, S. *Obras Completas Sándor Ferenczi.* São Paulo: Martins Fontes, 2011. v. 3, p. 43-57.

FERENCZI, S. O simbolismo da ponte (1921). *In:* FERENCZI, S. *Obras Completas Sándor Ferenczi.* São Paulo: Martins Fontes, 2011. v. 3, p. 113-116.

FERENCZI, S. O sonho do bebê sábio (1923). *In:* FERENCZI, S. *Obras Completas Sándor Ferenczi.* São Paulo: Martins Fontes, 2011. v. 3, p. 223-224.

FERENCZI, S. Thalassa, ensaio sobre a teoria da genitalidade (1924). *In:* FERENCZI, S. *Obras Completas Sándor Ferenczi.* São Paulo: Martins Fontes, 2011. v. 3, p. 277-357.

FERENCZI, S. O problema da afirmação do desprazer (1926). *In:* FERENCZI, S. *Obras Completas Sándor Ferenczi.* São Paulo: Martins Fontes, 2011. v. 3, p. 431-443.

FERENCZI, S. A adaptação da família à criança (1928a). *In:* FERENCZI, S. *Obras Completas Sándor Ferenczi.* São Paulo: Martins Fontes, 2011. v. 4. p. 1-15.

FERENCZI, S. Elasticidade da técnica psicanalítica (1928b). *In:* FERENCZI, S. *Obras Completas Sándor Ferenczi.* São Paulo: Martins Fontes, 2011. v. 4, p. 29-42.

FERENCZI, S. A criança mal acolhida e sua pulsão de morte (1929). *In:* FERENCZI, S. *Obras Completas Sándor Ferenczi.* São Paulo: Martins Fontes, 2011. v. 3, p. 55-60.

FERENCZI, S. Análises de crianças com adultos (1931). *In:* FERENCZI, S. *Obras Completas Sándor Ferenczi.* São Paulo: Martins Fontes, 2011. v. 4, p. 79-95.

FERENCZI, S. Confusão de línguas entre os adultos e a criança (1933). *In:* FERENCZI, S. *Obras Completas Sándor Ferenczi.* São Paulo: Martins Fontes, 2011. v. 4, p. 111-121.

FERENCZI, S. Reflexões sobre o trauma (1934). *In:* FERENCZI, S. *Obras Completas Sándor Ferenczi.* São Paulo: Martins Fontes, 2011. v. 4, p. 125-135.

FERENCZI, S. *Diário clínico* (1932). São Paulo: Martins Fontes, 1990.

FERREIRA, T. *A escrita da clínica*: psicanálise com crianças. 2. ed. rev. Belo Horizonte: Autêntica, 2000.

FIGUEIREDO, L. C. A metapsicologia do cuidado. *In:* FIGUEIREDO, L. C. *As diversas faces do cuidar*: novos ensaios de psicanálise contemporânea. São Paulo: Escuta, 2009. p. 131-151.

FLANDRIN, J. L. Infância e sociedade. *Annales. Economias, sociedades, civilizações,* [*s. l.*], ano 19, n. 2, p. 322-329, 1964.

FORTES, I.; OLIVEIRA, M.; WINOGRAD, M. A pulsão de morte contra a pulsão de morte: a negatividade necessária. *Psicologia Clínica*, Rio de Janeiro, v. 28, n. 2, p. 69-88, 2016.

FOUCAULT, M. *História da sexualidade 1*: a vontade de saber (1988). 15. ed. Rio de Janeiro: Graal, 2003.

FOUCAULT, M. *Microfísica do poder* (1979). Rio de Janeiro: Graal, 2010.

FRANCES, A. Prefácio. *In:* LANDMAN, P. *Todos Hiperativos?* A inacreditável epidemia dos transtornos da atenção. Rio de Janeiro: Contra Capa; Corpo Freudiano Seção Rio de Janeiro, 2019, p. 9-12.

FREUD, A. *O ego e os mecanismos de defesa* (1936). Rio de Janeiro: Imago, 1977.

FREUD, S. *Sobre a concepção das afasias: um estudo crítico* (1891). Belo Horizonte, MG: Autêntica, 2020.

FREUD, S. Extratos dos documentos dirigidos a Fliess (1892). *In:* FREUD, S. *Edição Standard Brasileira das Obras Psicológicas Completas de Sigmund Freud*. 3. ed. Rio de Janeiro: Imago, 1990. v. 1. p. 217-331.

FREUD, S. Projeto para uma psicologia científica (1895). *In:* FREUD, S. *Edição Standard Brasileira das Obras Psicológicas Completas de Sigmund Freud*. Rio de Janeiro: Imago, 1990. v. 1. p. 335-448.

FREUD, S. A hereditariedade e a etiologia das neuroses (1896a). *In:* FREUD, S. *Edição Standard Brasileira das Obras Psicológicas Completas de Sigmund Freud*. Rio de Janeiro: Imago, 1994. v. 3. p. 139-161.

FREUD, S. A etiologia da histeria (1896b). *In:* FREUD, S. *Edição Standard Brasileira das Obras Psicológicas Completas de Sigmund Freud.* Rio de Janeiro: Imago, 1994. v. 3. p. 189-215.

FREUD, S. A sexualidade na etiologia das neuroses (1898). *In:* FREUD, S. *Edição Standard Brasileira das Obras Psicológicas Completas de Sigmund Freud.* Rio de Janeiro: Imago, 1994. v. 3. p. 249-270.

FREUD, S. A interpretação dos sonhos (1900). *In:* FREUD, S. *Edição Standard Brasileira das Obras Psicológicas Completas de Sigmund Freud.* Rio de Janeiro: Imago, 1987. v. 5. p. 371-700.

FREUD, S. Três ensaios sobre a teoria da sexualidade (1905a). *In:* FREUD, S. *Edição Standard Brasileira das Obras Psicológicas Completas de Sigmund Freud.* 3. ed. Rio de Janeiro: Imago, 1988. v. 7. p. 117-231.

FREUD, S. O chiste e sua relação com o inconsciente (1905b). *In:* FREUD, S. *Edição Standard Brasileira das Obras Psicológicas Completas de Sigmund Freud.* Rio de Janeiro: Imago, 1988. v. 8. p. 17-219.

FREUD, S. Escritores criativos e devaneio (1907). *In:* FREUD, S. *Edição Standard Brasileira das Obras Psicológicas Completas de Sigmund Freud.* 3. ed. Rio de Janeiro: Imago, 1988. v. 9. p. 131-143.

FREUD, S. Cultura, sociedade e religião: O mal-estar na cultura e outros escritos. (1908a). *In:* FREUD, S. Moral sexual 'civilizada' e doença nervosa moderna. Cultura, sociedade e religião: O mal-estar na cultura e outros escritos. *Edição Obras Incompletas de Sigmund Freud.* Belo Horizonte: Autêntica, 2020. p. 65-97.

FREUD, S. Sobre as teorias sexuais das crianças (1908b). *In:* FREUD, S. *Edição Standard Brasileira das Obras Psicológicas Completas de Sigmund Freud.* 3. ed. Rio de Janeiro: Imago, 1988. v. 9. p. 187-204.

FREUD, S. Romances familiares (1909a). *In:* FREUD, S. *Edição Standard Brasileira das Obras Psicológicas Completas de Sigmund Freud.* 3. ed. Rio de Janeiro: Imago, 1988. v. 9. p. 219-222.

FREUD, S. Análise de uma fobia em um menino de cinco anos (1909b). *In:* FREUD, S. *Edição Standard Brasileira das Obras Psicológicas Completas de Sigmund Freud.* 3. ed. Rio de Janeiro: Imago, 1988. v. 10. p. 12-133.

FREUD, S. Formulações sobre os dois princípios do acontecer psíquico (1911). *In:* HANNS, L. A. (ed.). *Edição Obras Psicológicas de Sigmund Freud.* Rio de Janeiro: Imago, 2004. v. 1. p. 63-77.

FREUD, S. Sobre o narcisismo: uma introdução (1914). *In:* HANNS, L. A. (ed.). *Edição Obras Psicológicas de Sigmund Freud.* Rio de Janeiro: Imago, 2004. v. 1. p. 95-131.

FREUD, S. As pulsões e seus destinos (1915). *In:* FREUD, S. *Edição Obras Incompletas de Sigmund Freud.* Belo Horizonte: Autêntica, 2020. v. 2. p. 15-69.

FREUD, S. Conferência XXIII: Os caminhos da formação dos sintomas (1917). *In:* FREUD, S. *Edição Standard Brasileira das Obras Psicológicas Completas de Sigmund Freud.* Rio de Janeiro: Imago, 1988. v. 16. p. 419-439.

FREUD, S. O Infamiliar (1919). *In:* FREUD, S. *Edição Obras Incompletas de Sigmund Freud.* Belo Horizonte: Autêntica, 2020. v. 8. p. 27-125.

FREUD, S. Além do princípio do prazer (1920). *In:* FREUD, S. *Edição Obras Incompletas de Sigmund Freud.* Belo Horizonte: Autêntica, 2020. p. 57-220.

FREUD, S. Cultura, sociedade e religião: O mal-estar na cultura e outros escritos (1921). *In:* FREUD, S. Psicologia das massas e análise do Eu. *Edição Obras Incompletas de Sigmund Freud.* Belo Horizonte: Autêntica, 2020. p. 137-232.

FREUD, S. O ego e o id (1923a). *In:* FREUD, S. *Edição Standard Brasileira das Obras Psicológicas Completas de Sigmund Freud.* Rio de Janeiro: Imago, 1988. v. 19. p. 153-161.

FREUD, S. A organização genital infantil: Uma interpolação na teoria da sexualidade (1923b). *In:* FREUD, S. *Edição Obras Incompletas de Sigmund Freud.* Belo Horizonte: Autêntica, 2018. p. 237-245.

FREUD, S. O problema econômico do masoquismo (1924). *In:* FREUD, S. *Edição Standard Brasileira das Obras Psicológicas Completas de Sigmund Freud.* Rio de Janeiro: Imago, 1988. v. 19. p. 175-188.

FREUD, S. Algumas consequências psíquicas da distinção anatômica entre os sexos (1925a). *In:* FREUD, S. *Edição Standard Brasileira das Obras Psicológicas Completas de Sigmund Freud.* 3. ed. Rio de Janeiro: Imago, 1988. v. 19. p. 271-286.

FREUD, S. Um estudo autobiográfico (1925b). *In:* FREUD, S. *Edição Standard Brasileira das Obras Psicológicas Completas de Sigmund Freud.* 3. ed. Rio de Janeiro: Imago, 1988. v. 20. p. 15-78.

FREUD, S. Inibições, sintomas e ansiedade (1926). *In:* FREUD, S. *Edição Standard Brasileira das Obras Psicológicas Completas de Sigmund Freud.* 3. ed. Rio de Janeiro: Imago, 1988. v. 20. p. 81-171.

FREUD, S. Fetichismo (1927). *In:* FREUD, S. *Edição Standard Brasileira das Obras Psicológicas Completas de Sigmund Freud.* 3. ed. Rio de Janeiro: Imago, 1988. v. 21. p. 151-160.

FREUD, S. Feminilidade (1932). *In:* FREUD, S. *Edição Standard Brasileira das Obras Psicológicas Completas de Sigmund Freud.* Rio de Janeiro: Imago, 1990. v. 22. p. 113-134.

FREUD, S. A divisão do ego no processo de defesa (1938). *In:* FREUD, S. *Edição Standard Brasileira das Obras Psicológicas Completas de Sigmund Freud.* Rio de Janeiro: Imago, 1988. v. 23. p. 309-312.

FREUD, S. Esboço de psicanálise (1939). *In:* FREUD, S. *Edição Standard Brasileira das Obras Psicológicas Completas de Sigmund Freud.* Rio de Janeiro: Imago, 1988. v. 23. p. 169-237.

FREUD, S. *Neuroses de transferência*: uma síntese (1914) (manuscrito recém descoberto). Rio de Janeiro: Imago, 1985.

GALUCH, M. T. B.; PEREIRA, T. M. A. O garoto selvagem: a importância das relações sociais e da educação no processo do desenvolvimento humano. *Perspectiva,* Florianópolis, v. 30, n. 2, p. 553-571, 2012.

GARCIA-ROZA, L. A. *Freud e o inconsciente.* 19. ed. Rio de Janeiro: Jorge Zahar, 2002.

GERALDINO, C. F. G. Uma definição de meio ambiente. *GEOUSP – Espaço e Tempo (Online),* São Paulo, v. 18, n. 2, p. 403-415, 2014. DOI: 10.11606/issn.2179-0892. geousp.2014.84540. Disponível em: https://www.revistas.usp.br/geousp/article/view/84540. Acesso em: 4 mar. 2022.

GOLSE, B. *Do corpo ao pensamento.* Lisboa: Climepsi, 2002.

GONDAR, J. Interpretar, agir, "sentir com". *In:* REIS, E. S.; GONDAR, J. *Com Ferenczi:* clínica, subjetivação, política. Rio de Janeiro: 7 Letras, 2017a. p. 33-52.

GONDAR, J. O desmentido e a zona cinzenta. *In:* REIS, E. S.; GONDAR, J. *Com Ferenczi:* clínica, subjetivação, política. Rio de Janeiro: 7 Letras, 2017b. p. 89-100.

GONDAR, J. As coisas nas palavras: Ferenczi e a linguagem. *In:* REIS, E. S.; GONDAR, J. *Com Ferenczi*: clínica, subjetivação, política. Rio de Janeiro: 7 Letras, 2017c. p. 112-121.

GONDAR, J. A compulsão à repetição como atividade criadora: Ferenczi com Christoph Türcke. *In:* REIS, E. S.; GONDAR, J. *Com Ferenczi*: clínica, subjetivação, política. Rio de Janeiro: 7 Letras, 2017d. p. 141-152.

GONDAR, J. A vontade de (se) destruir: Ferenczi com Nietzsche. *In:* REIS, E. S.; GONDAR, J. *Com Ferenczi*: clínica, subjetivação, política. Rio de Janeiro: 7 Letras, 2017e. p. 163-174.

GONDAR, J. O analista como testemunha. *In:* REIS, E. S.; GONDAR, J. *Com Ferenczi: clínica, subjetivação, política*. Rio de Janeiro: 7 Letras, 2017f. p. 186-198.

GONDAR, J. Ferenczi como pensador político. *In:* REIS, E. S.; GONDAR, J. *Com Ferenczi*: clínica, subjetivação, política. Rio de Janeiro: 7 Letras, 2017g. p. 209-226.

GONDAR, J. Em pedaços: a fragmentação na obra de Sándor Ferenczi. Ágora: Estudos Em Teoria Psicanalítica, Rio de Janeiro, v. 24, n. 1. p. 45-52, 2021.

GURFINKEL, D. *Relações de objeto*. São Paulo: Blucher, 2018. E-book.

HANNS, L. *Dicionário comentado do alemão de Freud*. Rio de Janeiro: Imago, 1996.

HERRMANN, F. *Introdução à teoria dos campos*. São Paulo: Casa do Psicólogo, 2001.

HERZOG, R.; MELLO, R. Trauma, clivagem e anestesia: uma perspectiva ferencziana. *Arquivos Brasileiros de Psicologia,* Rio de Janeiro, v. 61, n. 3, p. 68-73, 2009.

HERZOG, R.; MELLO, R. Psiquismos clivados: vazio de sentido e insistência no existir. *Cadernos de Psicanálise do CPRJ*, Rio de Janeiro, v. 34, n. 27, p. 65-81, 2012.

HERZOG, R.; PACHECO-FERREIRA, F. Trauma e pulsão de morte em Ferenczi. Ágora: Estudos em Teoria Psicanalítica, Rio de Janeiro, v. 18, n. 2, p. 181-194, 2015.

HEYWOOD, C. *Uma história da infância*: da Idade Média à época contemporânea no Ocidente. Porto Alegre: Artmed, 2004.

HOBSBAWM, E. J. *Era dos Extremos:* o breve século XX: 1914-1991. São Paulo: Companhia das Letras, 1995.

HOFFMANN, C. O sujeito e seus modos de gozo. Ágora: Estudos em Teoria Psicanalítica [online], Rio de Janeiro, v. 15, n. 1, p. 9-13, 2012. ISSN 1809-4414.

Disponível em: https://doi.org/10.1590/S1516-14982012000100001. Acesso em: 23 fev. 2022.

IACONELLI, V. Parentalidade no olho do furacão. *Jornal Folha de São Paulo,* São Paulo, 7 Dez. 2021, Cotidiano: B4.

JERUSALINSKY, A. *Psicanálise e desenvolvimento infantil.* Porto Alegre: Artes & Ofícios, 1999.

JERUSALINSKY, J. *Enquanto o Futuro não Vem.* A Psicanálise na Clínica Interdisciplinar com Bebês. (2002). Salvador: Ágalma, 2005. (Coleção de Calças Curtas).

JERUSALINSKY, J. Quem é o Outro do sujeito na primeira infância? Considerações sobre o lugar na família na clínica com bebês. *In:* ENCONTRO LATINOAMERICANO DOS ESTADOS GERAIS DA PSICANÁLISE, 4., 2005, São Paulo. *Anais* [...]. São Paulo, 2005.

JERUSALINSKY, J. *A criação da criança:* letra e gozo nos primórdios do psiquismo. 2009. 263 f. Tese (Doutorado em Psicologia Clínica) – Pontifícia Universidade Católica de São Paulo, São Paulo, 2009.

JERUSALINSKY, J. *A criação da criança*: brincar, gozo e fala entre a mãe e o bebê. Salvador: Ágalma, 2014.

JORGE, M. A. C. *Fundamentos da psicanálise de Freud a Lacan:* As bases conceituais. Rio de Janeiro: Jorge Zahar, 2000. v. 1.

JORGE, M. A. C. *Fundamentos da psicanálise de Freud a Lacan*: A clínica da fantasia. Rio de Janeiro: Jorge Zahar, 2010. v. 2.

KAMERS, M.; LAJONQUIÈRE, L. Do universal da maternagem ao singular da função materna. *Universidade de São Paulo,* São Paulo, 2005.

KEHL, M. R. Lugares do feminino e do masculino da família. *In:* COMPARATO, M. C. M.; FELICIANO, D. S. (org.). *A criança na contemporaneidade e a psicanálise*: família e sociedade: diálogos interdisciplinares. São Paulo: Casa do Psicólogo, 2001. p. 29-38.

KEHL, M. R. Em defesa da família tentacular. *Fronteiras,* São Paulo, dez. 2013. Disponível em: http://www.fronteiras.com/artigos/maria-rita-kehl-em-defesa-da-familia-tentacular. Acesso em: 3 dez. 2024.

KNOBLOCH, F. *O tempo do traumático.* São Paulo: FAPESP, 1998.

KOYRÉ, A. *Do mundo fechado ao universo infinito*. 4. ed. Rio de Janeiro: Forense Universitária, 2006.

KUPERMANN, D. A progressão traumática: algumas consequências para a clínica na contemporaneidade. *Percurso, Revista de Psicanálise*, São Paulo, v. 36, p. 25-32, 2006.

KUPERMANN, D. Figuras do cuidado na contemporaneidade: testemunho, hospitalidade e empatia. *In:* MAIA, M. S. (org.). *Por uma ética do cuidado*. Rio de Janeiro: Garamond, 2009. p. 184-203

KUPERMANN, D. A criança, o infantil e o que o psicanalista (não) sabe. *Estilos da Clínica*, São Paulo, v. 16, n. 2, p. 324-337, 2011.

KUPERMANN, D. *Por que Ferenczi?* São Paulo: Zagodoni, 2019.

KUPERMANN, D. Ferenczi e o Witz: linguagem da ternura e narrativa na clínica psicanalítica. *In:* KUPERMANN, D. *et al.* (org.). *Ferenczi:* Inquietações Clínico--Políticas. São Paulo: Zagodoni, 2020. p. 27-40.

LACAN, J. *Os complexos familiares* (1938). Rio de Janeiro: Zahar, 1987.

LACAN, J. O estádio do espelho como formador da função do eu tal como nos é revelada na experiência psicanalítica (1949). *In:* LACAN, J. *Escritos*. Rio de Janeiro: Jorge Zahar, 1998. p. 96-103.

LACAN, J. A coisa freudiana ou Sentido do retorno a Freud em psicanálise (1956). *In:* LACAN, J. *Escritos*. Rio de Janeiro: Jorge Zahar, 1998. p. 402-437.

LACAN, J. A instância da letra no inconsciente ou a razão desde Freud (1957). *In:* LACAN, J. *Escritos*. Rio de Janeiro: Jorge Zahar, 1998. p. 496-533.

LACAN, J. Diretrizes para um congresso sobre a sexualidade feminina (1960). *In:* LACAN, J. *Escritos*. Rio de Janeiro: Jorge Zahar, 1998. p. 734-745.

LACAN, J. Pequeno discurso no ORTF. (1966). *In:* LACAN, J. *Outros Escritos*. Rio de Janeiro: Jorge Zahar, 2003. p. 221-231.

LACAN, J. Nota sobre a criança (1969). *In:* LACAN, J. *Outros Escritos*. Rio de Janeiro: Jorge Zahar, 2003. p. 369-370.

LACAN, J. *O Seminário, livro 3*: As psicoses (1955-56). Rio de Janeiro: Jorge Zahar, 1998.

LACAN, J. *O Seminário, livro 4*: As relações de objeto (1956-57). Rio de Janeiro: Jorge Zahar, 1995.

LACAN, J. *O Seminário, livro 5*: As formações do inconsciente (1957-58). Rio de Janeiro: Jorge Zahar, 1998.

LACAN, J. *O Seminário, livro 7*: A ética da psicanálise (1959-60). Rio de Janeiro: Jorge Zahar, 1997.

LACAN, J. *O Seminário, livro 11*: Os quatro conceitos fundamentais da psicanálise (1964). Rio de Janeiro: Jorge Zahar, 1998.

LAIA, S. A infância revista. *Curinga*. Belo Horizonte, n. 15/16, p. 12-25, abr. 2001.

LAPLANCHE, J. *Novos fundamentos para a psicanálise*. São Paulo: Martins Fontes, 1987.

LAPLANCHE, J.; PONTALIS, J. B. *Vocabulário da psicanálise* (1982). São Paulo: Martins Fontes, 2016.

LAURENT, E. Novas inscrições do sofrimento infantil. *A pequena girafa*, Nantes, n. 24, out. 2006.

LAZNIK-PENOT, M. C. Psicanalistas trabalhando em saúde pública. *In:* CONGRESSO Internacional de Psicanálise e suas Conexões (1998). *Trata-se uma criança*. Rio de Janeiro: Companhia de Freud, 1999. v. 2. p. 45-62.

LEBRUN, F. *Os Homens e a morte em Anjou nos séculos XVII e XVIII*. Paris: La Haye, 1971.

LEBRUN, J. P. *A perversão comum*: viver juntos sem o outro. Rio de Janeiro: Campo Matêmico, 2008.

LECLAIRE, S. *Mata-se uma criança* – Um estudo sobre o narcisismo primário e a pulsão de morte. Rio de Janeiro: Jorge Zahar, 1977.

LE GOFF, J. A história nova. *In:* LE GOFF, J. *A história nova*. São Paulo: Martins Fontes, 1990. p. 25-64.

MAIA, M. S. A questão do sentido na clínica psicanalítica. *In:* BEZERRA, B. JR.; PLASTINO, C. A. (org.). *Corpo, afeto, linguagem:* a questão do sentido hoje. Rio de Janeiro: Garamond, 2001. p. 263-284.

MAIA, M. S. *Extremos da alma*: dor e trauma na atualidade e clínica psicanalítica. Rio de Janeiro: Garamond, 2003.

MAIA, M. S. Crianças do porão: descuido, violência psíquica e cuidado. *In:* MAIA, M. S. (org.). *Por uma ética do cuidado.* Rio de Janeiro: Garamond, 2009. p. 357-377.

MARCÍLIO, M. L. *História social da criança abandonada* (1998). 2. ed. São Paulo: Hucitec, 2006.

MASSON, J. M. *Atentado à verdade:* a supressão da teoria da sedução por Freud. Rio de Janeiro: José Olympio, 1984.

MASSON, J. M. *A correspondência completa de Sigmund Freud para Wilhelm Fliess.* Rio de Janeiro: Imago, 1987.

MATHELIN, C. *O sorriso da Gioconda:* clínica psicanalítica com os bebês prematuros. Rio de Janeiro: Companhia de Freud, 1999.

MCDOUGALL, J. *Em defesa de uma certa anormalidade*: teoria e clínica psicanalítica. Porto Alegre: Artes Médicas, 1983.

MENDONÇA, L. G. L. *De que sofrem as crianças, hoje?* Curitiba: CRV, 2013.

MONTEIRO, A. C. L. *As tramas da realidade*: considerações sobre o corpo em Michel Serres. 2009. 187 f. Tese (Doutorado em Filosofia) – Pontifícia Universidade Católica de São Paulo, São Paulo, 2009.

NASIO, J. D. *Meu corpo e suas imagens.* Rio de Janeiro: Jorge Zahar, 2009.

O INCONSCIENTE. *In:* Dicionário Enciclopédico Inter-Regional de Psicanálise da IPA, p. 186. Disponível em: www.ipa.world/encyclopedic_dictionary. Acesso em: 10 set. 2021.

OLIVEIRA, D. C. de. O Ser no gerúndio, corpo e sensibilidade na Psicanálise. *Cad. psicanal.*, Rio de Janeiro, v. 36, n. 31, p. 211-219, dez. 2014. Disponível em: http://pepsic.bvsalud.org/scielo.php?script=sci_arttext&pid=S1413-62952014000200011&lng=pt&nrm=iso. Acesso em: 2 mar. 2022.

PAULA, J. A. *Crítica e emancipação humana*: ensaios marxistas. Belo Horizonte: Autêntica Editora, 2014. (Coleção Economia Política e Sociedade).

PEIXOTO JR., C. A.; ARÁN, M. O lugar da experiência afetiva na gênese dos processos de subjetivação. *Psicologia USP*, São Paulo, v. 22, n. 4, p. 725-745, dez. 2011. (Instituto de Psicologia).

PEIXOTO JR., C. A. Uma breve leitura do sintoma social dominante na atualidade. *In:* ARÁN, M. (org.). *Soberanias.* Rio de Janeiro: Contracapa, 2003. p. 153-160.

PERROT, M. Figuras e papéis (1987). *In:* PERROT, M. (org.). *História da vida privada, 4:* da Revolução Francesa à Primeira Guerra. São Paulo: Companhia das Letras, 2009. p. 107-168.

PINHEIRO, T. *Ferenczi:* do grito à palavra. Rio de Janeiro: Jorge Zahar, 1995.

PINHEIRO, T.; HERZOG, R. *Impasses na clínica psicanalítica:* a invenção da subjetividade. *In:* ESTADOS GERAIS DA PSICANÁLISE: SEGUNDO ENCONTRO MUNDIAL, 2003, Rio de Janeiro. *Anais* [...], Rio de Janeiro, 2003. Disponível em: http://egp.dreamhosters.com/encontros/mundial.rj. Acesso em: 28 jul. 2021.

QUINET, A. *Os outros em Lacan.* Psicanálise passo-a-passo 94. Rio de Janeiro: Zahar, 2012.

REIS, E. S. *Trauma e repetição no processo psicanalítico:* uma abordagem ferencziana. 1991. Dissertação (Mestrado em Teoria Psicanalítica) – Universidade Federal do Rio de Janeiro, Rio de Janeiro, 1991

REIS, E. S. *De corpos e afetos:* transferências e clínica psicanalítica. Rio de Janeiro: Contra Capa Livraria, 2004.

REIS, E. S. Então, doutora, agora o que é que eu faço? *In:* REIS, E. S.; GONDAR, J. *Com Ferenczi:* clínica, subjetivação, política. Rio de Janeiro: 7 Letras, 2017a. p. 19-32.

REIS, E. S. A morte do sentido e a violação da alma. *In:* REIS, E. S.; GONDAR, J. *Com Ferenczi:* clínica, subjetivação, política. Rio de Janeiro: 7 Letras, 2017b. p. 78-88.

REIS, E. S. Corpo e memória traumática. *In:* REIS, E. S.; GONDAR, J. *Com Ferenczi:* clínica, subjetivação, política. Rio de Janeiro: 7 Letras, 2017c. p. 103-111.

REIS, E. S.; MENDONÇA, L. G. L. Nas cinzas da catástrofe, a criança surge. *In:* MACIEL JR., A. (org.). *Trauma e ternura:* a ética em Sándor Ferenczi. Rio de Janeiro: 7 Letras, 2018. p. 15-36.

ROSA, M. D.; LACET, C. A criança na contemporaneidade: entre saber e gozo. *Estilos clin.,* São Paulo, v. 17, n. 2, p. 359-372, dez. 2012. Disponível em: http://pepsic.bvsalud.org/scielo.php?script=sci_arttext&pid=S1415- 71282012000200012&lng=pt&nrm=iso. Acesso em: 1 mar. 2022.

ROUCHE, M. Alta Idade Média Ocidental. *In:* VEYNE, P. (org.). *História da vida privada, 1:* do Império Romano ao ano mil. São Paulo: Companhia das Letras, 2004. p. 403-465.

ROUDINESCO, E. *A família em desordem.* Rio de Janeiro: Jorge Zahar, 2003.

ROUDINESCO, E.; PLON, M. *Dicionário de psicanálise*. Rio de Janeiro: Jorge Zahar, 1998.

SABOURIN, P. Vizir secreto e cabeça de turco. (Prefácio). *In:* SABOURIN, P. *Obras Completas Sándor Ferenczi*. São Paulo: Martins Fontes, 2011. v. 4. p. 7-14.

SANSON, J. C. Mais uma vez, as inscrições primordiais. *In:* BERNARDINO, L. F. (org.). *O que a psicanálise pode ensinar sobre a criança, sujeito em constituição*. São Paulo: Escuta, 2006. p. 57-66.

SANT'ANNA, L. M; ARMANDO, G. G.; VIEIRA, P. (org.). *Medicação ou medicalização?* São Paulo: Primavera Editorial, 2014.

SHORTER, E. *A formação da família moderna*. Lisboa: Terramar, 1975.

SIERRA, V. M.; MESQUITA, W. A. Vulnerabilidades e fatores de risco na vida de crianças e adolescentes. *São Paulo em Perspectiva*, São Paulo, v. 20, n. 1, p. 148-155, jan./mar. 2006.

SPITZ, R. *O primeiro ano de vida*: um estudo psicanalítico do desenvolvimento normal e anômalo das relações objetais. 6. ed. São Paulo: Martins Fontes, 1991.

STERN, D. *Diário de um bebê*: o que seu filho vê, sente e vivencia. Porto Alegre: Artes Médicas, 1991.

STERN, D. *O mundo interpessoal do bebê:* uma visão a partir da psicanálise e da psicologia do desenvolvimento. Porto Alegre: Artes Médicas, 1992.

SZEJER, M. *Palavras para nascer*: a escuta psicanalítica na maternidade. São Paulo: Casa do Psicólogo, 1999.

VERZTMAN, J.; KLEIN, T. Desenvolvimento e processo como operadores para Ferenczi e Winnicott. *In:* MACIEL JR., A. (org.). *Trauma e ternura*: a ética em Sándor Ferenczi. Rio de Janeiro: 7 Letras, 2018. p. 83-102.

VIEIRA, B. A.; KUPERMANN, D. Limites e atualidade da empatia. *In:* MACIEL JR., A. (org.). *Trauma e ternura*: a ética em Sándor Ferenczi. Rio de Janeiro: 7 Letras, 2018. p. 151-172.

VIEIRA, B. A. Considerações sobre as modificações de Ferenczi à técnica psicanalítica e os desenvolvimentos posteriores de Winnicott. *Caderno psicanalítico*, Rio de Janeiro, v. 40, n. 38, p. 79-96, jun. 2018. Disponível em: http://pepsic.bvsalud.org/scielo.php?script=sci_arttext&pid=S141362952018000100005&lng=pt&nrm=iso. Acesso em: 25 fev. 2022.

VORCARO, A. M. R. *A criança na clínica psicanalítica*. Rio de Janeiro: Companhia de Freud, 1997.

VORCARO, A. M. R. *Crianças na psicanálise*: clínica, instituição, laço social. Rio de Janeiro: Companhia de Freud, 1999.

VORCARO, A. M. R. Sobre o tempo, estímulo e estrutura (Prefácio). *In:* JERUSA-LINSKY, J. *Enquanto o Futuro não Vem*. A Psicanálise na Clínica Interdisciplinar com Bebês. Salvador: Ágalma, 2002. p. 11-20. (Coleção de Calças Curtas).

ZALCBERG, M. *A relação mãe e filha*. 7. ed. Rio de Janeiro: Campus, 2003.

ZALTZMAN, N. *A pulsão anarquista*. São Paulo: Escuta, 1994.

ZAVARONI D; VIANNA, T.; MONNERAT, C. L. A. A constituição do infantil na obra de Freud. *Estudos de Psicologia*, Natal, v. 12, n. 1, p. 65-70, 2007.

ZORNIG, S.; LEVY, L. Uma criança em busca de uma janela: função materna e trauma. *Revista Estilos da Clínica*, São Paulo, v. 11, n. 20, p. 28-37, 2006.